Sarmatae
MARE CASPIUM
Caucasus
Colchis
Dacia
Getae
Tomi
Chersonesus
PONTUS EUXINUS
Sinope
Trapezus
Armenia
Thracia
MACEDONIA
Dyrrhachium
Philippi
Thessalonice
Byzantium
Nicomedia
Nicaea
Bithynia
Pontus
GRAECIA
Phrygia
Halys
Caesarea
Jlion
ASIA
Pergamum
MARE AEGAEUM
Actium
Thermopylae
Patrae
Corinthus
Athenae
Sparta
Smyrna
LYDIA
Ephesus
Milet
Lycia
Cilicia
Tarsus
SYRIA
Antiochia
Assyria
Mesopotamia
Euphrates
Tigris
Rhodus
Cyprus
Creta
Babylon
TERNUM
Tyrus
Hierosolyma
Arabia
Cyrene
Libya
Alexandria
Sais
Memphis
AEGYPTUS
SINUS ARABICUS

ORBIS ROMANUS

Einführung in die lateinische Sprache

Henri Laurens, Dialog

ORBIS ROMANUS

Einführung in die lateinische Sprache

von Dr. Heinrich Schmeken

Best.-Nr. 010350 6
Schöningh Verlag

Unter Mitwirkung von Dr. Hans-Eberhard Pester

Der Verlag dankt Herrn StD Hans Helmut Wiskirchen für die kritische Durchsicht und seine Verbesserungsvorschläge der nunmehr vorliegenden überarbeiteten Auflage 1991.

www.schoeningh.de
Schöningh Verlag, Jühenplatz 1–3, 33098 Paderborn

Druck A [22 21 20] / Jahr 2007 06 05
Alle Drucke der Serie A sind im Unterricht parallel verwendbar.
Die letzte Zahl bezeichnet das Jahr dieses Druckes.

Druck und Bindung: Media Print Informationstechnologie GmbH, Paderborn

ISBN 3-14-010350-6

Inhaltsverzeichnis

Zur Einführung

Da weite Teile Europas einst zum römischen Reich gehörten, sind die meisten Sprachen unseres Kontinents von der lateinischen Sprache beeinflußt worden. Noch heute bezeichnet man z. B. die italienische, die französische, die spanische Sprache als romanische Sprachen. Schon diese Bezeichnung weist hin auf ihre gemeinsame Mutter, die Sprache der Römer. Aber auch für den Wortschatz der germanischen Sprachen ist das Lateinische von großer Bedeutung: mehr als die Hälfte aller englischen Wörter sind romanischen Ursprungs; ebenso findet sich im Deutschen eine größere Zahl von Wörtern lateinischer Herkunft, als es bei flüchtiger Betrachtung scheinen mag. Seit Caesars Gallischen Kriegen (58—50 v. Chr.) gab es einen ständigen Kontakt zwischen Römern und Germanen, die zusammen mit der römischen Zivilisation — später mit der christlichen Religion — eine große Zahl lateinischer Lehnwörter übernahmen, die bis zum heutigen Tage zum deutschen Wortschatz gehören, z. B.:

caementum Zement	calx Kalk	cāseus Käse	cēnsus Zins	cuprum Kupfer
discus Tisch	mīlia Meile	molīna Mühle	mūlus Maultier	oleum Öl
persicum Pfirsich	piper Pfeffer	planta Pflanze	scribere schreiben	strāta Straße
claustrum Kloster	crux Kreuz	domus Dom	missa Messe	praedicāre predigen

Zur Aussprache und Schreibweise lateinischer Wörter sind nur wenige Hinweise erforderlich:

1. c wird immer wie *k* gesprochen: *carrus* Karre, *cista* Kiste.
   Den Buchstaben *k* gibt es nicht.
2. *v* wird immer wie *w* gesprochen: *vallum* Wall, *vinum* Wein.
   Den Buchstaben *w* gibt es nicht.
3. *i* wird vor Vokalen oft wie *j* gesprochen: *iocus* Scherz, *māior* größer.
   Den Buchstaben *j* gibt es nicht.
4. *sp* und *st* werden immer *getrennt* gesprochen: *s-peculum* Spiegel, *s-tudium* Eifer.
5. *ae* und oe werden wie *ä* und ö gesprochen: *praesens* Gegenwart, *moenia* Mauern.
6. Großbuchstaben werden nur bei Eigennamen, bei davon abgeleiteten Adjektiven und am Satzanfang verwandt:

Italia Italien	*Germānia* Germanien	*Insula Sicilia est prōvincia Rōmāna.* Die Insel Sizilien ist eine römische Provinz.
Rōmānus römisch der Römer	*Germānus* germanisch der Germane	

Leseübungen

Zur Betonung lateinischer Wörter:

Im Lateinischen wird entweder die vorletzte oder drittletzte Silbe betont.
Die vorletzte wird betont, wenn sie lang ist. Sie kann lang sein:

1. von Natur (nātūrā): *sēcúrus* sicher, *hūmánus* menschlich;
2. durch Stellung (positiōne): *aetérnus* ewig, *iūcúndus* angenehm;
   d. h. auf einen kurzen Vokal folgen zwei oder mehr Konsonanten.

Ist die vorletzte Silbe kurz, wird die drittletzte betont: *ánimus* Geist, *dóminus* Herr.

murus	numerus	barbarus	carrus	circus
elephantus	ōceanus	pālus	patrōnus	philosophus
senātus	titulus	triumphus	tyrannus	versus
ancora	collēga	colōnia	fābula	familia
figūra	flamma	fōrma	īnsula	medicīna
nātūra	palma	purpura	statua	tabula
argūmentum	exemplum	fēstum	fundāmentum	īnstrūmentum
metallum	ōrāculum	praemium	templum	monumentum
tēstāmentum	theātrum	vallum	verbum	vīnum
auctōritās	dignitās	hūmānitās	nōbilitās	pietās
carcer	minister	māter	pater	vesper
dictātor	imperātor	pāstor	rēctor	scrīptor
expedītiō	lēgātiō	nātiō	occāsiō	ōrdō
occidēns	oriēns	cīvis	pestis	turris
abstinēre	addere	colloquī	cōnsulere	cōnsūmere
corrigere	dēfendere	dēfīnīre	dēmōnstrāre	disputāre
dīvidere	ēmigrāre	exercēre	exportāre	flōrēre
habēre	imitārī	importāre	īnstituere	intellegere
minuere	offendere	reparāre	reservāre	sēparāre
Britannia	Gallia	Graecia	Hispānia	Macedonia
Athēnae	Colōnia	Neāpolis	Rōma	Sparta
Dānuvius	Euphrātēs	Rhēnus	Rhodanus	Tiberis
Augustus	Caesar	Marius	Pompēius	Sulla
Cicerō	Plīnius	Sallustius	Seneca	Tacitus

Forum Romanum ▷

A

Vom Leben in Latium

1. Publius est rusticus Latinus. 2. Faunus est deus camporum. 3. Publius rusticus Faunum deum laudat, nam Faunus amicus Publii est. 4. Faunus bonus rusticis probis amicus esse solet: Faunum deum, amicum rusticorum, laudant.
5. Syrus et Lydus servi Publii sunt. 6. Publius dominus saepe cum filiis servisque in campis laborat. 7. Filii servique cum Publio domino laborare solent. 8. Rustici vicos muris circumdant, nam finitimi vicos rusticorum delere student. 9. Ubi sunt filii, serve? Ubi sunt filii, servi? 10. Filii sub muro vici sunt, domine!

Quis deus camporum est?
Quid finitimi student?

Quis cum domino laborat?
Quid Faunus deus esse solet?

In einem latinischen Dorf

Publius rusticus in vico Latino habitat. Titus et Lucius filii Publii sunt. Filii saepe cum servis in campis laborant. Lucius probus est, sed Titus non libenter laborat. Publius Lucio contentus esse solet, sed Titum saepe monet.
Latini vicum, ubi Publius habitat, muris circumdant, nam Etrusci et Sabini et Volsci finitimi Latinis amici non sunt. Finitimi vicos Latinorum delere, Latini campos finitimorum occupare student. Ita Latini finitimos, finitimi Latinos timent.

Zwei gegnerische Krieger leisten über einem Schwein einen Schwur

	Latein	Deutsch	Englisch	Französisch
	esse	sein	*essential*	être
	est	er (sie, es) ist		est
	sunt	sie sind		sont
	rusticus	ländlich; *subst.* Bauer	rustic	
	deus, ī, *m.*	Gott	*deity*	le dieu
	campus, ī, *m.*	Feld, Ebene	camp	le champ
5	laudāre	loben	*laudable*	louer
	nam	denn		
	amīcus	befreundet; *subst.* Freund	*amicable*	l'ami, amical
	bonus	gut		bon
	probus	tüchtig; rechtschaffen	*probity*	
10	solēre	pflegen		
	et	und, auch		et
	et — et	sowohl — als auch		
	servus, ī, *m.*	Sklave, Diener	servant	
	dominus, ī, *m.*	Herr, Herrscher	*dominant*	
	saepe *(adv.)*	oft		
15	cum *b. Abl.*	(zusammen) mit		
	fīlius, ī, *m.*	Sohn	*filial*	le fils
	-que (angehängt)	und		
	in *b. Abl.*	*in*, auf	in	en
	labōrāre	arbeiten, sich mühen	*to labour*	labourer
20	vīcus, ī, *m.*	Dorf; Siedlung		
	mūrus, ī, *m.*	*Mauer*	*mural*	le mur
	circumdare	umgeben		
	fīnitimus	benachbart; *subst.* Nachbar		
	dēlēre	zerstören, vernichten	to delete	
25	studēre	sich widmen, streben nach	to study	étudier
	ubi	wo		où
	sub *b. Abl.*	unter, nahe an		
	quis? quid?	wer? was?		qui?
	habitāre	wohnen; bewohnen	to inhabit	habiter
30	sed	aber, sondern		
	nōn	nicht	no	non
	libenter *(adv.)*	gern		
	contentus *b. Abl.*	zufrieden mit	content	content
	(ad)monēre	er*mahnen*	to admonish	
35	occupāre	besetzen	to occupy	occuper
	ita	so		
	timēre	(sich) fürchten	*timid*	

Erkläre: Amateur — Camping — Deismus — dominieren — Filiale — Laborant — Laudatio — Monitum — Okkupation — rustikal — servil — studieren!

Die Angabe der Paragraphen bezieht sich auf die Elementargrammatik (Schöningh-Buch 10 330).

o-Deklination: Nomina auf -us (§ 4; § 5)

Singular	der gute Herr		Plural	die guten Herren	
Nom.	dominus	bonus		dominī	bonī
Gen.	dominī	bonī		dominōrum	bonōrum
Dat.	dominō	bonō		dominīs	bonīs
Akk.	dominum	bonum		dominōs	bonōs
Abl.	dominō	bonō		dominīs	bonīs

Der Wortstamm der Wörter der o-Deklination endet auf ō. Man erkennt den Wortstamm am Genetiv Plural: domino-

1. Im Lateinischen gibt es weder einen bestimmten noch einen unbestimmten Artikel. (dominus: der Herr, ein Herr, Herr)
2. Die Wörter der o-Deklination auf -us sind in der Regel Maskulina.
3. Die Wörter der o-Deklination auf -us bilden im Singular für die Anrede einen besonderen Fall auf -ĕ (Vokativ): o dominĕ bonĕ! Guter Herr!

Konjugation: 3. Pers. Präs. Aktiv von esse, laudare, delere (§ 32; § 40)

esse	sein	est	er (sie, es) ist	sunt	sie sind
laudāre	loben	laudat	er (sie, es) lobt	laudant	sie loben
dēlēre	zerstören	dēlet	er (sie, es) zerstört	dēlent	sie zerstören

Die Bezeichnung der Personen erfolgt im Lateinischen durch die Personalendungen. Personalpronomina stehen (anders als im Deutschen) nur in Ausnahmefällen.

Die Kongruenz (Übereinstimmung) (§ 46)

Ein Nomen richtet sich in Genus, Numerus und Kasus nach seinem Beziehungswort. Das gilt für das Nomen als Prädikatsnomen (Publius contentus est) wie auch für das Nomen als Attribut (Rusticī Faunum deum laudant).

Der Ablativ des Mittels (Instrumentalis) (§ 65)

steht auf die Frage *womit? wodurch?* und bezeichnet das Mittel oder Werkzeug: Rusticī vīcōs mūrīs circumdant (1,8).
Die Präposition cum b. Abl. steht auf die Frage *mit wem?* und bezeichnet die Begleitung oder Gemeinschaft: Publius cum fīliīs labōrat (1,6).

1. Setze in den Plural bzw. Singular:

Vicus finitimus est.
Amici contenti sunt.

Servus in campo laborat.
Finitimi campos occupant.

Dominus filium monet.
Rustici finitimos timent.

Dekliniere im Singular und Plural:

amicus bonus – rusticus probus – vicus finitimus – dominus contentus!

Ergänze:

Faunus amic_ rustic_ est. Rustici de_ laudant. Lucius et Titus fili_ Publi_ sunt. Publius rusticus Luci_ fili_ contentus est. Servi in camp_ laborare solent.

Nenne aus den Sätzen 1–10

a) alle Genetive sg. b) alle Akkusative pl. c) alle Ablative sg./pl.!

2. Bilde die 3. Person Sg./Pl. von

circumdare – studere – habitare – monere – esse – laborare – timere – occupare!

Ergänze:

Latini in vicis habita_. Rustici vicos muris circumda_. Titus non libenter labora_. Faunus amicus esse sole_. Servus dominum bonum lauda_. Finitimi vicum dele_.

Vergleiche:

es-**t** er is**t** | lauda-**t** er lob**t** | su-**n**t sie si**n**d | dele-**n**t sie zerstöre**n**

3. Unterscheide:

Publius wohnt *mit* (seinen) Söhnen in einem Dorf.
Publius umgibt (sein) Feld *mit* einer Mauer.
Publius ist *mit* (seinen) Sklaven zufrieden.

4. Welche Regel gilt für die Kongruenz?

Faunus deus est.
Faunum deum laudant.

Rustici probi sunt.
Rustici probi laborant.

Etrusci finitimi sunt.
Etruscos finitimos timent.

5. Vergleiche:

Latini campos occupant.
Campos Latini occupant.

Latini occupant campos.
Campos occupant Latini.

Occupant Latini campos.
Occupant campos Latini.

Was ergibt sich aus den obigen Beispielen für die lateinische Wortstellung?

A

Väterliche Unterweisung

1. „Italia patria multorum populorum est. 2. Latini multique alii populi in Italia habitant. 3. Incolae Italiae patriam valde amant. 4. Sicilia insula Italiae finitima est. 5. Multi Graeci ex patria in Siciliam navigant: et in Sicilia et in multis aliis insulis Graeci habitant. 6. Piratae domini multarum insularum sunt. 7. Saepe piratae ex insulis sub oras Italiae navigant. 8. Minerva dea incolis Italiae amica populos Italiae iuvare solet."

9. Publius Lucio et Tito filiis tabulam Graeciae et Asiae monstrat. 10. Publius: „Spectate insulas! Videte terras! 11. Quid vides (spectas) in tabula? Quid videtis (spectatis) in tabula?" 12. Sed filii attenti non sunt. 13. Publius filiis: „Responde! Respondete!" 14. Lucius respondet: „Video (specto) in tabula Graeciam et Italiam." 15. Lucius et Titus respondent: „Videmus (spectamus) in tabula Graeciam et Italiam." 16. Publius filios monet, nam filiis contentus non est: „Attenti esse debetis!" 17. Publius Lucio: „Monstra Asiam in tabula! Monstra Troiam, patriam Aeneae! – Iuva Lucium, Tite!" 18. Sed filii tabulas non libenter spectant, terras videre student!

Quis sub oras Italiae navigat?
Quid Publius filiis monstrat?
Cuius filius Lucius est?
Cui Publius tabulam monstrat?
Quem Publius monere debet?

Quis incolas Italiae iuvat?
Quid filii in tabula vident?
Cuius patria Troia est?
Cui Minerva dea amica est?
Quem Titus iuvare studet?

Der Trojanische Krieg

Troiani in Asia habitant. Troiam Troiani muris circumdant, nam populos finitimos Troianis non amicos timent. Priamus dominus Troiae est. Paris, filius Priami, Helenam Graecam valde amat. Helena cum Troianis ex patria in Asiam navigat. Paris iram Menelai, mariti Helenae, non timet.

Venus dea Priamum monet: „Ubi Paris est?" Priamus respondet: „Paris aut in Creta aut in Graecia est. Troiani saepe et in alias terras et insulas navigamus." Venus Priamo: „Paris cum Helena ex Graecia in Asiam navigat. Magnam iram Menelai, Lacedaemoniorum domini, et multorum Graecorum timere debetis. Graeci Troiam delere student." Priamus: „Venus dea, Troianis amica, iuva Troianos! Ita Graecos non timemus."

Graeci sub oras Asiae navigant. Tandem Troiam insidiis occupant et flammis delent. Aeneas Troianus cum filio ex patria in alias terras navigat: Venus dea Aeneam filium iuvat.

Latein	Deutsch	Englisch	Französisch
patria, ae, *f.*	Vaterland, Heimat	*patriotic*	la patrie
multī, ae	viele	*to multiply*	
populus, ī, *m.*	Volk	*population* people	le peuple
alius, a	ein anderer		
aliī — aliī	die einen — die anderen		
incola, ae, *m.*	Einwohner, Bewohner		
valdē *(adv.)*	sehr		
amāre	lieben	*amiable*	aimer
īnsula, ae, *f.*	*Insel*	isle (island)	l'île
ē, ex *b. Abl.*	aus		
nāvigāre	fahren (zur See), segeln	to navigate	naviguer
pīrāta, ae, *m.*	Seeräuber, *Pirat*	pirate	le pirate
ōra, ae, *f.*	Küste		
dea, ae, *f.*	Göttin	*deity*	la déesse
(ad)iuvāre b. Akk.	unterstützen, helfen	to aid	aider
tabula, ae, *f.*	Bild, *Tafel,* Karte	table	le table
mōnstrāre	zeigen	*to demonstrate*	montrer
spectāre	sehen, betrachten	to *inspect*	*respecter*
vidēre	sehen, schauen	*video*	voir
terra, ae, *f.*	Land, Erde	*territory*	la terre
*attentus, a	aufmerksam	attentive	attentif, -ive
respondēre	antworten	to respond	répondre
dēbēre	müssen, schulden	*debit*	devoir
cuius?	wessen?		
cui?	wem?		
quem?	wen?		que?
īra, ae, *f.*	Zorn	*irate*	
marītus, marīta	Ehemann; Ehefrau	*marital*	le mari
aut	oder		ou
aut — aut	entweder — oder		
magnus, a	groß	*magnitude*	
tandem *(adv.)*	schließlich, endlich		
īnsidiae, ārum, *f. pl.*	Hinterhalt, Falle, List	*insidious*	
flamma, ae, *f.*	*Flamme*	flame	la flamme

Erkläre: Monstranz — Multimillionär — Navigation — Patriotismus — Popularität — spektakulär — Tabelle — Territorium — Vision!

* bezeichnet die Wörter, die nicht zu den Lernvokabeln gehören.

C

a-Deklination (§3; § 5)

Singular	die große Flamme		Plural	die großen Flammen	
Nom.	flammă	magnă		flammae	magnae
Gen.	flammae	magnae		flammārum	magnārum
Dat.	flammae	magnae		flammīs	magnīs
Akk.	flammam	magnam		flammās	magnās
Abl.	flammā	magnā		flammīs	magnīs

1. Die ~~Wörter~~ Substantive der a-Deklination sind in der Regel Feminina (grammatisches Geschlecht), Adjektive immer.
2. Die Wörter der a-Deklination sind Maskulina, wenn sie männliche Personen bezeichnen, z. B. incola finitimus, multi piratae (natürliches Geschlecht).

Konjugation: Ind. Präsens Aktiv, Imperative der a- und e-Konjugation (§ 32)

Infinitiv	laudāre	loben	dēlēre	zerstören
Singular				
1. Person	laud -ō	ich lobe	dēlē-ō	ich zerstöre
2. Person	laudā-s	du lobst	dēlē-s	du zerstörst
3. Person	lauda-t	er (sie es) lobt	dēle-t	er (sie, es) zerstört
Plural				
1. Person	laudā-mus	wir loben	dēlē-mus	wir zerstören
2. Person	laudā-tis	ihr lobt	dēlē-tis	ihr zerstört
3. Person	lauda-nt	sie loben	dēle-nt	sie zerstören
Imperative	laudā !	lobe!	dēlē !	zerstöre!
	laudā-te!	lobt!	dēlē-te!	zerstört!

Die Form laud-ō ist durch Zusammenziehung (Kontraktion) aus lauda-ō entstanden.

Präpositionen in und sub (§ 72)

Die Präpositionen in und sub stehen auf die Frage *wo?* beim Ablativ:

Publius in campīs labōrat (1,6). | Fīliī sub murō sunt (1,10).

Die Präpositionen *in* und *sub* stehen auf die Frage *wohin?* beim Akkusativ:

Graecī in Siciliam nāvigant (2,5). | Pīrātae sub ōrās nāvigant (2,7).

Alle anderen Präpositionen stehen entweder nur beim Ablativ oder nur beim Akkusativ.

1. Setze

tabula magna – vicus finitimus – incola contentus – pirata attentus in den
a) Genetiv Singular b) Akkusativ Singular c) Nominativ Plural d) Akkusativ Plural.

Dekliniere im Singular und Plural:
dea amica – terra bona – ira magna – incola probus – servus rusticus.

Bestimme (alle Möglichkeiten!):
insulis finitimis – incolae boni – patriae magnae – dei amici – deis amicis.

Kreuze von folgenden Wortarten die an, die nicht dekliniert werden:
Verbum ☐ Substantiv ☐ Adjektiv ☐ Präposition ☐

2. Übersetze:

videmus – spectant – deleo – respondetis – iuvas – laborat – circumdatis.
Nenne zu den obigen Formen die Infinitive und Imperative!

Konjugiere:
video et specto – occupo et deleo – studeo et laboro – moneo et iuvo.

Ersetze
die Formen von delere durch occupare, von spectare durch videre:
delent – specto – delemus – spectate – deles – spectatis – dele – spectat.

3. Unterscheide:

Viele Völker wohnen in anderen Ländern. Wir fahren in andere Länder.

Vergleiche:
They live **in** the house.
They go **into** the house.

4. Erschließe:

amicus	Freund	amica	Freundin	maritus	Ehemann	marita	Ehefrau
filius	Sohn	filia	?	servus	Sklave	serva	?

5. Vergleiche:

incolas – laudas – amicas – amas – maritas – filias – deas – tabulas – flammas – navigas – oras – piratas – spectas – insidias – monstras – terras – iuvas – insulas – habitas – occupas!

3

A In einer alten Hafenstadt

1. Antium oppidum antiquum Latii est. 2. In Latio multa oppida sunt. 3. Marcus in oppido antiquo habitat; Marcum cum Quinto et Sexto amicis visitare in animo habeo. 4. Marcum libenter visito, nam laetus esse solet: laetos amicos amo. 5. Paratus sum, sed amicos monere debeo. 6. „Quinte, ubi es? – Paratus es, amice!“ 7. Sed Quintus non respondet. 8. „Quinte et Sexte, ubi estis? – Parati este, amici!“ 9. Tandem amici respondent: „Vide, iam parati sumus!“
10. Ex vico, ubi habitamus, per campos ad oppidum migramus. 11. Iam tecta aedificiorum videmus. 12. In campis multi servi pro dominis laborant. 13. Ante oppidum castra sunt, nam incolae insidias a populis finitimis paratas timent.
14. In oppido Marcus amicis multa aedificia antiqua monstrat multaque de aedificiis narrat. 15. Tandem foro magno et – quid est forum sine templis? – Neptuni Fortunaeque templis appropinquant. 16. Libenter templa spectant, sed prae tenebris non iam multa vident.

Quis amicis oppidum antiquum monstrat?
Cuius templum amici libenter spectant?
Quem amici visitare in animo habent?
A quo incolae oppidi insidias timent?

Quid in oppidis antiquis esse solet?
Cui Marcus multa de aedificiis narrat?
Quid amici in foro oppidi vident?
Cum quo (quocum) Sextus per campos migrat?

Die Trojaner in Afrika

Aeneas cum sociis ex patria flammis deleta in Siciliam, a Sicilia ad oras Italiae navigat Latioque appropinquat. Iam vident Troiani vicos et muros, vident tecta et aedificia, vident servos in campis laborare, vident incolas ex oppidis migrare. Sed Iuno dea Troianis inimica Aeneam sociosque ab oris Italiae arcet.
Ita Troiani in Africam navigant. Iam ab ora Libyae tecta oppidi vident. Carthago magnum Libyorum oppidum est. Aeneas cum Achata socio in oppidum migrat, ubi forum antiquum, ubi multa templa aliaque aedificia spectat. Dido, domina Libyae, Aeneam interrogat: „Quis es? Quid in animo habes?“ Aeneas: „Domina bona, non sumus piratae mali, sed fato terris Africae appropinquamus. Patriam non iam habemus, nam Troia, Priami oppidum, a Graecis insidiis deleta est. Aeneas Troianus sum, sed non libenter de Troianorum fato narro. In Libya habitare et cum populo Libyco laborare parati sumus.“ Dido: „A Troianis insidias non timemus. Incolis Libyae socii boni este!“
Diu Troiani contenti in Libya habitant; Dido Aeneam magis magisque amat. Sed aliquando Mercurius deus Aeneae appropinquat et Troianos in Italiam navigare iubet: ita Troianorum fatum est. Aeneas diu dubitat; tandem cum sociis in Italiam navigat.

Latein	Deutsch	Englisch	Französisch
oppidum, ī, *n.*	Stadt		
antīquus, a, um	alt	antique	antique
vīsitāre	besuchen Gesinnung	to visit	visiter
animus, ī, *m.*	Geist, Sinn, Mut, Gemüt	*animated*	
habēre	haben, halten für	to have	avoir
in animo habere	beabsichtigen		
laetus, a, um	fröhlich		
parātus, a, um	bereit, entschlossen	*prepared*	prêt, e
iam	schon, bereits		*déjà*
nōn iam	nicht mehr		
per *b. Akk.*	durch, hindurch		par
ad *b. Akk.*	auf . . . zu, zu, bei, an		à
migrāre	wandern, wegziehen	to migrate	émigrer
tēctum, ī, *n.*	Dach	*to protect*	le toit
aedificium, ī, *n.*	Gebäude	edifice	l'édifice
prō *b. Abl.*	für		pour
ante *b. Akk.*	vor *(räumlich, zeitlich)*		*avant*
castra, ōrum *n. pl.*	das (ein) Lager	*Lancaster*	
ā, ab *b. Abl.*	von, von . . . her		
dē *b. Abl.*	über, von . . . herab		de
narrāre de+Abl.	erzählen über/von etw.	to narrate	narrer
forum, ī, *n.*	Markt, Marktplatz	forum	la foire
sine *b. Abl.*	ohne		sans
templum, ī, *n.*	Tempel	temple	le temple
appropinquāre	sich nähern	to approach	s'approcher
prae *b. Abl.*	vor, wegen		
*tenebrae, ārum, *f. pl.*	Dunkelheit	*tenebrous*	les ténèbres
a quō? quōcum?	von wem? mit wem?		
socius, ī, *m.*	Kamerad, Bundesgenosse	*society*	*la société*
dēlētus, a, um PPP	zerstört	deleted	
inimīcus, a, um	feindlich, *subst.* Feind	enemy	l'ennemi
arcēre (a, ab)	fernhalten (von)		
domina, ae, *f.*	Herrin	*madam*	la dame
interrogāre	fragen	to interrogate	interroger
malus, a, um	schlecht, übel böse	*malicious*	mal
fātum, ī, *n.*	Schicksal	fate	*fatal*
diu *(adv.)*	lange; lange Zeit		
magis *(adv.)*	mehr; lieber		
aliquandō *(adv.)*	irgendwann, einst		
iubēre	auffordern, befehlen		
dubitāre	zweifeln, zögern	to doubt	douter

Erkläre: animieren — Antiquariat — Dame — dubios — Emigrant — fatal — Magistrat — sozial — Visite!

multa = vieles!

o-Deklination: Nomina auf -um (§ 4; § 5)

Singular	die alte Stadt		Plural	die alten Städte	
Nom.	oppidum	antīquum		oppida	antīqua
Gen.	oppidī	antīquī		oppidōrum	antīquōrum
Dat.	oppidō	antīquō		oppidīs	antīquīs
Akk.	oppidum	antīquum		oppida	antīqua
Abl.	oppidō	antīquō		oppidīs	antīquīs

1. Die Substantive der o-Deklination auf *-um* sind Neutra.
2. Für alle Neutra gilt: Nominativ und Akkusativ haben die gleiche Form.
   Nominativ und Akkusativ Plural enden auf -a.

Es gibt Wörter, die nur im Plural vorkommen (plurale tantum: Nur-Plural-Wort); z. B. castra, ōrum das Lager; tenebrae, ārum die Dunkelheit; insidiae, ārum die List.

Ind. Präsens und Imperativ von esse (§ 40)

Singular	sum	ich bin	Plural	sumus	wir sind
	es	du bist		estis	ihr seid
	est	er (sie, es) ist		sunt	sie sind
Imperativ	es!	sei!		este!	seid!

Interrogativpronomina (§ 24)

Nom.	quis?	wer?			quid?	was?
Gen.	←		cūius?	wessen?	→	
Dat.	←		cui?	wem?	→	
Akk.	quem?	wen?			quid?	was?
Abl.			a quō?	von wem?		
			quōcum?	mit wem?		

Präpositionen beim Ablativ (§ 72)

ā und ab, ē, ex, dē,
cum und sine, prō und prae.

ā Graecīs	von den Griechen	dē fātō	über das Schicksal
ab amīcīs	von den Freunden	cum servīs	mit den Sklaven
ē castrīs	aus dem Lager	sine deīs	ohne die Götter
ex oppidō	aus der Stadt	prō populō	für das Volk
dē tēctō	vom Dach herab	prae īrā	vor Zorn

In und *sub* stehen beim Ablativ oder beim Akkusativ (vgl. Stück 2). Alle anderen Präpositionen stehen nur beim Akkusativ (vgl. die Wortkunde), z. B. ad templa bei den Tempeln, ante oppidum vor der Stadt, per campos durch die Felder . . .

1. Dekliniere:

templum deletum – fatum malum – aedificium antiquum – castra magna
populus rusticus – tectum bonum – insula finitima – incola laetus

Ergänze:

Amici ex oppid_ per camp_ migrant. Castra ante mur_ spectare in anim_ habent. Mult_ serv_ et in camp_ et in vic_ vident. Tandem castr_ appropinquant.

Wörter, die nur im Plural (pluralia tantum) oder nur im Singular (singularia tantum) vorkommen, gibt es auch im Deutschen, z. B. Leute, Kosten, Diäten – Groll, Sand, Hauch.
Nenne weitere Beispiele!

2. Konjugiere:

iubeo – visito – habeo – sum – dubito – soleo – circumdo – interrogo – arceo!
Wie lauten die Personalendungen? Präge sie dir ein!

Setze in den Singular bzw. Plural:

sumus – amatis – dubitate – sunt – circumdatis – videmus – habetis – este;
times – labora – responde – iubet – interrogas – monstro – debeo – es!

Unterscheide:

fora – domina – castra – monstra	navigas – piratas – iuvas – tabulas
vide – popule – arcete – valde	estis – inimicis – tectis – videtis

3. Gruppenaufgabe:

Bildet sechs mit verschiedenen Fragepronomina eingeleitete Fragesätze und beantwortet sie!

4. Übersetze:

a castris arcetis	prae ira non respondet	sine amicis sumus
de piratis narrate	ex aedificio spectamus	cum filiis appropinquat
pro sociis laborat	de fato non narratis	Troia a Graecis deleta est

Unterscheide:

vom Sohn erzählen – vom Dorf fernhalten – vor der Stadt wohnen – vor Zorn nicht antworten – mit den Freunden wandern – mit fröhlichem Mute arbeiten!

5. Wortkunde:

Der lateinischen Vorsilbe in- (im-) entspricht oft die deutsche Vorsilbe un-;

z. B. certus sicher   incertus unsicher | purus rein   impurus unrein.

Von welchen dir bekannten Wörtern sind improbus, imparatus, inimicus gebildet? Was bedeuten sie?

A

Demetrius und seine Schüler

1. Romani antiqui filios suos patriam amare, socios iuvare, amicis malis et vinis bonis abstinere, finitimos muris oppidi arcere docebant. 2. Magistri puerorum Romanorum saepe non viri liberi, sed servi Graeci erant. 3. Demetrius magister Titum et Lucium pueros interrogat: „Ubi heri eratis?“ 4. Pueri respondent: „Heri dominum nostrum iuvare debebamus; itaque non in schola eramus.“ 5. Demetrius Quintum puerum interrogat: „Quinte, ubi heri eras? Quem iuvare debebas?“ 6. Quintus respondet: „Heri non in schola eram, nam Marcum amicum meum aegrum et miserum visitabam.“ 7. Magister: „Quocum amicum tuum visitabas?“ 8. Puer: „Marcum cum Sexto visitabam; nam Marcus amicus noster est.“ 9. Magister: „Ubi amicus vester habitat?“ 10. Puer: „Marcus in oppido Antio habitat.“ 11. Magister: „Quid me non rogabatis?“ 12. Puer: „Te rogare in animo habebamus, sed diu amicum visitare dubitabamus.“
13. Demetrius vir probus in oppido Graeciae a Romanis deleto captus diu fato suo contentus non erat, sed magis magisque pueris Romanis magister bonus erat. 14. Demetrio multi libri antiqui erant; saepe pueris libros antiquos tabulis pulchris ornatos monstrabat. 15. Libenter liberis de Graecis Romanisque, de Persis aliisque populis, de Troia pulchra insidiis deleta, de Cassandra misera a Graecis capta, de Aenea probo dominae incolisque Libyae amico narrabat.

Die Trojaner in Italien

Troiani ex Africa in Italiam navigabant; animi virorum magna maestitia capti erant. Semper de Libya, de oppido templis aedificiisque pulchris ornato, de incolis insidiis liberis, de fato miserae dominae narrabant. Tandem Italiae appropinquabant. Videbant ex ora Laurentum, ubi Latinus, Fauni dei filius dominusque Latii, regnabat. Aeneas cum viris et pueris sine mora in oppidum Laurentum migrabat. Latinus Aeneae: „Ex muris nostris te sociosque tuos oppido nostro appropinquare iam videbam. Quid in animo habetis? Quid rogatis?“ Aeneas Latino respondebat: „Latine, domine Latii, Troiani miseri sine patria sumus. Multos populos et multas terras iam videbamus; diu in Libya habitabamus et laborabamus. In Libya contenti et laeti eramus, sed dei me sociosque meos in Italiam navigare iubebant: ita Troianis fatum erat. Diu dubitabamus, sed tandem fato obtemperabamus. Bono animo orae vestrae appropinquabamus: non castra habere in populum tuum, sed viri liberi in patria libera esse studemus.“ – Latinus: „Semper miseros iuvabam; itaque Troianos oris nostris non arcere, sed libenter iuvare in animo habeo.“
Postea Latinus Laviniam filiam suam Aeneae in matrimonium dat. Aeneas filium ex Lavinia natum Iulum nominat. Troiani oppidum aedificant et oppidum novum Lavinium nominant. Ita Italia Troianis patria nova erat.

Latein	Deutsch	Englisch	Französisch
meus, mea, meum	mein	my	mon
tuus, tua, tuum	dein		ton
suus, sua, suum	sein, ihr		son
noster, nostra, nostrum	unser		notre
vester, vestra, vestrum	euer		votre
mihī; mē	mir; mich	me	me
tibī; tē	dir; dich		te
līber, lībera, līberum	frei; *subst.* der Freie	*liberty*	libre
līberī, ōrum, *m.*	die Kinder		
lĭber, lĭbrī, *m.*	das Buch	*library*	le livre
vīnum, ī, *n.*	*Wein*	wine; vine	le vin
abstinēre *b. Abl.*	sich enthalten (von)	to abstain	abstenir
docēre	lehren		*docile*
magister, strī, *m.*	Lehrer	master	le maître
puer, puerī, *m.*	Junge	*puerile*	*puéril*
vir, virī, *m.*	Mann	*virile*	*viril*
herī *(adv.)*	*gestern*		hier
itaque *(adv.)*	*(und so)*; daher		
schola, ae, *f.*	Schule	school	l'école
aeger, aegra, aegrum	krank, traurig		
miser, misera, miserum	unglücklich, arm	miserable	misérable
rogāre	bitten, fragen		
captus, a, um	gefangen, befallen	*capture*	captif
pulcher, chra, chrum	schön		
ornāre; ōrnātus, a, um	schmücken; geschmückt	*ornament*	orner; orné
maestitia, ae, *f.*	Traurigkeit		
semper *(adv.)*	immer		
rēgnāre	herrschen, beherrschen	to reign	régner
mora, ae, *f.*	Verzug, Aufenthalt		
obtemperāre	gehorchen		
castra habēre	Krieg führen		
in	hier: gegen		
post *b. Akk.*	hinter, nach		
post, posteā *(adv.)*	später		puis
fīlia, ae, *f.*	Tochter		la fille
mātrimōnium, ī, *n.*	Ehe	*matrimony*	*matrimonial*
dare	geben		
nōmināre	*nennen*	to nominate	nommer
natus, a, um	geboren		
aedificāre	bauen, erbauen	*to edify*	édifier
novus, a, um	*neu*	new	neuf

Erkläre: Abstinenz — Dativ — Doktor — Liberalismus — Nominativ — Novelle — Ornament — Scholastik — Winzer!

ausschließlich Maskulina

C ō-Deklination: Nomina auf -er (-ir) (§ 4; § 5)

Nom.	puer	der Junge	magister	der Lehrer	vir	der Mann
Gen.	puerī		magistrī		virī	

Die weitere Deklination entspricht der Deklination von dominus (§ 4).

Nom.	liber	libera	liberum	frei	pulcher	pulchra	pulchrum	schön
Gen.	liberī	liberae	liberī		pulchrī	pulchrae	pulchrī	

Die weitere Deklination entspricht der Deklination von bonus (§ 5).

Ind. Imperfekt Aktiv von esse, a- und e-Konjugation (§ 32; § 40)

ich lobte ...	ich zerstörte ...	ich war ...
laudā-**ba**-m	dēlē-**ba**-m	er-**a**-m
laudā-**bā**-s	dēlē-**bā**-s	er-**ā**-s
laudā-**ba**-t	dēlē-**ba**-t	er-**a**-t
laudā-**bā**-mus	dēlē-**bā**-mus	er-**ā**-mus
laudā-**bā**-tis	dēlē-**bā**-tis	er-**ā**-tis
laudā-**ba**-nt	dēlē-**ba**-nt	er-**a**-nt

Das Tempuszeichen des Imperfekts ist -ba (Ausnahme bei esse: -a). Es tritt zwischen Stamm und Endung: laudā-ba-m; dēlē-ba-m; er-a-m.

Possessivpronomina (§ 21)

reflexives Possesivpronomen

Sg.	meus, a, um	mein	tuus, a, um	dein	suus, a, um	sein, ihr
Pl.	noster, tra, trum	unser	vester, tra, trum	euer	suus, a, um	ihr

Ablativ der Trennung (Separativus) (§ 62)

Der Ablativ der Trennung steht bei Verben und Nomina, die eine Trennung zum Ausdruck bringen, z. B. trennen, hindern, berauben, befreien, fernhalten, sich enthalten, frei von, sicher vor, stammend aus u.a.m.

Zum Ablativ der Trennung *kann* noch eine richtungweisende Präposition treten (a, ab; e, ex). Dadurch wird die Texterfassung erleichtert; vgl. oris arcere oder ab oris arcere; liber insidiis oder liber ab insidiis.

1. Bilde

zu allen Substantiven auf -er, die im Stück 4 (Satz 2—8) vorkommen, den Ablativ Singular und den Akkusativ Plural; zu allen Adjektiven auf -er den Akkusativ Singular und den Ablativ Plural!

Dekliniere:

magister aeger — puer pulcher — domina misera — oppidum liberum — vir bonus!

2. Vergleiche:

laud-o | dele-o | su-m | laudaba-m | deleba-m | era-m!

Wie kann die Personalendung für die 1. Person Singular Aktiv lauten?

Übersetze und bestimme:

timebam	regnabas	rogabat	occupabamus	nominabatis	aedificabas
habebant	iubebatis	eramus	dubitabas	spectabam	monebant

3. Übersetze:

in animo meo habeo	cum sociis meis migro	tabulas tuas specto
populum tuum amo	fato suo contenta est	servos suos iubent
castra nostra delet	dominum vestrum rogate	oppidum vestrum visito

Vergleiche die Stellung des Possessivpronomens im Lateinischen und Deutschen!

4. Instrumentalis oder Separativus?

Oppidum multis templis pulchris ornatum erat. Incolae magno animo piratas patria arcebant. Insidiis populus finitimus oppidum delebat. Ira semper liberi esse debemus. Viri boni et ira et insidiis abstinere solent. Insula pulchra piratis libera est.

5. Bestimme:

Unter den folgenden Wörtern befindet sich je ein Substantiv im Singular (1), im Plural (2), ein Imperativ (3) und ein Adverb (4). Setze die entsprechenden Zahlen ein:

vina ☐ labora ☐ ita ☐ schola ☐

6. Längen und Kürzen

haben im Lateinischen eine große Bedeutung; vergleiche die Beispiele:

Paulus Paulam amat, sed Paula alium amat.	*ălium einen anderen; ālium der Knoblauch*
Aeneas malis abstinere solebat.	*mălum das Böse; mālum der Apfel*
Populus ex vico in oppidum migrat.	*pŏpulus das Volk; pōpulus die Pappel*

Wie muß es heißen: līberā nōs (erlöse uns) a mălo? a mālo?

7. Rätsel:

Bilde aus folgenden Silben 10 lateinische Wörter mit den Bedeutungen:

1. Geist 2. Ehe 3. Küste 4. Tafel 5. sein 6. vor 7. mein 8. einst 9. mehr 10. und	a — a — an — bu — do — es — et — gis — la — li — ma — ma — me — mo — mus — ni — ni — o — quan — ra — se — ta — te — tri — um — us

Die Anfangsbuchstaben ergeben die Inschrift auf einem alten römischen Ring.

5

A Göttergespräch

1 Iuppiter, qui in caelo regnat, cuius sub imperio caelum et terra sunt, cui incolae terrae templa pulchra aedificant, quem dominum caeli et terrae nominant, de quo multas fabulas narrant, Mercurium filium ad terram volare iubet. 2. Mercurius vita sua iam diu non contentus respondet: „Pater, imperiis tuis saeculo Priami et saeculo Aeneae et saeculo Iuli sine mora obtemperare solebam, sed semper me magis magisque laborare iubebas. 3. Iubebisne me (mene iubebis) iterum ad incolas terrae volare? 4. Num vita mea vita dei est? 5. Miseros iuvare soles; nonne tandem me miserum ex vita mea misera servabis? 6. Nonne multi mali melius se habent quam filius tuus?" 7. Iuppiter: „Postea etiam te iuvare paratus ero; postea etiam te iuvabo. 8. Sed nunc in Italiam volabis et Amulio, domino Latii, fatum nuntiabis, quod Aeneae pio, quod Iulo filio, quod posteris Troianorum datum est. 9. ‚Rheae Silviae duo filii erunt, quibus insidias parabis. Sed dei liberos ab insidiis servabimus. 10. Postea Rheae Silviae filii oppidum novum aedificabunt, quod Romam nominabunt. 11. Romani posteris saeculis domini magni imperii erunt.' 12. St! Iuno, quam advolare video, etiam nunc Troianis Troianorumque posteris inimica est. Itaque non iam narrabimus, sed sine mora in Latium volabis Amuliumque de fato docebis."

Romulus und Remus

Amulius, qui ante multa saecula in Latio regnabat, duos Rheae Silviae filios, quorum pater Mars erat, valde timebat puerosque necare in animo habebat. Sed Mars deus Faustulum rusticum liberos parvos ab insidiis Amulii servare et educare iubet. Mars: „Faustule, pater puerorum miserorum sum, quibus Amulius insidias parat. Iuva, rogo te, filios meos, quos Romulum et Remum nominabitis! Libenter in vico vestro habitabunt, magis magisque te tuosque amabunt." Faustulus: „Domine, imperio tuo obtemperare non dubitabo. Filios tuos ab insidiis Amulii servabimus et educabimus; aliquando rustici probi erunt." Mars: „Aliquando pueri parvi viri magni erunt. Novum oppidum in Latio aedificabunt, quod Romulus Romam nominabit. Romanis, qui posteris saeculis cum multis populis pugnabunt, multa oppida oppugnabunt multasque terras expugnabunt, semper multi viri magni animi erunt velut Iulii, qui ex Iulo, Aeneae filio, se nominabunt." Faustulus: „Timeo fatum, quod Iuppiter Romanis dabit. Iuvabuntne alii dei populos Italiae, qui pro oppidis et vicis, pro feminis et liberis pugnabunt? Num viri liberi libenter servi erunt? Nonne liberi Italiae populi liberi in patria libera esse studebunt?" Mars: „Ita non erit. Populi fato contenti erunt; nam sub imperio Romanorum melius se habebunt quam antea se habebant."
Faustulus respondere in animo habet, sed deum non iam videt. Pueros in campis laborare et vitam rusticam amare docet.

Latein	Deutsch	Englisch	Französisch
caelum, i, *n.*	Himmel	*ceiling*	le ciel
imperium, ī, *n.*	Befehl, Reich, Herrschaft	empire	l'empire
fābula, ae, *f.*	Geschichte, *Fabel*	fable	la fable
volāre	fliegen, eilen	*volatile*	voler
advolāre	herbeieilen		
vīta, ae *f.* (*vivō*)	Leben	*vital*	la vie
pater	*Vater*	father	le père
saeculum, i, *n.*	Zeitalter, Jahrhundert	*secular*	le siècle
iterum (*adv.*)	wiederum		
iterum iterumque	immer wieder		
-ne? (Fragewort)	bleibt unübersetzt		
num? (Fragewort)	etwa? doch wohl nicht?		
nōnne? (Fragewort)	denn nicht? doch wohl?		
servāre	bewahren, schützen, retten	to *preserve*	*conserver*
melius (*adv.*)	besser	to *ameliorate*	*meilleur*
sē habēre	sich befinden, sich verhalten	to behave	
quam	wie, als		que
etiam	auch, sogar		
nunc	jetzt (noch), nun		
nuntiāre	melden, verkünden	to announce	annoncer
pius, a, um	fromm, gewissenhaft	pious	pieux
posterus, a, um	später; *subst.* Nachkomme	*posterity*	postérieur
datus, a, (*Part. Perf.*)	gegeben		
duo, duae, duo	zwei	*dual*	deux
parāre	bereiten, sich anschicken	to *prepare*	parer
insidias parare	nachstellen, einen Anschlag auf jmd. verüben		
necāre	töten		
parvus, a, um	klein		pauvre
ēducāre	erziehen	to educate	éduquer
pūgnāre	kämpfen	*pugnacious*	
oppūgnāre	angreifen		
expūgnāre	erobern		
velut (ī)	wie (zum Beispiel)		
fēmina, ae, *f.*	Frau	*female*	la femme
anteā (*adv.*)	vorher, früher		
ante (*adv.*)	vorher, früher		

Erkläre: Dualismus — Duell — Duett — fabelhaft — Femininum — feminin — Imperialismus — iterieren — Konserve — konservieren — konservativ — Nuntius — Denunziant — präparieren — reparieren — Patrizier — Pietät — Pietismus — Säkularfeier — Vitalität — Vitamin!

Relativpronomina (§ 23) qui, quae, quod der, die, das

	Singular			Plural		
Nom.	quī	quae	quod	quī	quae	quae
Gen.	←	cūius	→	quōrum	quārum	quōrum
Dat.	←	cuī	→	←	quibus	→
Akk.	quem	quam	quod	quōs	quās	quae
Abl.	quō	quā	quō	←	quibus	→
	quōcum	quācum	quōcum	←	quibuscum	→

Die Formen des Relativpronomens und des adjektivischen Interrogativpronomens sind gleich: Qui deus miseros iuvabit? Welcher Gott wird den Armen helfen?

Ind. Futur Aktiv von esse, a- und e-Konjugation (§ 32; § 40)

ich werde loben	ich werde zerstören	ich werde sein
laudā-**b**-ō	dēlē-**b**-ō	er-ō
laudā-**bi**-s	dēlē-**bi**-s	er-**i**-s
laudā-**bi**-t	dēlē-**bi**-t	er-**i**-t
laudā-**bi**-mus	dēlē-**bi**-mus	er-**i**-mus
laudā-**bi**-tis	dēlē-**bi**-tis	er-**i**-tis
laudā-**bu**-nt	dēlē-**bu**-nt	er-**u**-nt

Das Tempuszeichen des Futurs ist **-b**. Ausnahme: erō (aus *esō) ohne Tempuszeichen.

Im Deutschen steht anstelle des lateinischen Futurs oft das Präsens, besonders bei Adverbien, die auf die Zukunft hinweisen, wie z. B. später, bald, morgen u. ä. (§ 87,2)

Posteā tē iuvābō. Später helfe ich dir.

Der Ablativ des Ortes und der Zeit (§ 68; § 69)

Nach der Präposition *in* steht auf die Frage *wo?* der Ablativ des Ortes:

In vīcō habitat. Er wohnt im Dorf.

Der Ablativ der Zeit steht auf die Frage *wann?* ohne Präposition:

saeculō nostrō in unserem Zeitalter

Satzfragen (§ 91,2)

Satzfragen – Fragesätze ohne Fragewort – erkennt man im Deutschen an der Umstellung von Subjekt und Prädikat: Du zweifelst. Zweifelst du?
Satzfragen erkennt man im Lateinischen an den Fragepartikeln:

-ně:	erwartete Antwort ja/nein	dubitāsně?	zweifelst du?
num:	erwartete Antwort nein	num dubitās?	du zweifelst doch nicht?
nōnne:	erwartete Antwort ja	nōnne dubitās?	du zweifelst doch wohl?

1. Ergänze das Relativpronomen:

Terrae, per ... migrabamus, pulchrae erant. Populos, ... incolae laeti sunt, videbimus. Oppida, in ... multa templa sunt, spectabimus. In insulam, de ... saepe narrabam, navigabimus.
Wonach richtet sich das Relativpronomen a) im Genus und Numerus, b) im Kasus?

Übersetze und beantworte:

Qui deus populis fatum dabit?	Quod fatum populi timere solent?
Quos populos Romani oppugnant?	Quas terras Romani expugnabant?
Quem dominum populi laudant?	Quam fabulam pater filiis narrat?

In den obigen Beispielsätzen sind die Formen von qui, quae, quod nicht als Relativpronomina, sondern als ...? ... gebraucht. Beachte die Fragezeichen!

2. Übersetze und bestimme:

aedificabis — aedificiis — arcebimus — amabit — caelo — ero — delebunt — docebis — dominis — eritis — iubebitis — rogabis — servabis — servis — viro — vino — vico — visito — videbo — paratis — parabatis — parabitis.

3. Abl. des Ortes und der Zeit:

Viri in aedificiis, in castris, in campis, in oppidis, in vicis sunt.
Populi saeculo Priami, saeculo Romuli, posteris saeculis pugnabant.
Welche Regel läßt sich aus den Beispielsätzen ableiten?

4. Fragewörter:

Videsne socios appropinquare? Num finitimos timebis? Nonne liberos servabis?
Welche Antworten erwartet der Fragesteller? Wodurch läßt sich das erkennen?

5. Antike Gottesvorstellungen:

Merkur, der sich den Anordnungen des Göttervaters nur widerstrebend fügt, Herkules, der den Gott der Heilkunst als Schwächling beschimpft, Äskulap, der dem Muskelprotz Herkules seine Verachtung unverhohlen zeigt — die antiken Göttergeschichten bieten viele Episoden dieser Art. Wo liegt deines Erachtens ein wesentlicher Unterschied zwischen antiken und christlichen Gottesvorstellungen?

6. Aeneas pius:

In der römischen Dichtung wird Aeneas oft pius genannt. Dieses Adjektiv ist bei einem politisch-militärischen Führer zunächst erstaunlich. Zwar hat Aeneas seinen gelähmten Vater aus dem brennenden Troja gerettet und ihn später sogar in der Unterwelt aufgesucht (Frömmigkeit gegenüber dem Vater!), doch gibt es einen noch viel wesentlicheren Grund, Aeneas als pius zu bezeichnen.
Aeneas war der Sohn des Trojaners Anchises und der Göttin Venus. Aeneas sollte nach dem Fatum Iuppiters in Latium eine neue Heimat finden und Stammvater eines weltbeherrschenden Volkes werden. Sein Sohn war Iulus (oder Ascanius), von dem die Julier, ein berühmtes römisches Patriziergeschlecht, abstammten (z. B. C. Iulius Caesar). Zu den Nachkommen der Trojaner in Latium gehörte auch Romulus, der Gründer Roms. Welche Bedeutung hatte der Glaube an Fatum und Abstammung für das Selbstverständnis und Sendungsbewußtsein des römischen Volkes?

6

A Frauenmangel

1. Romulus dominus novi oppidi erat. 2. Is (is vir) populo Romano pater erat; Romani magnum animum eius (eius viri) laudabant; ei (ei viro) obtemperabant; eum (eum virum) postea deum habebant; cum eo (eo viro) laborabant; sub imperio eius pro patria sua pugnabant.
3. Aliquando, postquam Romani oppidum novum aedificaverunt, Romulus viros in forum convocavit. 4. Qui, ubi primum (ut primum, simulac, simulatque) adfuerunt forumque compleverunt, Romulum interrogaverunt: „Domine, quid nos convocavisti? 5. Nos antea et laudavisti et monuisti. Nonne nobis contentus es?“ 6. Romulus: „Vos convocavi, nam magnam gratiam vobis habeo: oppidum, quod Romam nominavi, magno cum studio aedificavistis. 7. Quod oppidum muris circumdedimus, finitimos non timuimus, eos eorumque socios arcuimus. 8. Non sibi multa paravisse, non se servavisse, sed patriae suisque adfuisse virum Romanum decet. 9. Sed alia sunt, quae me movent: populus Romanus est populus virorum. 10. Quam misera est vita eorum virorum, quibus feminae liberique desunt! 11. Finitimi, a quibus puellas rogavi, filias suas Romanis in matrimonium dare parati non fuerunt. 12. Itaque eos cum feminis liberisque ad ludos in oppidum nostrum invitare in animo habeo. 13. Ut antiquis saeculis viri feminas raptare solebant, ita Romani sibi maritas suas raptabunt.“ 14. Simulatque Romulus ea (ea verba) viris suis nuntiavit, alii laetis animis domum properaverunt, alii de insidiis a Romulo paratis dubitaverunt.

Frauenraub

Romulus, postquam ludos novos paravit, Sabinos finitimos cum feminis liberisque ad eos ludos invitavit. Qui laetis animis sine armis Romam intraverunt. Sabini magno cum studio novos Romuli ludos, Romani magis pulchras Sabinorum filias spectaverunt. Subito viri Romani puellas Sabinas, quarum aliae fleverunt, aliae clamaverunt, aliae momorderunt, raptaverunt et sub tecta sua portaverunt.
Sabini, simulatque magna ira capti in patriam properaverunt sociosque convocaverunt, Romae appropinquaverunt. Iam Romani et Sabini pugnare parati erant: subito Sabinae ex aedificiis advolaverunt et clamaverunt: „Puellae Sabinae fuimus, maritae Romanorum sumus. Vobis Sabinis, qui nos educavistis, semper gratiam habebimus; vos Romanos, quorum maritae sumus, semper amabimus.“ Iis verbis, quae et Sabinis et Romanis placuerunt, animos eorum placaverunt. Postea Romani et Sabini socii fuerunt: ita ex insidiis malis bona amicitia fuit.

	Latein	Deutsch	Englisch	Französisch
	postquam (+ Ind. Perf.)	nachdem		
	ubi; ubi (primum)	wo; sobald, als		
	ut; ut (primum)	wie; sobald, als		
	simulatque; simulac	sobald, als	*simultaneous*	
	(con)vocāre, -āvī	(zusammen)rufen	vocation	convoquer
5	complēre, -ēvī	füllen, anfüllen	to complete	compléter
	monere, eo, ui	ermahnen		
	nōs *(Nom.; Akk.),*	wir, uns		
	nōbīs *(Dativ; Abl.)*	uns		nous
	vōs *(Nom.; Akk.),*	ihr, euch		
	vōbīs *(Dativ; Abl.)*	euch		vous
	circumdare, o, dedi	umgeben		
10	grātia, ae, *f.*	Gunst, Dank	*grace*	la grâce
	grātiam habēre	Dank wissen		
	studium, ī, *n.*	Eifer, Studium	study	l'étude
	sibi *(Dativ)*	sich (im AcI: ihm, ihr, ihnen)		
	sē *(Akk.; Abl.)*	sich (im AcI: er, sie; sie [Pl])		se
	adesse, adfuī (+ Dat.)	anwesend sein, helfen		
15	abesse, āfuī	abwesend sein, fehlen	absent	
	dēesse, dēfuī	abwesend sein, fehlen		
	decet, decuit	es ziert, gehört sich	decent	
	mē decet	es gehört sich *für* mich		
	movēre, mōvī;	bewegen; beunruhigen	to move	mouvoir
	mōtus, a, um	bewegt	*motion*	
	puella, ae, *f.*	Mädchen		
20	lūdus, ī, *m.*	Spiel		
	invītāre, -āvī	einladen	to invite	inviter
	raptāre, -āvī	*raffen*, rauben	rape	
	verbum, ī, *n.*	Wort	verb	le verbe
	domum (adv.)	nach Hause		
25	properāre, -āvī	eilen		
	arma, ōrum, *n.*	Waffen	arms	les armes
	intrāre, -āvī	eintreten, betreten	to enter	entrer
	subitō *(adv.)*	plötzlich	sudden	subit
	flēre, -ēvī	weinen		
30	clāmāre, -āvī	rufen, schreien	*to claim*	clamer
	exclāmāre	ausrufen	to exclaim	s'*exclamer*
	*mordēre, momordī	beißen	*mordant*	mordre
	portāre, -āvī	tragen	*portable*	porter
	placāre, -āvi	besänftigen, versöhnen		*placide*
	placēre, -uī	gefallen	to please	plaire
35	amicitia, ae, *f.*	Freundschaft		l'amitié

Erkläre: Adverb — Armee — dezent — exportieren — gratis — komplett — Motiv — Motor — Porto — Präludium — Proklamation — rapide — Studium!

Pronomen is, ea, id (§ 22) dieser, diese, dieses

Singular				Plural		
Nom.	is	ea	id	iī (eī)	eae	ea
Gen.		eius		eōrum	eārum	eōrum
Dat.		eī			iīs (eīs)	
Akk.	eum	eam	id	eōs	eās	ea
Abl.	eō	eā	eō		iīs (eīs)	

1. Demonstrativpronomen: is vir, qui . . . der (dieser) Mann, der . . .
2. Personalpronomen: amo eum, eam, id ich liebe ihn, sie, es.
3. Possessivpronomen: eius; eorum, earum = sein, ihr, ihre (nicht reflexiv)

Amicum suum visitat, nam filius eius (dessen = sein) aeger est.
Amicos suos visitat, nam filii eorum (deren = ihre) aegri sunt.

Relativer Anschluß (§ 96,3)

Das Relativpronomen verknüpft im Lateinischen auch Hauptsätze. Es wird am Anfang eines Hauptsatzes durch das Demonstrativpronomen übersetzt.

Narravit de oppido, quod valde amat.	Er erzählte von der Stadt, die er sehr liebt.
Narravit de oppido. Quod valde amat.	Er erzählte von der Stadt. Diese liebt er (nämlich) sehr.

Indikativ/Infinitiv Perfekt Aktiv der a- und e-Konjugation und esse (§ 33; § 40)

ich habe gelobt	ich habe zerstört	ich habe ermahnt	ich bin gewesen
laudav-ī	delev-ī	monu-ī	fu-ī
istī	istī	istī	istī
it	it	it	it
imus	imus	imus	imus
istis	istis	istis	istis
ērunt	ērunt	ērunt	ērunt
gelobt haben laudāv-isse	zerstört haben dēlēv-isse	ermahnt haben monu-isse	gewesen sein fu-isse

Im Perfekt tritt meist eine Änderung des Stammes ein:
laudāre: laudāv-ī; monēre: monu-ī; iubēre: iussī; dare: dedī; esse: fuī u.a.m.

Gebrauch des Imperfekts und Perfekts (§ 87)

Das Imperfekt dient im Lateinischen zur Bezeichnung von unvollendeten oder sich wiederholenden Handlungen (Gewohnheit, Sitte, Brauch). Frage: Was war damals? Das Perfekt dient im Lateinischen zur Bezeichnung von einmaligen Ereignissen der Vergangenheit (historisches Perfekt). Frage: Was geschah dann?

Konjunktionalsätze mit postquam, ubi (primum), ut (primum) (§ 98,1)

Nach postquam nachdem; ubi (primum); ut (primum), simulac und simulatque sobald als steht im Lateinischen meist das Perfekt, im Deutschen das Plusquamperfekt.

Postquam eum monuit, domum properavit.	Nachdem er ihn ermahnt hatte, eilte er nach Hause.

1. Unterscheide:

Quintus me visitat; eum puerum invitavi, nam ei puero amicus sum.
Quintus me visitat; eum invitavi, nam ei amicus sum.

Wie sind ei und eum im ersten, wie im zweiten Satz gebraucht? Was folgt daraus für die Übersetzung?

Mars deus	filios	*suos* servavit.	Faustulus	filios *eius*	educavit.
Incolae	oppida	*sua* laudant.	Finitimi	oppida *eorum*	occupant.
Sabini	filias	*suas* amant.	Sabini	maritos *earum*	oppugnant.

Sowohl suos, suas, sua als auch eius, eorum, earum werden durch „sein, ihr" übersetzt. Wie erklärt sich die Vielzahl der lateinischen Possessivpronomina?

2. Relativer Anschluß:

Visitamus amicos. Qui nos invitaverunt.	Rogavimus deam. Quae nos iuvare solet.
Habitamus in oppido. Quod nobis placet.	Amant puellas. Quae pulchrae sunt.

Wie werden Relativpronomina übersetzt, die zur Verknüpfung selbständiger Sätze dienen? Wie ist daher in den obigen Beispielen qui, quae, quod zu übersetzen?

3. Übersetze:

flevisse	delevisse	complevisse	monuisse	fuisse	placuisse
placavisse	laudavisse	intravisse	movisse	iuvisse	momordisse
decuit	flevistis	dedisti	fuerunt	portavit	habuimus

Anstelle der bisher bekannten Personalendungen -o, -s, -t, -mus, -tis, nt stehen im Perfekt Aktiv folgende Personalendungen:

____

Schreibe diese Endungen in die vorstehende Zeile und präge sie dir ein!

4. Begründe:

die Tempuswahl in Stück 6! Prüfe die Tempora in Stück 4!

5. Ergänze:

Romani, postquam Sabinas raptav___, domum properaverunt.
Sabini, ubi (primum) socios convocav___, Romam oppugnaverunt.

6. Wortbildung:

vocare	rufen	convocare	zusammenrufen
portare	tragen	comportare	?
convolare?	conservare?	collaborare?	comparare?

7. Rätsel:

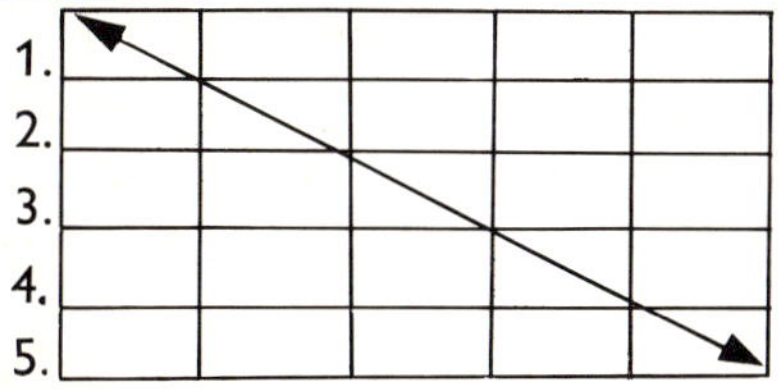

In die Zahlenfelder sind lateinische Wörter folgender Bedeutung einzutragen:
1. Dorf 2. Buch 3. Gut 4. Übel 5. Schicksal
Die Buchstaben auf dem Pfeil nennen ein zu allen Zeiten beliebtes Getränk.

A

Aus Roms Königszeit

1. Romulus bonus rex Romanus fuit. 2. Romani leges Romuli regis servabant. 3. Romulo regi gratiam habebant; sub Romulo rege vita sua contenti erant. 4. Romulum regem mortuum Quirinum deum nominabant. 5. Leges malorum regum hominibus posteris temporibus non placuerunt: neque regibus neque legibus contenti erant. 6. Multi homines tempora regum laudare dubitant, nam sub regibus malis non solum vita hominum non liberorum erat misera, sed etiam viri liberi saepe non melius se habuerunt quam servi.

7. Tarquinius Superbus malus rex Romanus fuit. 8. Servium Tullium regem populo amicum, qui viris Romanis campos, quos expugnaverant, dono dederat, ex libidine necavit multosque homines liberos violavit. 9 Quem Romani postero tempore fugaverunt.

10. Postquam Romulus rex mortuus est, vir Romanus nomine Proculus Iulius Romanis narravit: „Heri Q. Aemilium Laetum, qui me iam saepe invitaverat, visitavi. 11. Diu de uxoribus liberisque, de temporibus antiquis novisque moribus, de Romanorum fato Romuloque mortuo, qui nos saepe docuerat, quod decuerat, narraveramus. 12. Multa nocte domum properavi. 13. Iam foro appropinquaveram; subito Quirinus deus, qui antea Romulus rex noster fuerat, de caelo me nomine vocavit: ‚Procule, Romanis meis nuntia ea, quae te nuntiare iubebo! 14. Si Romani leges a deis datas servaverint, domini Italiae erunt.‘ 15. Sin autem leges violaveritis libidinibusque vestris parueritis, servi aliorum populorum eritis! Nisi verba Romuli regis mortui repudiaveritis, Quirinus deus semper libenter vobis aderit.“

16. Quibus et aliis fabulis scriptores Romani posteris temporibus iterum iterumque imperium Romanum probare studuerunt.

Rom wird Republik

Lucretia uxor L. Collatini fuit. Aliquando Sextus Tarquinius, Tarquinii regis filius, nocte cum armis cubiculum Lucretiae pulchrae, cuius maritus iis temporibus in castris erat, intraverat; nam eam violare in animo habuit. Femina misera iterum iterumque virum obsecraverat: „Si me violaveris, si libidini tuae parueris, non dominus, sed servus libidinum tuarum eris“. Sed frustra: vir libidine incensus feminam violavit.

Postridie Lucretia marito, quem per nuntium sine mora ex castris domum properare iusserat, scelus narravit: „Sextus Tarquinius me violavit, sed eo non diu laetus erit, si vir bonis moribus es.“ Deinde Lucretia ante oculos mariti se necavit. Collatinus maestitia et ira captus cum L. Iunio Bruto amico uxorem mortuam in forum portavit hominibusque, qui in forum advolaverant, feminam monstravit et clamavit: „Sextus Tarquinius, regis filius, Lucretiam uxorem meam violavit, quae ante meos oculos se necavit. Semper regum servi erimus, nisi in dominos superbos pugnaverimus. Sin autem regem filiosque eius fugaverimus, homines liberi in patria libera erimus.“ Verba eius et viros et feminas moverunt. Tarquinius, cui nomen Superbo ex moribus datum erat, frustra animos Romanorum placare studuit: Romani sine mora dominos fugaverunt (509 a. Chr. n.).

pater, patris, m. Vater

	Latein	Deutsch	Englisch	Französisch
	rēx, rēgis, *m.*	König	*regal*	le roi
	lēx, lēgis, *f.*	Gesetz	*legal*	la loi
	homō, inis, *m./f.*	Mensch		l'homme
	tempus, oris, *n.*	Zeitpunkt, Zeit	*temporal*	le temps
5	nōmen, inis, *n.*	Name	noun	le nom
	nōmine	mit Namen, namens		
	sī	wenn; ob, falls		si
	sīn (autem)	wenn aber		
	nisī	wenn nicht, außer		
	mortuus, a, um *(Part. Perf.)*	tot, verstorben		mort
10	neque (nec)	und nicht, auch nicht		
	neque — neque	weder — noch		ni — ni
	nōn sōlum — sed etiam	nicht nur, sondern auch		
	superbus, a, um	hochmütig, stolz	superb	superbe
	dōnum, ī, *n.*	Geschenk		le don
	dōnō dare	zum Geschenk geben		
	libīdō, inis, *f.*	Lust, Begierde, Willkür		*libidineux*
15	violāre, āvī	verletzen, Gewalt antun (vergewaltigen)	*to violate*	violer
	fugāre, āvi	in die Flucht schlagen, vertreiben	*fugitive*	
	fuga, ae, *f.*	Flucht, Verbannung		
	uxor, ōris, *f.*	Ehefrau, Gattin	*uxorial*	
	mōs, mōris, *m.*	Sitte, *pl.* Charakter	*moral*	les moeurs
	nox, noctis, *f.*	*Nacht*	*nocturnal*	la nuit
	multā nocte	in tiefer Nacht		
20	parēre, uī	gehorchen		
	repudiāre, āvī	zurückweisen, verstoßen	*to repudiate*	répudier
	scriptor, ōris, *m.*	Geschichtsschreiber	*script*	
	probāre, āvī	prüfen, billigen, rechtfertigen	*probation*	approuver
	*cubiculum, ī, *n.*	Schlafzimmer	cubicle	
25	obsecrāre, āvī	beschwören, anflehen	to obsecrate	obsécrer
	frūstrā *(adv.)*	vergeblich	*frustration*	*la frustration*
	incēnsus, a, um	entflammt		incendié
	nuntius, ī, *m.*	Bote; Botschaft		le nonce
	postrīdiē *(adv.)*	am folgenden Tage		
30	scelus, eris, *n.*	Verbrechen		*scélérat*
	deinde *(adv.)*	dann, darauf		
	oculus, ī, *m.*	Auge	*ocular*	l'oeil

Erkläre: Datum — frustrieren — legal — legitim — libidinös — Monokel — Moral — Okular — Notturno — Nuntiatur — parieren — probieren — Skriptum — Tempo — Temporalsatz!

3 Schmeken, Orbis Romanus (10350)

Substantive der 3. Deklination (§ 6)

Kennzeichen: -e, -a, -um

Singular

Nom.	homō *m.* Mensch	lēx, *f.* Gesetz	tempus, *n.* Zeit	nōmen, *n.* Name
Gen.	homin-is	lēg-is	tempor-is	nōmin-is
Dat.	homin-ī	lēg-ī	tempor-ī	nōmin-ī
Akk.	homin-em	lēg-em	tempus	nōmen
Abl.	homin-e	lēg-e	tempor-e	nōmin-e

Plural

Nom.	homin-ēs	lēg-ēs	tempor-a	nōmin-a
Gen.	homin-um	lēg-um	tempor-um	nōmin-um
Dat.	homin-ibus	lēg-ibus	tempor-ibus	nōmin-ibus
Akk.	homin-ēs	lēg-ēs	tempor-a	nōmin-a
Abl.	homin-ibus	lēg-ibus	tempor-ibus	nōmin-ibus

1. Die Substantive der 3. Deklination gehören in der Regel zu den konsonantischen Stämmen. An den auf einen Konsonanten auslautenden Stamm treten die Kasusendungen.
2. Die Neutra der 3. Deklination haben – wie alle Neutra – im Nominativ und Akkusativ die gleiche Form. Im Nominativ und Akkusativ Plural enden sie auf -a (vgl. Stück 3).

Perfektstammgruppe Ind. Aktiv von esse, a- und e-Konjugation (§ 33; § 40)

ich hatte gelobt, zerstört, ermahnt, gegeben, geholfen; ich war gewesen ...		ich werde gelobt, zerstört, ermahnt, gegeben, geholfen haben; ich werde gewesen sein ...	
laudāv	- eram	laudāv	- erō
dēlēv	- erās	dēlēv	- eris
monu	- erat	monu	- erit
ded	- erāmus	ded	- erimus
iūv	- erātis	iūv	- eritis
fu	- erant	fu	- erint

Plusquamperfekt:	Perfektstamm + Imperfekt von esse:		laudāv - eram ...
Futur II:	Perfektstamm + Futur I	von esse:	laudāv - erō ...
		aber:	laudāv - erint

Gebrauch des Futurs II (§ 87,2)

Das Futur II steht im Lateinischen meist zum Ausdruck der Vorzeitigkeit in Nebensätzen futurischer Satzgefüge; im Hauptsatz steht dann das Futur I. Im Deutschen ist das Futur II ungebräuchlich; man übersetzt es durch das Präsens oder Perfekt.

Si nos *interrogaverint*, respondebimus. — Wenn sie uns *fragen*, werden wir antworten.

1. Kreuze von den folgenden Formen an a) alle Adverbien b) alle Ablative

domina	☐	castra	☐	antea	☐	tempora	☐	para	☐
domine	☐	mone	☐	rege	☐	sine	☐	valde	☐
domino	☐	orno	☐	verbo	☐	debeo	☐	aliquando	☐
dominis	☐	magis	☐	regis	☐	viris	☐	armis	☐
dominum	☐	regum	☐	liberum	☐	iterum	☐	oppidum	☐

Dekliniere:

rex superbus – homo novus – libido magna – nomen pulchrum – tempora antiqua.

Warum gehören alle genannten Substantive zur konsonantischen Deklination?

Ersetze in Stück 7 das Wort vir durch homo! Warum heißt es in Stück 7B ante meos oculos statt des üblichen ante oculos meos?

2. Übersetze:

laudavero – fleverint – amaveris – arcueritis – deleverat – habueramus – monuerint – clamaveras – docuerat – decuerat – placaverint – placuerunt – fuerimus – fueramus – moveras – dederas – iuveritis – iuveratis.

3. Ergänze:

Si alios iuv___, alii te iuvabunt. Nisi aliis adfu___, alii vobis deerunt.

Wird das Zeitverhältnis von Haupt- und Nebensätzen futurischer Satzgefüge im Deutschen oder im Lateinischen genauer bezeichnet? Begründe deine Antwort!

4. Orakel:

Kroisos (lat. Croesus), König der Lyder, plante einen Krieg gegen die Perser (546 v. Chr.). Zuvor befragte er das Orakel in Delphi, das ihm folgende Antwort gab: „Croese, si Persas oppugnaveris, magnum imperium delebis." Aufgrund dieses Orakels begann Kroisos den Krieg, den er verlor.

Fragen: a) Wie hat Kroisos den Orakelspruch aufgefaßt?
b) Wie kann man ihn auch anders deuten?

5. Königtum:

In der römischen Literatur finden sich viele Aussagen über Könige und Königsherrschaft.

So sagen z. B. der Dichter Horaz:
„Verrückt sind die Könige alle – die Völker müssen es büßen;"

der Historiker Sallust:
„König sein heißt, ungestraft tun zu können, was man will;"

der Philosoph Seneca:
„Crassus ist ein solcher Trottel, daß er sogar König sein könnte."

Welche Einstellung zu König und Königtum läßt sich aus den Zitaten erkennen? Gilt diese Einstellung nach deiner Kenntnis der römischen Geschichte für Autorität allgemein?

8

A Cloelia, ein römisches Mädchen

1. Collatinus, Lucretiae maritus, vir audax, fortis, celeber fuit. Lucretia, Collatini uxor, mulier audax, fortis, celebris fuit. Facinus eius audax, forte, celebre fuit. 2. T. Livius scriptor fabulam de Lucretia muliere audaci, forti, celebri memoravit. 3. Scriptores Romani multas mulieres Romanas et fortes et prudentes veluti Corneliam, Gracchorum matrem, Arriam, Caecinae Paeti uxorem, Veturiam, Coriolani matrem, Cloeliam, magna virtute virginem, memoraverunt. 4. Homines hominum audacium et fortium et prudentium semper memores erunt: omnia facinora celebria diu memoria tenere solent.

5. Tarquinius Superbus, qui cum suis a Romanis fugatus erat, a Porsenna, Etruscorum rege, forti et prudenti, adiutus est. 6. Porsenna cum multis Etruscis Romam oppugnavit; brevi tempore Roma armis acribus circumdata erat. 7. Deinde Porsenna Romanos obsides dare iussit: „Nisi sine mora Etruscis a Romanis obsides dati erunt, Romam expugnabimus.“ 8. Cloelia virgo cum multis aliis virginibus a Romanis verbis acribus Porsennae regis territis data est. 9. Sed Cloelia audaci animo Etruscos frustravit et in patriam revolavit. 10. Prosenna ingenti ira incensus Romanos Cloeliam in castra sua reportare iussit; Romani, qui ingentem regis iram timuerunt, paruerunt. 11. Cloelia, postquam ad Porsennam reportata est, diu tacuit; tandem virgo regi: „Libera in libera patria educata sum; vitam hominum fortium et audacium amo. 12. Si a te necata ero, omnes homines fortes et liberi semper Cloeliae memores erunt.“ 13. Quibus verbis rex motus est. 14. Itaque Cloeliam interrogavit: „Nonne virgo magna virtute manebis, si a me libertate donata eris?“ 15. „Manebo“, respondit Cloelia, „etiamsi libertate a te donata non ero.“ 16. Romani postea Cloeliae forti et audaci magnos honores habuerunt.

Veturia, eine römische Mutter

Cn. Marcium Coriolanum, virum plebi inimicum, a quo leges saepe violatae erant, tribuni plebis iterum iterumque repudiaverant. Tandem vir ingenti libidine imperii incensus a Romanis ad Volscos finitimos fugatus est; cum Volscis brevi post Romam oppugnavit.

Aliquando, postquam Romani diu frustra Coriolanum a muris Romae arcere studuerunt, Veturia, Coriolani mater fortis et prudens, cum Volumnia uxore filiisque eius castris Volscorum appropinquavit. Coriolanus, simulac ex castris matrem, coniugem filiosque parvos vidit, laeto animo mulieres et liberos salutare in animo habuit. Sed Veturia filium appropinquare vetuit eumque verbis acribus tacere iussit: „Tace, Coriolane, et verba mea memoria tene! Filius meus non iam es. Nonne a me educatus es? Nonne patriae, matris, uxoris, liberorum tuorum memor es? Moneo te: Si Roma a te expugnata erit, omnes tuos mortuos videbis. Patriam tuam te oppugnare veto, patriam tuam te servare iubeo. Quod non rogo, quod non suadeo, sed iubeo!“ Coriolanus, vir probus et filius bonus, Volscis de populi Romani virtute persuasit et castra movit. Postea a Volscis necatus est.

	Latein	Deutsch	Englisch	Französisch
	audāx, ācis (Gen)	mutig, kühn	audacious	audacieux
	fortis, e (Neutrum)	tapfer, stark		fort
	celeber, bris, bre	berühmt, bekannt	*celebrity*	célèbre
	mulier, eris, *f.*	Frau		
5	facinus, oris, *n.*	Tat *(gut oder böse)*		
	(com)memorāre	berichten, erwähnen	*commemorate*	commémorer
	prūdēns, entis	klug	prudent	prudent
	māter, tris, *f.*	*Mutter*	mother	la mère
	virgō, inis, *f.*	Mädchen, junge Frau	virgin	la vierge
10	virtūs, ūtis, *f.*	Tapferkeit, Tüchtigkeit	virtue	la vertu
	omnis, e	jeder, ganz; *pl.* alle		
	memor, oris *b. Gen.*	eingedenk, sich erinnernd		
	memoria, ae, *f.*	Gedächtnis, Erinnerung, Zeit	memory	la mémoire
	tenēre, tenuī	halten, behalten		tenir
	memoriā tenēre	*im* Gedächtnis behalten		
15	ācer, ācris, ācre	scharf, heftig, eifrig	eager	aigre
	brevis, e	kurz	brief	bref
	brevī *(adv.)*	in Kürze, bald		
	obses, idis, *m./f.*	Geisel		
	territus, a, um *(terrēre)*	erschreckt *(erschrecken)*	*terrify*	*la terreur*
	*frustrāre	täuschen	frustrate	frustrer
20	revolāre	zurückeilen		
	reportāre	zurückbringen	*report*	rapporter
	ingēns, entis	ungeheuer, gewaltig		
	tacēre, tacuī	schweigen, verschweigen	*taciturn*	taire
	a te	von dir		
25	manēre, mānsī	bleiben	to remain	
	lībertās, ātis, *f.*	Freiheit	liberty	la liberté
	dōnāre	schenken, beschenken		donner
	etiamsī; etsī	auch wenn, wenn auch		
	honor, ōris, *m.*	Ehre, Ehrenamt	honour	l'honneur
	honōrem habēre	Ehre erweisen		
30	plebs, plēbis, *f.*	Volk, *Plebs* (die Plebs!)	*plebiscite*	la plèbe
	tribūnus, ī, *m.*	*Tribun* (hoher Beamter)	tribune	le tribun
	tribūnus plēbis	Volkstribun		
	coniunx, coniugis, *f., m*	Gattin, Gatte	*conjugual*	*conjugal*
	salutāre	grüßen, begrüßen	to salute	saluer
	vetāre, vetuī	hindern, verbieten		
35	suādēre, suāsī	raten		
	persuādēre, persuāsi (+ Dat.)	überreden, überzeugen	to persuade	persuader
	castra movēre	aufbrechen, abziehen		

Erkläre: Fort — Honoratioren — Matriarchat — Memoiren — memorieren — Omnibus — permanent — plebejisch — salutieren — Terrorismus — Tribunal — Virginia!

Adjektive der 3. Deklination (§ 9)

Kennzeichen: -i, -ia, -ium

Singular	M	F	N	Plural		
Nom.	fortis	fortis	forte	fortēs	fortēs	fortia
Gen.		fortis			fortium	
Dat.		fortī			fortibus	
Akk.	fortem	fortem	forte	fortēs	fortēs	fortia
Abl.		fortī			fortibus	

1. Die Adjektive der 3. Deklination gehören in der Regel zu den i-Stämmen: -i, -ia, -ium!
2. Einige Adjektive haben im Nominativ für alle drei Geschlechter nur eine Form (audax, audax, audax); einige Adjektive haben im Nominativ für alle drei Geschlechter drei verschiedene Formen (celeber, celebris, celebre).
3. Adjektive einer Endung sind ziemlich selten, dreier Endungen noch seltener. Am häufigsten kommen die Adjektive zweier Endungen *(m./f. — n.)* vor (fortis, fortis, forte). Ab Gen. Sg. sind die Endungen der Formen aller drei Gruppen gleich.

Perfektstammgruppe Ind. Passiv der a- und e-Konjugation (§ 33)

Part. Perfekt Passiv:	laudātus, a, um gelobt	dēlētus, a, um zerstört
Inf. Perfekt Passiv:	laudātus, a, um esse gelobt worden sein	dēlētus, a, um esse zerstört worden sein

Ind. Perfekt Passiv ich bin gelobt worden		**Ind. Plusqpf. Passiv** ich war gelobt worden		**Ind. Futur II Passiv** ich werde gelobt worden sein	
laudātus, a, um	sum	laudātus, a, um	eram	laudātus, a, um	erō
	es		erās		eris
	est		erat		erit
laudatī, ae, a	sumus	laudatī, ae, a	erāmus	laudatī, ae, a	erimus
	estis		erātis		eritis
	sunt		erant		erunt

Lateinische Verbalformen können gebildet werden vom

a) Präsensstamm (laudā-, dēlē-): die Formen der Präsensstammgruppe,
b) Perfektstamm Aktiv (laudāv-, dēlēv-): die Formen der Perfektstammgruppe Aktiv,
c) Perfektstamm Passiv (laudāt-, dēlēt-): die Formen der Perfektstammgruppe Passiv.

Die Kenntnis dieser Stammformen ist Voraussetzung für die Bildung und Übersetzung lateinischer Verbalformen; sie werden im Verbverzeichnis angegeben.

Der Akkusativ mit Infinitiv: A.c.I. (§ 74)

Bei den Verben der Wahrnehmung, Mitteilung und Empfindung steht neben dem Objektsakkusativ oft ein Infinitiv: Accusativus cum Infinitivo (A.c.I.). Dieser ist im Lateinischen viel verbreiteter als im Deutschen (vgl. dazu Stück 14!).

Mercurium advolare video. Ich sehe Merkur herbeieilen.

1. Vergleiche

in Stück 8 die Endungen der Substantive der 3. Deklination mit den Endungen der dazugehörigen Adjektive der 3. Deklination! In welchen Fällen stimmen sie überein, in welchen Fällen sind sie verschieden? Fasse das Ergebnis in eine Regel!

Dekliniere:

homo prudens – tempus breve – rex acer – lex acris – libidines ingentes – nomina celebria – vir celeber – mulier celebris – oppidum celebre – virgo fortis!

2. Ergänze:

Leges servat_ non sunt. Rex fugat_ erat. Homines territ_ sunt. Scelere regis mulier violat_ erit. Fabulae scriptoris et pueris et puellis narrat_ sunt.

Übersetze:

aedificatum erit – amatae sumus – occupatus erat – clamatum est – circumdati estis – educati erunt – fletum est – completum erat – servatus es – placatae eratis – necata erit – pugnatum est – laudatus eram – monstratae eritis!

Wie heißen die Perfektstämme des Aktivs bzw. des Passivs der obigen Verben? Wie viele Stämme muß man kennen, um alle Formen bilden zu können?

3. Vergleiche:

Vident servos laborare.	They see the slaves work.	Sie sehen die Sklaven arbeiten.
Iubet eos navigare.	He orders them to navigate.	Er fordert sie auf, abzusegeln.

Beachte:

Vident a) servos (Akkusativ), b) laborare (Infinitiv). Wie heißt diese im Deutschen, Englischen und Lateinischen gebräuchliche Konstruktion? Stelle weitere Beispiele aus Stück 4 und Stück 8 zusammen! Im Lateinischen ist diese Konstruktion viel häufiger als im Deutschen; wir werden uns später noch einmal ausführlicher mit ihr beschäftigen.

4. Wortbildung

amicus	Freund	amicitia	Freundschaft	puer	Junge	pueritia	?
maestus	traurig	maestitia	?	audax	kühn	audacia	?
superbus	stolz	superbia	?	ferox	wild	ferocia	?
potens	mächtig	potentia	?	laetus	froh	laetitia	?

Welche Bedeutung haben die von Nomina abgeleiteten Substantive auf -ia, -itia?

Von welchem Substantiv ist ‚virtus' abgeleitet? Was bedeutet ‚virtus' also ursprünglich? Wie hat sich die Bedeutung dieses Wortes verändert, wenn man auch von der ‚virtus' einer Frau, eines Mädchens, eines Volkes, eines Standes, einer Sache, eines Gegenstandes sprechen kann?

E

Stammformen: Verben der a-Konjugation

laudāre	laudō	laudāvī	laudātum	loben, preisen

So bilden die meisten Verben der a-Konjugation ihre Stammformen, aber z. B.

vetāre	vetō	vetuī	vetitum	hindern, verbieten
iuvāre	iuvō	iūvī	iūtum	unterstützen, helfen
lavāre	lavō	lāvī	lautum	waschen, baden *(tr.)*
dare	dō	dedī	datum	geben
stāre	stō	stetī	statum	stehen
cōnstāre	constō	constitī	—	bestehen aus; kosten
cōnstat				es steht fest
praestāre	praestō	praestitī	—	voranstehen, übertreffen; erfüllen, leisten
praestat				es ist besser
praestāre sē probum				sich tüchtig erweisen

Erkläre: Adjutant — Lavendel (Badekraut!) — Staat — Stabilität — Vetorecht.

Sprachprobleme

An einem langen Vormittage
Ergab Karl-Alfred sich die Frage,
Wie wunderlich die Muttersprache
Die Verben doch zu beugen wage.
Zum Beispiel gehen, ging, gegangen,
Wieso nicht stehen, sting, gestangen?
Desgleichen sitzen, saß, gesessen,
Warum nicht schwitzen, schwaß, geschwessen?
Und ferner sterben, starb, gestorben,
Weshalb nicht erben, arb, georben?
Sodann noch trinken, trank, getrunken,
Und doch nicht winken, wank, gewunken.
Mein Gott, das nahm ja gar kein Ende,
Wer hier den tiefren Sinn doch fände!
    Zwar war es eine klare Sache:
Konjugationen gab es schwache,
Und starke gab es außerdem.
Doch immerhin das Urproblem
War leider damit nicht zu lösen.
Karl-Alfred fing schon an zu dösen.
Man konnte bei dem Konjugieren
Beinahe den Verstand verlieren . . .
    Da wandte er in seiner Pein
Sich an den Deutschen Sprachverein,
Ob der ihm wohl die Freude gönne
Und ihm das Rätsel lösen könne.
    Der Sprachverein hat kurzerhand
Ihm diese Antwort zugesandt:
„. . . und danken wir für Ihr Geehrtes,
So außerordentlich Gelehrtes.
Doch können Euer Wohlgeboren
Auch wir die Sache nicht erkloren.“
    Karl-Alfred, tief enttäuscht, gekränkt,
Hat sich nur still sein Teil gedenkt
Und – im Gehirne leicht verschroben –
Das Konjugieren aufgegoben.

P. Schröter

Der Staat der Tiere

1. Ante multa saecula omnia animalia in civitate magna habitabant. 2. Leo viribus ingentibus rex civitati omnium animalium praeerat. 3. Animalia multis et magnis navibus in terras gentium et divitum et pauperum navigabant multaque domum reportabant; sed leo rex omnes cives ingentia vectigalia sibi dare iubebat. 4. Tandem non solum urbium suarum, sed etiam cives civitatum, gentium, urbium finitimarum vi et armis violare non dubitabat.
5. Itaque equus vetus et prudens animalia in forum convocavit; canis acer primus advolavit. 6. Equus animalibus: „Antea," inquit, „animalia a dominis bonis regnabamur. 7. Sed tempora mutantur et nos mutamur in iis. 8. A rege malo, qui bellis et insidiis studet, regnari videmur." 9. Subito canis: „A leone rege", inquit, „neque terreor neque terrebar neque terrebor." 10. Deinde equus cani: „St! amice magna virtute, non omnia vobis narravi. 11. Animalia libera a rege ut pecora tractantur, iura animalium a rege violantur. 12. Ab omnibus honoribus arcebamini et arcebimini; omnes honores amicis regis dabantur et dabuntur. Nonne vita nostra vita misera est? 13. Si alios iuveris, ab aliis iuvaberis; sin autem alios terrueris, ab aliis terreberis. 14. Nos a rege nostro iterum iterumque terrebamur: melius esse videtur semel regem terrere quam semper a rege terreri. 15. Si verba mea a vobis probata erunt, omnibus viribus terra marique pro libertate animalium pugnabimus. 16. Si leonem regem malis moribus repudiaverimus, melius nos habebimus quam habemus." 17. Ita animalia ab equo vetere et prudenti monita sunt.

Soziale Gruppen

Duo genera civium semper in civitate Romana fuerunt. Patricii civitati praeerant. Ex numero patriciorum non solum duo consules, sed etiam omnes patres (id est senatores) creabantur. Plebeiis non eadem iura erant quae patriciis: plebeii et ab omnibus honoribus arcebantur et filias patriciorum in matrimonio habere vetabantur.
Aliquando C. Calpurnius Flamma, vir magna virtute, primus plebem verbis acribus ita admonuit: „Saepe omnibus viribus pro patria pugnabam, sed ab omnibus civitatis honoribus arcebar, nam vir plebeius sum. In bellis a patribus semper ad arma vocabamur; brevi post a patribus semper insidiis terrebamur. Semper repudiari, terreri, violari virum Romanum non decet. Nonne pro patria pugnare et laborare parati sumus? Nonne magna vectigalia dare debemus? Nonne cives liberi in civitate libera sumus? Cur ut servi tractamur? Virtus non solum sub tecto civium divitum, sed etiam sub tecto civium pauperum habitat." Quibus Calpurnii verbis plebs valde mota est; Calpurnii verba memoria tenuit.
Servi non cives liberi, sed homines miseri erant, qui legibus carebant. A dominis servi modo ut pecora, modo ut homines tractabantur.

Latein	Deutsch	Englisch	Französisch
animal, ālis, *n.*	Lebewesen; Tier	animal	un animal
mare, is, *n.*	*Meer*	*marine*	la mer
terrā marīque	zu Wasser und zu Lande		
vectīgal, ālis, *n.*	Zoll, Steuer		
vīs, vim, vī; vīrēs	Kraft, Gewalt; Streitkräfte		
dīves, dīvitis	reich		
pauper, pauperis	arm	poor	pauvre
vetus, veteris	alt	*veteran*	
nāvis, is, *f.*	Schiff	*navy*	la nef
cīvis, is, *m.*	Bürger	*civilian*	*civil*
gens, gentis, *f.*	Sippe, Stamm, Volk	*generation*	les gens
urbs, urbis, *f.*	Stadt	*urban*	*urbain*
cīvitās, ātis, *f.*	Bürgerschaft, Staat	city	la cité
leō, leōnis, *m.*	*Löwe*	lion	le lion
praeesse	*voransein*, vorstehen		
equus, ī, *m.*	Pferd		*équestre*
canis, is, *m./f.*	Hund		le chien
prīmus, a, um	der erste	*prime*	premier
inquit *(eingeschoben)*	sagt(e) er		
mutāre	ändern, verändern		muer
bellum, ī, *n.*	Krieg	*belligerant*	
vidērī	*gesehen werden;* scheinen		
pecus, oris, *n.*	*Vieh;* Herdentier		*la pécore*
iūs, iūris, *n.*	Recht	*jury*	*juridique*
semel *(adv.)*	einmal		
genus, eris, *n.*	Geschlecht, Art, Gruppe	gender	le genre
numerus, i, *m.*	Zahl, Anzahl	number	le nombre
patricius, a, um	patrizisch; *subst.* Patrizier	*patrician*	patricien
plebeius, a, um	plebejisch; *subst.* Plebejer	*plebeian*	plébéien
pater, patris, *m.*	Vater; *pl. (oft)* Senatoren	father	le père
senatōr, ōris, *m.*	*Senator*	senator	le sénateur
cōnsul, cōnsulis, *m.*	*Konsul*	consul	le consul
creāre	hervorbringen, wählen	to create	créer
éadem *(n. pl.)*	dieselben		
cūr	warum, weshalb		
tractāre	betreiben, behandeln	to treat	traiter
modo *(adv.)*	nur; soeben, gerade		
modo — modo	bald — bald		
carēre, caruī *b. Abl.*	entbehren, nicht haben		

Erkläre: animalisch — Genus — Jurist — Jury — Justiz — Karenzzeit — kreativ — Kreatur — Marine — Mutation — numerieren — numerisch — Nummer — Patriarchat — Primas — Primat — Rebellion — Traktat — Urbanität — Veteran — Zivilist!

Die 3. Deklination: Zusammenfassung (§ 10)

1. Die Substantive der 3. Deklination haben in der Regel die Endungen -e, -a, -um; ferner einige Adjektive mit konsonantischem Stamm; z. B. dives, pauper, vetus.
2. Die Adjektive der 3. Deklination haben in der Regel die Endungen -i, -ia, -ium; ferner einige Substantive *(n.)* mit i-Stamm; z. B. mare, animal, vectigal.
3. Die Substantive der Mischklasse *(f./m.)* haben in der Regel die Endungen -e, -ium; z. B. civis, navis, gens, urbs: cive, nave, gente, urbe; civ*i*um, nav*i*um, gent*i*um, urb*i*um.

   Bei diesen Substantiven handelt es sich um alte i-Stämme, die sich bis auf die Endung -ium *(Gen. pl.)* den konsonantischen Stämmen angeglichen haben.

Merke: vis (die Kraft), –, –, vim, vi; vires, virium, viribus, vires, viribus!

Präsensstammgruppe Indikativ Passiv der a- und e-Konjugation (§ 32)

Infinitive: laudārī gelobt werden dēlērī zerstört werden

Präsens ich werde gelobt . . .		**Imperfekt** ich wurde gelobt . . .		**Futur I** ich werde gelobt werden . . .	
laud-or	dēle-or	laudā-ba-r	dēlē-ba-r	laudā-b-or	dēlē-b-or
laudā-ris	dēlē-ris	laudā-bā-ris	dēlē-bā-ris	laudā-be-ris	dēlē-be-ris
laudā-tur	dēlē-tur	laudā-bā-tur	dēlē-bā-tur	laudā-bi-tur	dēlē-bi-tur
laudā-mur	dēlē-mur	laudā-bā-mur	dēlē-bā-mur	laudā-bi-mur	dēlē-bi-mur
laudā-minī	dēlē-minī	laudā-bā-minī	dēlē-bā-minī	laudā-bi-minī	dēlē-bi-minī
lauda-ntur	dēlē-ntur	laudā-ba-ntur	dēlē-ba-ntur	laudā-bu-ntur	dēlē-bu-ntur

Die Form laudor ist durch Zusammenziehung (Kontraktion) aus lauda-or entstanden.

Prädikativa (§ 47)

Attribute sind nähere Bestimmungen eines Substantivs durch ein Substantiv, Adjektiv, Partizip, Pronomen oder Zahlwort.
Prädikativa sind Attribute, die sich sowohl auf ein Substantiv beziehen als auch ein Vollverb näher bestimmen. Mit ihrem Beziehungswort werden sie in der Übersetzung meist durch ‚als' verbunden. Welche Übersetzung – attributiv oder prädikativ – im Einzelfalle zu wählen ist, ergibt sich aus dem Textzusammenhang.

Cicerō cōnsul	der Konsul Cicero	(attributiv)	–	Cicero *als* Konsul (prädikativ);
leō rēx	der König Löwe	(attributiv)	–	der Löwe *als* König (prädikativ);
canis prīmus	der erste Hund	(attributiv)	–	der Hund *als* erster (prädikativ).

1. Übersetze:

Narramus de homine divite – vectigali vetere – cive prudenti – animali ingenti.

Memoramus
maria ingentia – facinora audacia – tempora paupera – vectigalia vetera.

Memores sumus
civium divitum – mulierum fortium – hominum pauperum – vectigalium ingentium

In welchen Verbindungen weichen Nomina von der „Grundregel" ab?

2. Verwandle ins Passiv:

arcetis – docere – dubitabat – invitas – mutabunt – raptabit – rogabatis – servabis – salutabant – tenebamus – terrent – timebitis – tractabant – vocamus – spectat.

Vergleiche die Personalendungen des Aktivs und Passivs:

dele-o	dele-s	dele-t	dele-mus	dele-tis	dele-nt
dele-or	dele-ris	dele-tur	dele-mur	dele-mini	dele-ntur

Übersetze und bestimme:

adiuti sumus – deleta erit – lauti eratis – vetitus sum – fortes se praestiterunt!

Konjugiere:

vocor et terreor | vocabar et terrebar | vocabor et terrebor

Passive Formen lassen sich oft verschieden übersetzen; z. B. movetur:

es wird bewegt, bewegt sich, ist in Bewegung, läßt sich bewegen, man bewegt es.

Übersetze auf verschiedene Weise:

docetur – donatur – iubetur – iuvatur – mutatur – nominatur – ornatur – placatur!

3. Attributiv und prädikativ:

Calpurnius plebeius repudiatus est.	Veturia mater filium monuit.
Rex superbus primus fugatus est.	Cloelia laeta domum properavit.

Wie unterscheiden sich die attributive und prädikative Übersetzung

a) formal? b) inhaltlich?

4. Wortbildung:

portare tragen, reportare zurücktragen — volare eilen, revolare zurückeilen.
Was bedeuten: redonare, remanere, remigrare, reparare, resalutare, revocare?

terrere erschrecken, perterrere sehr erschrecken — bonus gut, perbonus sehr gut.
Was bedeuten: perdocere, perornare, permovere; permagnus, permulti, persaepe?

Die Plebejer und der Krieg

1. Apud Romanos consulatus erat summus magistratus. 2. Consules exercitum convocabant; exercitui consules praeerant. 3. Exercitus Romanus ex peditatu et ex equitatu constabat. 4. Romani alas exercitus cornua nominabant. 5. Peditatus medium exercitum, equitatus cornua exercitus tenebat. 6. Equitatus in cornibus exercituum stare solebat.
7. P. Sextius plebeius Baebio amico: „Hostes", inquit, „brevi Romam circumdederint, sed manus eorum vi et armis oppugnabimus, domos nostras servabimus, officium nostrum semper praestabimus. 8. Dei nobis adsunt. Dei hostibus obsunt. 9. Dei nobis adsint! Dei hostibus obsint! 10. Dei nobis ne obsint! Dei hostibus ne adsint! 11. Mars, deus belli, hostibus ne adfueris! Hostibus noli adesse! 12. Amici, magno animo simus, ut semper fuimus! 13. Magno animo este! 14. Nolite animo maesto esse! Ne animo maesto fueritis! 15. Viris Romanis vires numquam defuerunt; viri Romani semper fortes se praestiterunt." 16. Baebius Sextio: „Omnia bella me valde terruerunt semperque terrebunt. 17. Utinam ne bella essent! 18. Utinam ne bella fuissent! 19. Bella nos plebeios numquam iuverunt. 20. Mars et Quirinus aliis populis adsint! Nobis Saturni fructus Venerisque dona magis placent quam Martis praemia omniaque saeculi nostri bella."

Soziale Konflikte

Plebs, quae semper omnia civium Romanorum officia magna cum virtute praestiterat, statu suo contenta non erat. „Roma", inquit, „patriciorum, non plebeiorum patria est. Virtus Romana omnium Romanorum hostes delevit; multis in locis exercitus populi Romani parva manu magnum hostium exercitum fugavit, sed fructum praemiumque virtutis Romanae pauci patricii habent. Utinam patricii essemus! Utinam parentes nostri ne plebeii fuissent! Patricii primi agros hostium bellis expugnatos occupant, ubi multi servi pro dominis suis laborant. Nostri autem agri bello vastantur, domus nostrae delentur, sed honoribus prohibemur et prohibebimur. Neque a consulibus patriciis neque a magistratibus patriciis iuvamur: manus manum lavat."
Q. Manilius, vir plebeius et fortis et prudens, plebem monet: „Nolite patriciis vi et armis obesse! Romani, Romanis ne vi et armis obfueritis! Sed id suadeo: ‚Ex urbe Roma plebeii in montem prope Romam situm emigrabimus, ubi urbem novam aedificabimus. Qua in urbe omnes cives pares simus!'"
Quod plebeiorum consilium patriciis non placuit. Consules, postquam senatum convocaverunt, senatores plebi obesse iusserunt. Sed Menenius Agrippa, vir patricius et plebi ob mores suos amicus, monet: „Plebeii non sine causa emigrare in animo habent. Ne populo nostro ira vestra obfueritis! Si vobis placet, non armis, sed verbis plebem placare studebo."

Latein	Deutsch	Englisch	Französisch
exercitus, ūs, *m.*	Heer		
cornu, ūs, *n.*	Horn, Flügel *(eines Heeres)*	horn	le cor; la corne
domus, ūs, *f.*	Haus	*domicile*	*le domicile*
manus, ūs, *f.*	Hand; *Handvoll*, Schar	*manual*	la main
apud *b. Akk.*	bei		
cōnsulātus, ūs, *m.*	*Konsulat*	consulate	le consulat
magistrātus, ūs, *m.*	Amt, Beamter	magistrate	le magistrat
summus, a, um	der höchste, oberste	sum	la somme
peditātus, ūs, *m.*	Fußvolk, Infanterie	*pedestrian*	*pédestre*
equitātus, ūs, *m*	Reiterei, Kavallerie		*l'équitation*
āla, ae, *f.*	Flügel		l'aile
medius, a, um	der mittlere	middle	
hostis, is, *m.*	Feind	*hostile*	l'hôte
officium, ī, *n.*	Pflicht	office	l'office
obesse	*hinderlich sein;* schaden		
maestus, a, um	traurig, mutlos		
numquam *(adv.)*	niemals		
utinam (ne)!	wenn doch (nicht)!		
frūctus, ūs, *m.*	Ertrag, *Frucht*	fruit	le fruit
praemium, ī, *n.*	Belohnung	*premium*	*la prime*
status, ūs, *m.*	Zustand, Lage	state	l'état
locus, ī, *m.*	Ort, Stelle	*local*	le lieu, *local*
paucī, ae, a	wenige	*paucity*	
parēns, ntis	Vater, Mutter; *pl.* Eltern	parents	les parents
autem *(nachgestellt)*	aber, sondern		
ager, agrī, *m.*	Acker, Feld; *pl.* Gebiet	acre	
vāstāre	*verwüsten*	to devastate	dévaster
prohibēre	fernhalten, hindern	to prohibit	prohiber
mōns, montis, *m.*	Berg	mountain	le mont
prope *b. Akk.*	nahe bei		
situs, a, um	gelegen	situated	situé
ēmigrāre	auswandern	to emigrate	émigrer
pār, paris	gleich	*pair*	pair
cōnsilium, ī, *n.*	Rat, Plan, Absicht	counsel	le conseil
ob *b. Akk.*	wegen, gegen ... hin		
senātūs, ūs, *m.*	*Senat*	*senate*	*le sénat*
causa, ae, *f.*	Ursache, Grund	cause	la chose,
causā *b. Gen.*	wegen		la cause

Erkläre: Agrarstaat — Dom — Emigrant — frugal — kausal — lokal — Manual — Medium — Offizier — Prämie — paritätisch — situiert — Situation!

Die u-Deklination (§ 11)

	exercitus, ūs, *m.* das Heer		**cornū, ūs,** *n.* das Horn	
	Singular	**Plural**	**Singular**	**Plural**
Nom.	exercitus	exercitūs	cornū	cornua
Gen.	exercitūs	exercituum	cornūs	cornuum
Dat.	exercituī	exercitibus	cornū	cornibus
Akk.	exercitum	exercitūs	cornū	cornua
Abl.	exercitū	exercitibus	cornū	cornibus

1. Die Substantive auf -us, -ūs sind Maskulina, die Substantive auf -ū, -ūs sind Neutra. Ausnahmen: domus, ūs das Haus; manus, ūs die Hand sind Feminina.
2. Domus bildet zwei Formen nach der o-Deklination: domō *(abl. sg.)*, domōs *(acc. pl.)*.

esse: Konjunktive (§ 40)

Konj. Präs. **sim** ich sei	**Konj. Imperf.** **essem** ich wäre	**Konj. Perf.** **fuerim** ich sei gewesen	**Konj. Plusqpf.** **fuissem** ich wäre gewesen
sim	essem	fuerim	fuissem
sīs	essēs	fueris	fuissēs
sit	esset	fuerit	fuisset
sīmus	essēmus	fuerimus	fuissēmus
sītis	essētis	fueritis	fuissētis
sint	essent	fuerint	fuissent

Der Konjunktiv im Hauptsatz (§ 86; § 90)

Der Indikativ ist der Modus der Wirklichkeit; der Konjunktiv ist der Modus der Vorstellung.
Der Konjunktiv bezeichnet das Begehren, Wünschen und Wollen, die Absicht, Möglichkeit und Nichtwirklichkeit. Verneinung: nē; z. B. nē nōbīs obsint, aber: nōn nōbīs adsunt.

1. Aufforderungen an die 2. Person können durch den Konjunktiv oder den Imperativ ausgedrückt werden: sociīs adsitis! sociīs adeste!
   Der Konjunktiv ist verbindlicher, urbaner; der Imperativ schärfer, autoritärer.
2. Verbote an die 2. Person werden umschrieben durch
   a) nē mit dem Konjunktiv *Perfekt:* nē obfueris, nē obfueritis: schade nicht, schadet nicht!
   b) nōlī, nōlīte *(wolle nicht, wollet nicht)* mit dem Infinitiv: nōli obesse, nōlīte obesse; schade nicht, schadet nicht!

1. Dekliniere:

summus magistratus – manus parva – domus nostra – cornu breve – omnis fructus!

Ergänze:

Romani saepe parva man_ magnos hostium exercit_ fugaverant multasque dom_ deleverant.

2. Kreuze die Verbalformen an:

studiis ☐ studes ☐ pares ☐ paris ☐ steti ☐ statui ☐ manus ☐ manes ☐

3. Bestimme:

abessemus – adsimus – ne defueritis – obfuissetis – praesint – ne adsint!

Unterscheide:

Bono animo es – Bono animo es! – Bono animo sis! – Bono animo sumus – Bono animo simus!

Umschreibe durch nē mit dem Konjunktiv (Perfekt!):

noli paribus praeesse! – nolite miseris deesse! – noli hominibus obesse! – nolite maesti esse!

Übersetze:

Laßt uns fröhlich sein! Wir wollen nicht traurig sein! Schadet den Freunden nicht! Helft den Menschen! Wenn der Senat doch den Bürgern geholfen hätte!

4. Wortkunde:

Das Wort causa (wegen) b. Genetiv wird immer nachgestellt. Deshalb bezeichnet man es auch als *Post*position (im Gegensatz zu den vorangestellten *Prae*positionen). Übersetze: der Ehre wegen, des Volkes wegen, der Steuer wegen, der Menschen wegen, des Vaters wegen, des Freundes wegen, des Sohnes wegen!

Wiederhole:

Piratae in media insula habitant.
Plebeii summum montem compleverunt.

Puella prima a poetis laudatur.
Menenius patricius plebeiis aderat.

5. Kästchenrätsel:

1	2	3	4	5
6	7	8	9	10
11	12	13	14	15

A __ __ __ __ __ __ (2, 6, 15, 3, 5, 4)

B __ __ __ __ __ __ (1, 9, 12, 13, 14, 8)

C __ __ __ (7, 10, 11)

Jede Zahl entspricht einem Buchstaben, der in das mit gleicher Zahl versehene Kästchen eingetragen wird:

A) scheinbare Zustimmung, Spott
B) wissenschaftliche Untersuchung
C) Teil eines Baumes.

Die Buchstaben ergeben, fortlaufend gelesen, einen Grundsatz, der im wissenschaftlichen, politischen und privaten Bereich zu beachten ist.

dele, ple und fle, behalten stets das e!

E Stammformen: Verben der e-Konjugation

	dēlēre	dēleō	dēlēvī	dēlētum	zerstören, vernichten
	flēre	fleō	flēvī	flētum	weinen, beweinen
	complēre	compleō	complēvī	complētum	anfüllen, erfüllen
	carēre	careō	caruī	—	Mangel haben, entbehren
	carēre librīs				keine Bücher haben
5	egēre	egeō	eguī	—	Mangel haben, bedürfen
	egēre verbīs				sprachlos sein
	dolēre	doleō	doluī	—	leiden, bedauern
	imminēre	immineō	imminuī	—	drohen, bevorstehen
	florēre	floreō	floruī	—	blühen
	abhorrēre	-horreō	-horruī	—	sich entsetzen, verabscheuen
10	iacēre	iaceō	iacuī	—	liegen
	patēre *	pateō	patuī	—	offenstehen, sich erstrecken
	parēre	pareō	paruī	—	gehorchen
	apparēre	appareō	apparuī	—	erscheinen
	apparet				es ist offenkundig
	studēre	studeō	studuī	—	sich eifrig widmen
	rēbus novīs studēre				einen Umsturz planen
15	timēre	timeō	timuī	—	(sich) fürchten; sorgen für (mit Dat.)
	hominēs timeō				ich fürchte die Menschen
	hominibus timeō				ich sorge mich um die Menschen
	valēre	valeō	valuī	—	stark, gesund sein, vermögen
	valē! valēte!				lebe wohl! lebet wohl!
	decēre	decet	decuit	—	*(zieren);* sich gehören
	mē decet				es gehört sich für mich
	oportēre	oportet	oportuit	—	sich gehören, nötig sein
	libēre	libet	libuit	—	belieben, gefallen
20	licēre	licet	licuit	—	erlaubt sein
	arcēre	arceō	arcuī	—	abwehren, fernhalten
	coërcēre	coërceō	coërcuī	coërcitum	zusammenhalten, zügeln
	exercēre	exerceō	exercuī	exercitum	üben, ausüben

Erkläre: exerzieren — florieren — horrend — indolent — Invalide — kondolieren — Lizenz — parieren — Valuta!

* in portere (potēre) stehen immer die Türen offen

Fehlschluß

Im Zoolog'schen Garten steht
Ein Doktor – welcher Fakultät
Ist nicht bekannt – und starrt dort an
Das Affenvolk. Ein Pavian,
Gesetzt, von mittlerem Kaliber,
Sitzt ihm gerade gegenüber
Und knackt mit hörbarem Genuß
Sich eben eine Haselnuß.
Der Pavian wird interessiert,
Wie ihn der Doktor so fixiert.
Es dämmert ihm in seinem Hirn,
Daß hinter dieser Denkerstirn,
So schön gewölbt, so hoch und frei,
Ein Doktor zu vermuten sei.
Ein Doktor, sicher hochgelahrt,
Nun möcht er wissen, welcher Art,
Ob phil., ob med., ob theol., ing.,
Ob med. vet. oder sonst ein Ding,
Ob Doktor rer. nat. oder iur.,
Der Affe geht in Positur,
Beäugt den Doktor rechts und links,
Doch undurchdringlich wie die Sphinx
Starrt ihn das Doktorauge an.
Bekümmert schaut der Pavian.
Schon scheint die Sache zu vertrackt:
Da hat auch er die Nuß geknackt.
Es bleibt nur noch der Schluß zu ziehn,
Daß ihm zu Ehren hier erschien
Der Doktor, also last not least,
Honoris causa, denkt das Biest.
Der Doktor, unbewußt des Glückes,
Empfiehlt sich langsam, starren Blickes.
Ein Affe kommt trotz Haselnüssen
Mitunter zu verfehlten Schlüssen.

P. Schröter

A

Rollenkonflikt in der Fabel

1. Erant in quadam re publica asinus et equus. 2. Asinus multos dies magna cum fide et in rebus adversis et in rebus secundis officia sua praestiterat. 3. Domino suo semper fidem servaverat; dominus fidei eius semper memor erat. 4. Asinus numquam quieti se dedit, ut bonum asinum decet: quae res domino eius valde placuit. 5. Equus nobilis omnibus asini officiis abstinuit; rerum bellicarum peritus rebus bellicis omnibus praestare studuit.

6 Aliquando dominus cum equo et asino ad oppidum quoddam prope situm migravit. 7. Asinus duos saccos portavit, in quibus magna copia frumenti inerat. 8. Diu asinus saccos summis viribus portare potuit, sed tandem exclamavit: „Vires mihi desunt; saccos portare non iam possum. 9. Quis mihi adsit? 10. Utinam paulum quietis mihi sit! Omnis spes mea in equo sita est.“ 11. Equo „Amice“, inquit, „nonne mihi misero prodesse poteris? 12. Si mihi adfueris, superero. 13. Libenter tibi postea prodero, ut tibi antea iam saepe profui.“ – 14. Sed equus nobilis asino misero adesse paratus non erat. 15. Itaque: „Iam tecta,“ inquit, „domosque video: paulum ab oppido absumus. 16. Ne animo maesto fueris! Ne officio tuo abstinueris! 17. Cur tibi asino adsim? Quod decet asinum, non decet equum. 18. Equi nobiles omnibus animalibus praesumus. 19. Officium nostrum est bellis interesse et hostium copias fugare. 20. Equorum fortium res gestae apud omnes populos celebres sunt.“

21. Paulo post asinus saccos portare non iam potuit: subito mortuus est. 22. Tum dominus iratus equo: „Vitam asini servare potuisses, si ei adfuisses.“ 23. Deinde equum non solum duos saccos, sed etiam pellem asini mortui in oppidum portare iussit. 24. Ita equus superbus a domino irato coercitus est.

Konfrontation oder Kooperation?

Plebeii montem quendam prope Romam situm occupaverant, ubi urbem novam aedificare in animo habebant. Paucis diebus post Menenius Agrippa, vir et summa virtute et magno animo, cuius consilium patricii probaverant, in castris plebeiorum apparuit. Stetit in medio monte et plebi ob patres superbos iratae fabulam, quae est de ventre partibusque corporis, narravit:

„Ante multa saecula partes corporis ventrem coercere studuerunt: ‚In dies magis magisque pro ventre laborare debemus, venter autem piger in medio corpore situs quieti se dare solet. Nostro officio ventri omnia parantur. Venter non iam superesset, nisi ei adfuissemus et adessemus. Sed plenus venter non studet libenter. Itaque victum ei non iam apportabimus. Qua re ventrem pigrum coercebimus!‘ Quod consilium prudens non fuit; nam paulo post non solum ventri, sed omnibus corporis partibus vires defuerunt. Itaque brevi officia sua ut antea praestiterunt.“ Qua Menenii fabula animi plebeiorum moti sunt. Menenius: „Spes rei publicae non potest esse nisi in omnium partium concordia. Omnium civium concordia res publica Romana et in rebus secundis et adversis valebit. Multa eorum, quae a patribus rogavistis, vobis dabuntur, si domum remeaveritis.“ — Deinde Q. Manilius plebeius: „Amici, veterum malorum ne memores simus! Verbis Menenii fidem habebimus et in urbem Romam remigrabimus.“

Paulo post a plebeiis tribuni creati sunt, qui iura plebis servarent. Tandem plebeiis aditus ad omnes rei publicae Romanae magistratus datus est.

Latein	Deutsch	Englisch	Französisch
quīdam, quaedam, quoddam	ein gewisser *pl.* einige, etliche, manche		
rēs, reī, *f.*	Sache, Ding		rien
rēs pūblica	Staat, Gemeinwesen	republic	la république
rēs adversae	Unglück		
rēs secundae	Glück		
rēs gestae	Taten		
rēs bellicae	Kriegstaten; Kriegswesen		
diēs, diēī, *m./f.*	Tag/Termin, Frist	day	le *mi*di
*asinus, ī, *m.*	Esel	*ass*	l'âne
fidēs, fideī, *f.*	Treue, Vertrauen *	faith	la foi
(re)quiēs, ētis, f.	Ruhe	*quiet*	*inquiet*
nōbilis, e	vornehm, berühmt	noble	noble
perītus, a, um (+ Gen.)	kundig, erfahren		
(*saccus, ī, *m.*	*Sack*)	sack	le sac
cōpia, ae, *f.*	Menge; *pl.* Truppen	copy	la copie
frūmentum, ī, *n.*	Getreide, Korn		le froment
posse, possum, potuī	können		
prodesse, prōsum, prōfuī	nützen		
inesse	*darin sein;* enthalten sein		
interesse	*dabei sein;* teilnehmen an	*interest*	intéresser
superesse	*übrig sein;* überleben		
paulum	ein wenig		
paulō post	*wenig später;* bald darauf		
spēs, speī, *f.*	Hoffnung	*despair*	l'espoir
tum *(adv.)*	dann, darauf, damals		
irātus, a, um	erzürnt	irate	
*pellis, is, *f.*	*Fell,* Haut	pelt	la peau
venter, tris, *m.*	Bauch, Leib	*ventral*	le ventre
pars, partis, *f.*	Teil; Partei	part	la partie
in dies	von Tag zu Tag		
corpus, oris, *n.*	*Körper*	*corpse*	le corps
piger, gra, grum	träge, faul		
victus, ūs, *m.*	Nahrung, Lebensunterhalt	victuals	
plēnus, a, um	voll	*plenty*	plein
apportare	herbeitragen; zuführen		apporter
nōn ... nisī	nicht ... außer; nur		
concordia, ae, *f.*	Eintracht	concord	la concorde
(re)meāre	(zurück)gehen		
aditus, ūs, *m.*	Zugang		

Erkläre: Doktor — Dr. iur(is) — Dr. rer(um) nat(uralium) — Dr. rer(um) pol(iticarum) — Interesse — Konkordanz — Konkordat — Kopie — Korporation — korpulent — Nobilität — Partei — Partikularismus — Prost! — Quietismus — Realismus — Republik — Viktualien!

* fidem habere = Vertrauen schenken

Die e-Deklination (§ 12): **rēs** f. die Sache; **diēs** m. der Tag; f. der Termin

	Singular	Plural	Singular	Plural
Nom.	rēs	rēs	diēs	diēs
Gen.	reī	rērum	diēī	diērum
Dat.	reī	rēbus	diēī	diēbus
Akk.	rem	rēs	diem	diēs
Abl.	rē	rēbus	diē	diēbus

Die Substantive der ē-Deklination sind Feminina (z. B. rēs die Sache); diēs (der Tag) kann Femininum oder Maskulinum sein: prīmā diē *oder* prīmō diē = am ersten Tage. Merke: in diēs = von Tag zu Tag!

esse: Komposita (§ 40)

1. abesse *abwesend sein;* entfernt sein
   adesse *anwesend sein;* helfen
   dēesse *wegsein;* fehlen
   interesse *dabeisein,* teilnehmen
   obesse *entgegensein;* schaden
   praeesse *voransein;* vorstehen
   superesse *übrig sein,* übrigbleiben
   prodesse *dafür sein,* nützen

   Die Bedeutungen der Komposita von esse lassen sich leicht erschließen. Sie verbinden sich ihren Grundbedeutungen entsprechend meist mit dem Dativ: sociīs adsum, amīcīs praesum, lūdīs intersum usw.
2. Bei prodesse steht vor Vokalen die ursprüngliche Form prōd, vor Konsonanten prō: prōsum, prōdes, prōdest, prōsumus, prōdestis, prōsunt; prōsim, prōderam, prōdessem, prōdero! In der Perfektstammgruppe steht immer prō: prōfuī, prōfuerim, prōfueram, prōfuissem, prōfuerō.
3. Zu den Komposita von esse gehört auch posse, possum, potuī können (aus *pot(is) esse = mächtig, imstande sein). In der Präsensstammgruppe bleibt t vor Vokal erhalten, t vor s gleicht sich an. Die Perfektstammgruppe zeigt keine Besonderheit.
   Ind. Präsens: pos-sum, pot-es, pot-est, pos-sumus, pot-estis, pos-sunt.
   Konj. Präsens: pos-sim, pos-sīs . . . Ind. Imperfekt: pot-eram, pot-erās . . .
   Konj. Imperf.: pos-sem, pos-sēs . . . Ind. Futur I: pot-erō, pot-eris . . .
   Perfektstamm: potuī, potuerim; potueram, potuissem; potuerō. Inf. Perf.: potuisse!

Konjunktiv im Hauptsatz (§ 89; § 91)

Der Irrealis der Gegenwart steht im Lateinischen wie im Deutschen im Konj. Imperfekt: nobis adesset = er würde uns helfen.
Der Irrealis der Vergangenheit steht im Lateinischen wie im Deutschen im Konj. Plusquamperfekt: nobis adfuisset = er hätte uns geholfen.

1. Der Potentialis steht ohne Unterschied der Bedeutung im Konj. Praesens *oder* im Konj. Perfekt: vobis prosit = vobis profuerit: es möchte (könnte, dürfte) euch nützen. Beachte die Präsensbedeutung des Konjunktivs Perfekt!
2. Der Konjunktiv in Fragesätzen bezeichnet oft die dubitative (deliberative) d. h. die zweifelnde (überlegende) Frage:
   Cui adsimus? Nonne omnibus hominibus prosimus?
   Wem sollen wir helfen? Sollen wir nicht allen Menschen nützen?

1. Quidam, quaedam, quoddam

ist entstanden aus *qui-djam, *qui-diam, *qui-diem: irgendwer eines Tages, ein gewisser. Deklination wie qui, quae, quod!

Merke: quendam, quandam, quorundam (m vor d wird zur Erleichterung der Aussprache zu n)!
Eine berühmte Geschichte des Schriftstellers Apuleius (124 n. Chr.) beginnt: Erant in quadam civitate rex et regina (Königin); vgl. den Anfang von Stück 11/A! In welcher Literaturgattung sind (auch im Deutschen) Anfänge dieser Art üblich?

Dekliniere:
quidam vir – quaedam femina – quoddam oppidum – quaedam res publica – quaedam spes – quidam dies – quaedam quies – quaedam res gestae!

2. Übersetze:

proderam – potestis – profuissetis – prosit – potueritis – profueritis – poteritis – proderunt – possint – profueramus – poteratis – potes – prodes;
carent – dolueritis – iacueramus – parueris – paraveris – decuerat – oportebit – licuit – timueramus – valetis – abhorruimus – eguerat – exercitum est – valete!

3. Erkläre:

Hominibus aegris adsimus!	☐	Cur aegris adsimus?	☐
Amicus meus aeger sit.	☐	Utinam vinum ei prosit!	☐
Libenter ei adessem.	☐	Libenter ei adfuissem.	☐
Ludis laeti intersitis!	☐	Ludis ne interfueritis!	☐

Der Konjunktiv in obigen Hauptsätzen bringt zum Ausdruck: 1. Nichtwirklichkeit (Gegenwart), 2. Nichtwirklichkeit (Vergangenheit), 3. Aufforderung, 4. Gebot, 5. Verbot, 6. Frage (überlegend), 7. Wunsch, 8. Möglichkeit.
Ordne den obigen Sätzen die entsprechenden Zahlen zu!

Unterscheide:
Laetus es. Laetus es! Laetus sis. Laetus fueris. Maestus non es. Maestus ne fueris!
Das im Indikativ stehende reale Urteil (Antium oppidum antiquum est) kann durch den Konjunktiv Potentialis abgeschwächt werden: Antium oppidum antiquum sit. Wie läßt sich dieser Potentialis in der Übersetzung zum Ausdruck bringen?

4. Wortkunde:

Non — nisi (nicht — außer) übersetzt man im allgemeinen durch ‚nur'. Übersetze entsprechend:
Non timeo nisi nocte – Non iuvo nisi rogatus – Non laetus sum nisi in schola!

Die Bedeutungen von Komposita lassen sich mit Hilfe der Bestimmungsvorsilben leicht erschließen. Was bedeuten ad-spectare, de-portare, ex-clamare, re-migrare?

5. Zum Ständekampf:

Die Plebejer erlangten nach ihrer Auswanderung auf den „heiligen Berg" und ihrer Rückkehr (494 v. Chr.) im Laufe der Zeit Zugang zu allen Ämtern: Ädil (494), Quästor (421), Konsul (367), Zensor (350), Prätor (337).
Warum hieß die Laufbahn (cursus) der römischen Beamten cursus honorum?

A

Aus einer Rede vor dem Senat

1. Consul in senatu orationem habuit: „Nonnulli cives, patres conscripti, coniuraverunt, ut rebus novis studerent. 2. Dux coniuratorum, quem in medio senatu video, suos monuit, ne magistratibus Romanis parerent. 3. Imperavit, ut nos consules necaremur et vos senatores fugaremini. 4. Quis nostrum tanto scelere non terrebitur? 5. Sed nemo vestrum a me consule, a nobis consulibus non adiuvabitur. 6. Nos in omnibus periculis vobiscum erimus, ut vos in omnibus rebus adversis nobiscum fuistis. 7. Habetis consulem memorem vestri, non sui, quae res non saepe datur. 8. Ego consul populi Romani non mihi, sed vobis et vestris timebo, ut consulem bonum decet: homo non sibi natus est, sed patriae et suis! 9. Opto, ut omnes boni semper mei, semper nostri memores sint!

10. Vos deos oramus et obsecramus, ut coniurati a templis vestris et a tectis nostris arceantur. 11. Periculum est, ne non (ut) hostes patriae legibus a senatu populoque Romano datis obtemperent. 12. Periculum est, ne ab iis consules necentur, senatores fugentur, mulieres violentur. 13. Servate nos, qui vobis sacrificare solemus: do, ut des; damus, ut nobis detur – ita et vobis et nobis semper placuit.

14. Vos, patres conscripti, saepe monuimus, ne coniuratis fidem haberetis neve de periculo dubitaretis. 15. Vos oravimus, ut viros vere Romanos vos praestaretis, ut verbis consulum moveremini. 16. Tanta erit in consulibus virtus, tanta in patribus auctoritas, tanta in civibus Romanis fides, ut hostes patriae brevi fugatos videatis."

Die Verschwiegenheit des Papirius

Antiquis temporibus senatoribus Romanis mos fuit, ut cum filiis curiam intrarent. Aliquando Papirius puer cum patre senatui interfuit. Ut senatores multis de rebus magno cum studio disputaverunt, placuit iis, ut res postero die iterum tractarentur. Consul omnes, qui aderant, monuit, ut de senatus consiliis tacerent. Mater Papirii pueri, qui cum parente suo in curia fuerat, optavit, ut filius sibi narraret, quid patres in animo haberent. Papirius: „Consul", inquit, „nobis imperavit, ne de rebus a patribus tractatis narraremus. Itaque nemini nostrum de senatus consultis narrare licet: tacere debeo." Quibus filii verbis mater contenta non erat: „Ego mater tua sum; tu filius mihi parere debes. Educavi te, ut mihi pareres et obtemperares. Itaque tibi impero, ut mihi senatus consulta nunties. Periculum est, ne a me coercearis."

Primo Papirius tacuit, deinde timuit, ne a matre iterum iterumque interrogaretur. Itaque matrem fabula frustravit. „In senatu," inquit, „alii censuerunt, ut unus vir duas uxores, alii, ut una mulier duos maritos haberet. Sed oro te, ut ea de re taceas."

Postero die multae mulieres, quibus Papirii mater sine mora rem novam narraverat, curiae appropinquaverunt et multis cum lacrimis senatores obsecraverunt, ut sui memores essent. „Quis vestrum tanto sceleri studet, ut nos uxores repudiare non dubitet? Nemo nostrum non timet, ne malo senatus consulto violemur. Periculum est, ut concordia nostra novo consulto servetur."

Senatores ignorabant, quid mulieres iratae verbis suis acribus in animo haberent. Itaque eas monuerunt, ut domum remearent. Tum curiam intraverunt. Subito Papirius in mediam curiam volat et patribus rem narrat, ut fuerat. Senatores prudentiam et fidem Papirii valde laudaverunt, qui puerum vere Romanum se praestiterat. Postea Papirio a senatu honores habiti sunt.

Latein	Deutsch	Englisch	Französisch
egō; nōs	ich; wir	ego, *egoism*	nous
tū; vōs	du; ihr		tu; vous
suī, sibī, sē	seiner, sich, sich		se
ut *b. Konj.*	daß, damit, so daß; daß nicht		
nē *b. Konj.*	daß nicht, damit nicht; daß		
ōrāre	beten, bitten; reden		*adorer*
ōrātiō, ōnis, *f.*	Rede		l'oraison
ōrātiōnem habere	eine Rede halten		
patrēs cōnscriptī	versammelte Väter (Senatoren)		
nōnnullī, ae, a	einige		
iūrāre	schwören	*jury*	jurer
coniūrāre	sich verschwören		conjurer
coniūrātus, ī, *m.*	Verschwörer		
coniūrātiō, ōnis, *f.*	Verschwörung		la conjuration
dux, ducis, *m.*	Führer, Feldherr	duke	le duc
imperāre	befehlen	*emperor*	
tantus — quantus	so groß — wie (groß)		tant
nēmō (Dat.: nemini)	niemand		
perīculum , i, *n.*	Gefahr	*peril*	le péril
perīculum est, nē	es besteht Gefahr, daß		
primō (adv.)	zuerst, anfangs		
nātus, a, um	geboren	*nativity*	né
optāre	wünschen	to opt for	
*nēve (neu)	und nicht, oder nicht		
sacrificāre	opfern	to sacrifice	sacrifier
vērus, a, um	*wahr*, wahrhaftig	very	vrai
vērē *(adv.)*	wahrhaftig, richtig		
cūria, ae, *f.*	Rathaus, Senat		
putāre	meinen, halten für		
disputāre	erörtern, *disputieren*	to dispute	disputer
cōnsultum, i, *n.*	Beschluß	consult	
cēnsēre	meinen; beantragen		
cēnsor, ōris, *m.*	*Zensor*	censor	le censeur
ūnus, a, um	*ein*, ein einziger	*unit, unique*	un
lacrima, ae, *f.*	Träne		la larme
ignōrāre	nicht wissen	*ignorant*	ignorer
nōn ignōrāre	genau wissen		
auctōritās, ātis, *f.*	Ansehen, Würde, Bedeutung	authority	l'autorité

Erkläre: Adoption — Autorität — Disput — Egoist — Ignorant — ignorieren — Imperativ — Kurie — optieren — Oratorium — Tantiemen — verifizieren — Uniform — Union — zensieren — Zensur!

*kann nur stehen, wenn bereits ein ne vorausgeht

Personalpronomina (§ 20)

	1. Person ich	wir	2. Person du	ihr	3. Person (refl.) seiner	ihrer	3. Person (nicht refl.) er, sie es	sie
Nom.	egō	nōs	tū	vōs			is, ea, id	iī, eae, ea
Gen.	meī	nostrī nostrum	tuī	vestrī vestrum	suī	suī	usw. vgl. Stück 6!	
Dat.	mihī	nōbīs	tibī	vōbīs	sibī	sibī		
Akk.	mē	nōs	tē	vōs	sē	sē		
Abl.	mē	nōbīs	tē	vōbīs	sē	sē		

1. Das reflexive Personalpronomen der 3. Person hat im Lateinischen wie im Deutschen besondere Formen: suī, sibī, sē = seiner, sich, sich
2. Der Nominativ des Personalpronomens steht im Lateinischen nur, wenn er sehr betont ist, z. B. beim Gegensatz: egō narrō, tū tacēs.
3. Die Genetive nostrī, vestrī sind Objektsgenetive: memoria vestrī = die Erinnerung an euch. Die Genetive nostrum, vestrum sind Teilungsgenetive: quis vestrum? wer von euch?
4. Statt cum mē (mit mir) . . . heißt es gewöhnlich mēcum, tēcum, sēcum, nōbiscum, vōbiscum!

Präsensstammgruppe: Konjunktive der a- und e-Konjugation (§ 32)

Konj. Präsens Aktiv:	laud,	-em,	dēlē	-am	ich möge loben, zerstören
Konj. Präsens Passiv:	laud,	-er,	dēlē	-ar	ich möge gelobt, zerstört werden
Konj. Imperf. Aktiv:	laudāre-m,		dēlēre-m		ich würde loben, zerstören
Konj. Imperf. Passiv.	laudāre-r,		dēlēre-r		ich würde gelobt, zerstört werden

laude-m	-r	dēlea-m	-r	laudāre-m	-r	dēlēre-m	-r
-s	-ris	-s	-ris	-s	-ris	-s	-ris
-t	-tur	-t	-tur	-t	-tur	-t	-tur
-mus	-mur	-mus	-mur	-mus	-mur	-mus	-mur
-tis	-minī	-tis	-minī	-tis	-minī	-tis	-minī
-nt	-ntur	-nt	-ntur	-nt	-ntur	-nt	-ntur

Die Hilfsübersetzungen durch ‚möge' und ‚würde' bleiben bei der Endübersetzung nur selten stehen, z. B. videat er sehe; vidēret er sähe.

Abhängige Begehrssätze (§ 94; § 98; § 99)

Ut b. Konjunktiv: daß, damit; so daß — ut b. Indikativ: wie; sobald als
Nē b. Konjunktiv: daß nicht, damit nicht.

1. Der Konjunktiv der ut- und nē-Sätze wird fast immer durch den Indikativ übersetzt.
2. Bei den Verben des Fürchtens u. ä. (z. B. timēre; periculum est) heißt nē daß, nē nōn (= ut) daß nicht: Timeō, nē obsit. Ich fürchte, daß es schadet. Timeō, nē nōn (= ut) prōsit. Ich fürchte, daß es nicht nützt.
3. Das direkte Reflexivpronomen bezieht sich auf das Subjekt des Satzes, in dem es steht: liberī libenter sibī (sich!) fābulās narrant.
   Das indirekte Reflexivpronomen in innerlich abhängigen Sätzen bezieht sich oft auf das Subjekt des übergeordneten Satzes: liberi optant, ut mater sibi (ihnen!) fabulas narret.

1. Ergänze:

Niemand von uns denkt an dich, euch, sich, ihn.
Nemo .... memor est ....

Wer von euch denkt an mich, uns, sich, ihn?
Quis .... memor est ....?

2. Übersetze:

deleatur – iaceret – doluerat – studeretis – valeat – coerceremini – timeremur!
Wodurch unterscheiden sich die Formen des Aktivs und des Passivs?

Ersetze in Stück 12A
alle Formen des Präsens durch Formen des Imperfekts und umgekehrt. Ersetze in Stück 12B alle Konjunktivformen des Aktivs durch die entsprechenden Formen des Passivs!

3. Ergänze:

Ich wünsche, daß sie mich besuchen.	Opto, ... visitent.
Ich wünsche, daß sie dich nicht besuchen.	Opto, ... visitent.
Ich fürchte, daß sie uns nicht besuchen.	Timeo, ... visitent.
Ich fürchte, daß sie euch besuchen.	Timeo, ... visitent.

Unterscheide:
Timuit, ne eum visitarent, ei persuaderent, eius memores essent, cum eo pugnarent.
Timuit, ne se visitarent, sibi persuaderent, sui memores essent, secum pugnarent.

Vergleiche Inhalt und Konstruktion folgender Sätze:
Dux coniuratos urbem expugnare iussit. Dux imperavit, ut urbem expugnarent.

4. Wortkunde:

Substantive auf -tiō, ōnis bezeichnen Handlungen, Substantive auf -tor, ōris handelnde Personen; z. B.

ōrāre (ōrātus) reden | ōrātiō, ōnis, *f.* Rede | ōrātor, ōris, *m.* Redner

Bilde die entsprechenden Substantive von occupare, expugnare, laudare, liberare!

Welche Regel ergibt sich aus folgenden Beispielen: ignorāre nicht wissen,
nōn ignorāre genau wissen; ignōtus unbekannt, nōn ignōtus genau bekannt?

5. Beurteile:

Die Charaktere des Konsuls (12A) und des Papirius (12B), indem du je zwei nach deiner Ansicht zutreffende Eigenschaften ankreuzt.

Konsul:	radikal ☐	tolerant ☐	umsichtig ☐	selbstgefällig ☐
Papirius:	verlogen ☐	geschickt ☐	ungehorsam ☐	einfallsreich ☐

E

Stammformen: Verben der e-Konjugation

tenēre	teneō	tenuī	tentum	halten
abstinēre	abstineō	abstinuī	—	sich enthalten
bellō abstinēre				dem Krieg fernbleiben
obtinēre	obtineō	obtinuī	obtentum	innehaben, behaupten
habēre	habeō	habuī	habitum	haben, halten für
sē habēre				sich verhalten, befinden
adhibēre	adhibeō	adhibuī	adhibitum	anwenden, hinzuziehen
debēre	debeō	debuī	debitum	schulden, verdanken, müssen
praebēre	praebeō	praebuī	praebitum	darreichen, gewähren
sē praebēre amīcum				sich zeigen als Freund
merēre	mereō	meruī	meritum	verdienen, sich verdient machen
monēre	moneō	monuī	monitum	ermahnen, erinnern
nocēre	noceō	nocuī	nocitum	schaden
placēre	placeō	placuī	placitum	gefallen
placet senātuī				der Senat beschließt
tacēre	taceō	tacuī	tacitum	schweigen, verschweigen
terrēre	terreō	terruī	territum	erschrecken *(tr.)*
docēre	doceō	docuī	doctum	lehren, berichten
miscēre	misceō	miscuī	mixtum	*mischen*
cēnsēre	cēnseō	cēnsuī	cēnsum	meinen; einen Antrag stellen
spondēre	spondeō	spopondī	spōnsum	geloben, versprechen
respondēre	respondeō	respondī	respōnsum	antworten
pendēre	pendeō	pependī	—	hängen *(intr.)*
animō pendēre				unentschlossen sein

Erkläre: Abstinenzler — Debet — Doktor theol(ogiae) — Doktor phil(osophiae) — Doktor med(icinae) — Doktrin — Meriten — Mixtur — Pendel — zensieren!

Latein in der guten alten Zeit

Es war schon eine kleine Verzauberung, wenn die erste Lateinstunde mit dem Satz anfing: „Die Tochter des Landmanns schmückt den Altar." Welch ein Land, welch eine Zeit, da die Königin sich an Rosen ergötzte und die Einwohner der Insel ein Mahl bereiteten! Und dieser Glanz verlor sich nicht, wenn Cäsar in Eilmärschen die Gallier mit Krieg überzog und ihnen einen Hinterhalt bereitete ...
Freilich kam dann der Tag, daß wir über dieses Lesebuch-Deutsch schnödelten und mit Vergnügen Sätze aufstöberten wie die folgenden: „Wenn wir die Löwen betrachten, die sich freundlicher gegen ihre Wärter verhalten als die Menschen, die sich undankbar gegen ihre Wohltäter erweisen, so erkennen wir, wieviel Erziehung und Bildung vermag," oder: „Die Alten betrachteten den Staat nicht als einen Strom, aus dem möglichst viel Wasser zu schöpfen sich jeder zum Verdienst anrechnete, sondern vielmehr als einen Bach, in den jeder sein eigenes Wasser hineinzuleiten bestrebt war." ...
Im alltäglichen Schulbetrieb freilich ging das Übersetzen seinen unerquicklichen Schlendrian. Da standen wir vor der Lateinstunde zusammen in den Anlagen vor dem Johanneum in Lüneburg, jeder mit seinem Text in der Hand, und einer, der präpariert hatte, mußte übersetzen – dafür half man ihm dann in der Mathematikstunde –, und alle anderen versuchten, notdürftig in dem lateinischen Text die deutschen Wörter wiederzufinden, um einigermaßen vorbereitet zu sein auf den schrecklichen Augenblick, da es vom Katheder tönte: „Jetzt übersetzt weiter ---" und bauz! sauste das Fallbeil, gottlob diesmal noch, auf den Nachbarn oder – entsetzlich – auf einen selbst, und man erhob sich langsam und todesmutig, auf Hilfe von seitwärts und rückwärts und von Gott hoffend, um irgendetwas wie eine Übersetzung zusammenzustöckern ...
Mein Vater versuchte es redlich, mich zum häuslichen Arbeiten anzuhalten. Er hatte als Psychiater eine freundliche Art, dem kindlichen Gemüt das Lernen zu erleichtern. Beim Vokabelabhören erfand er allerlei Hilfen und Brücken, und wenn etwa das Wort „auctoritas" nicht in den Kopf wollte, so hob er, wenn er nach „Ansehen, Würde" fragte, den rechten Zeigefinger und kniff mir mit der linken Hand leise in den Arm, und au-ctoritas war leicht gelernt, allerdings mit dem Erfolg, daß das Autoritäre seitdem immer mit einem Schmerzgefühl verbunden geblieben ist.

B. Snell

13

A

Der Galliereinfall

1. Brennus erat dux Gallorum, qui quarto ante Christum natum saeculo Italiam expugnare in animo habebant. 2. Eiusdem viri audacia magna erat; eidem ingentes vires et animi et corporis erant; eundem multae gentes timebant. 3. Brennus eadem audacia erat atque postea Ariovistus, dux Germanorum, qui primo a. Chr. n. saeculo a C. Iulio Caesare proelio acri fugatus est.
4. Legati Romani Gallis senatus consulta nuntiaturi castris hostium appropinquaverunt. 5. Primo Brennum interrogaverunt, quo iure terram suam liberam occupavisset. 6. Iis responsum est: „Iure deorum atque hominum fortibus licet, quod fortibus libet. 7. Nemo est vir bonus, qui non idem est vir fortis. Animum virorum fortium audaciam nominamus eandemque virtutem.“ 8. Legati Romani responderunt: „Quid senatoribus Romanis nuntiemus? Nemo Romanorum ignorat, qui populi a vobis fugati, quae urbes expugnatae, quae oppida deleta sint. 9. Diu dubitabamus, quam terram brevi occupaturi essetis. Itaque te interrogamus, num Latium occupaturus sis.“ 10. Brennus: „Ita est. Nobis enim multi multa de Latio narraverunt, quam dives Roma, quam pulchra terra, quam bona vina essent. 11. Itaque ex Gallia novam patriam expugnaturi emigravimus.“
12. Deinde legati Romani patribus nuntiaverunt, quid Brennus sibi respondisset. 13. Unus ex legatis: „Periculum est, ne Galli Romam brevi oppugnent. 14. Videbimus, utrum post eam pugnam Latium nostrum an nobiscum Gallorum futurum sit. 15. Ego animo pendeo, virtutene nostra ingentes barbarorum manus superaturi simus.“
16. Senatui populoque Romano placuit, ut cum Gallis ad Alliam flumen pugnaretur. 17. Qua pugna milites Romani superati et fugati sunt. 18. Nisi M. Manlius, vir consularis, se tam prudentem et fortem praestitisset, nomen Romanum eo die deletum esset.

Die Rettung Roms

Pauci milites Romani pugnae Alliensi superfuerunt. Paulo post Galli Romam expugnaturi urbi appropinquaverunt. M. Manlius cum viris et feminis et liberis montem Capitolinum in media urbe situm occupavit. Dubitavit, num montem diu obtenturus esset, sed tantis in periculis cives admonuit: „Fortes fortuna adiuvat! Ne de salute patriae desperaveritis! Nolite timere, ne iidem Galli, qui exercitum nostrum ad Alliam flumen superaverunt, Capitolium expugnent! Semper vobis timere paratus ero: neque animus neque corpus a vobis aberit.“
Galli prima nocte Romanos insidiis frustraturi et Capitolium occupaturi erant – sed frustra! Subito sacri Iunonis anseres magna voce clamaverunt, ut milites Romani advolarent atque hostes perterritos de Capitolio praecipitarent. Nisi anseres clamavissent, omnes, qui in monte Capitolino erant, a Gallis necati essent. Romani postea Iovi Capitolino atque Iunoni eius uxori, qui se servavissent, magnos honores habuerunt.
Tandem Romani inopia omnium rerum (et victus et aquae) vexati hostibus se dediderunt. Qui magnam vim auri postulaverunt, quam Romani summo cum studio comportaverunt, ut patriam ab hostibus liberarent. Brennus militibus suis monstravit, quid auri Romani superati sibi dedissent, quae praemia sibi a Romanis data essent. Tum Galli in patriam suam remeaverunt, Marcus Manlius a civibus Romanis Capitolinus appellatus est (387 a. Chr. n.).

	Latein	Deutsch	Englisch	Französisch
	īdem, eadem, idem (*atque oder ac*)	der-, die-, dasselbe, zugleich (wie)		
	atque, ac	und, wie		
	quartus, a, um	der vierte	*quarter*	le quart
	audācia, ae, *f.*	Mut; Frechheit	audacity	l'audace
5	proelium, ī, *n.*	Kampf, Schlacht		
	lēgātus, ī, *m.*	Gesandter; General		
	postulāre	fordern	to postulate	
	utrum . . . an } indirekt	ob . . . oder		
	-ne, num, nōnne } indirekt	ob (ob etwa, ob nicht)		
10	mīles, itis, *m.*	Soldat	*military*	
	*enim (*adv.*) = nam	nämlich		
	futūrus, a, um	*sein werdend;* zukünftig	future	futur
	pugna, ae, *f.*	Kampf	*pugnacious*	
	superāre	besiegen		
15	barbarus, ī, *m.*	Barbar, Fremder	*barbarous*	le barbare
	flūmen, inis, *n.*	Fluß		
	fluvius, iī, *m.*	Fluß	*to flow*	le fleuve
	consulāris, is, *m.*	ehemaliger Konsul; konsularisch		
	tam — quam	so — wie		
20	fortūna, ae, *f.*	Schicksal, Glück	*fortune*	la fortune
	salūs, ūtis, *f.*	Heil, Rettung	*salute*	le salut
	spērāre	hoffen, erhoffen		espérer
	dēspērāre dē	verzweifeln an	*to despair*	désespérer
	*anser, eris, *m.*	*Gans*	goose	
25	sacer, cra, crum	heilig, verflucht	sacred	sacré
	sacrum, ī, *n.*	Heiligtum, Opfer		
	vōx, vōcis, *f.*	Wort, Stimme	voice	la voix
	praecipitāre (trans.)	(kopfüber) hinabstürzen	to precipitate	précipiter
	praeceps, cipitis	abschüssig, steil	precipice	
30	inopia, ae, *f.*	Mangel, Not		
	aqua, ae, *f.*	Wasser	*aqueduct*	l'eau
	vexāre	heimsuchen, quälen	to vex	vexer
	dēdere (Perf.: dedidi)	übergeben, ausliefern		
	aurum, i, *n.*	Gold		l'or
35	annus, ī, *m.*	Jahr	*annual*	l'an; l'année
	appellāre	anreden, nennen	*to appeal*	appeler

Erkläre: Annalen — Appell — Aquarell — Aquarium — Aureole — Barbara — Barbarei — Fluidum — fluktuieren — Futurismus — Identität — Militär — Quartal — Sakrament — Sakristei — Vexierbild — Vokalmusik!

*nachgestellt

Das Pronomen īdem, eadem, idem = derselbe, dieselbe, dasselbe (§ 22,2)

	Singular			Plural		
Nom.	īdem	eădem	idem	iīdem	eaedem	eădem
Gen.		eiusdem		eōrundem	eārundem	eōrundem
		usw.			usw.	

Das Pronomen idem, eadem, idem . . . ist zusammengesetzt aus is, ea, id + - dem: m wird zur Erleichterung der Aussprache vor d zu n: eu*n*dem, ea*n*dem, eoru*n*dem earu*n*dem.

Merke: idem *atque (ac)* = derselbe *wie*.

Perfektstammgruppe: Konjunktive der a- und e-Konjugation (§ 33)

Konj. Perfekt Aktiv:	laudāv**erim**	ich möge gelobt haben ich habe gelobt
Konj. Plusqpf. Aktiv:	laudāv**issem**	ich würde gelobt haben ich hätte gelobt
Konj. Perfekt Passiv:	laudā**tus sim**	ich möge gelobt worden sein ich sei gelobt worden
Konj. Plusqpf. Passiv:	laudā**tus essem**	ich würde gelobt worden sein ich wäre gelobt worden

laudāv-	erim	issem	laudātus, a, um	sim	essem
	eris	issēs	dēlētus, a, um	sīs	essēs
dēlēv-	erit	isset	monitus, a, um	sit	esset
	erimus	issēmus	laudātī, ae, a	sīmus	essēmus
monu-	eritis	issētis	dēlētī, ae, a,	sītis	essētis
	erint	issent	monitī, ae, a	sint	essent

Abhängige Fragesätze (§ 95)

Abhängige (indirekte) Fragesätze stehen im Lateinischen immer im Konjunktiv der inneren Abhängigkeit. In ihnen bedeuten die Fragepartikeln **-ne, num, nōnne** ohne Bedeutungsunterschied **ob** (ob etwa, ob nicht); utrum ... an: ob ... oder. Wie in den abhängigen Begehrssätzen kann das indirekte Reflexivpronomen der 3. Person stehen, z. B. Ignorat, num *sibi* bonum sit. Ignorat, sitne sibi bonum. Er weiß nicht, ob es für *ihn* gut ist.
Ignorat, utrum *sibi* bonum sit an malum. Er weiß nicht, ob es für *ihn* gut ist oder schlecht.

Umschreibende Konjugation (§ 34,1)

Partizip Perfekt Passiv:	laudā-tus,	dēlē-tus,	moni-tus	gelobt . . .
Partizip Futur Aktiv:	laudā-tūrus,	dēlē-tūrus,	moni-tūrus	loben werdend.

Das Partizip Futur bildet in Verbindung mit Formen von esse die „umschreibende Konjugation (coniugatio periphrastica)", z. B.
laudabo ich werde loben = laudaturus sum ich bin im Begriffe zu loben, werde loben.

1. Erkläre,
wie die Wörter atque (ac) zu der Bedeutung ‚wie' kommen konnten:

Idem amicus mihi profuit ac tibi (profuit). Mir hat derselbe Freund genützt *wie* dir.

Dekliniere:
idem homo, eadem domina, idem ius, eaedem leges, iidem cives, eadem nomina!

2. Übersetze:

abstinuerint – adhibitus esses – habuissem – territae sitis – moniti essemus – responsum sit – docuissetis – placuerit – pependisset – obtentae sint!
Von den sechs Formen des Konj. Perfekt lassen sich zwei Formen auch ohne Umschreibung durch ‚möge' deutlich von den Indikativformen unterscheiden. Welche sind das?

Bilde je zwei Bedingungssätze mit
a) Konjunktiven des Imperfekts b) Konjunktiven des Plusquamperfekts!
Wiederhole (zwei Möglichkeiten!): schreit nicht! antwortet nicht! bitte nicht!

3. Gebrauche die con. periphrastica:

Consul orationem habebit. Senatores ei respondebunt. Cives de salute desperabunt.

4. Wortkunde:

aedificium das Gebäude, aedificāre erbauen | pugna der Kampf, pugnāre kämpfen

Gib die Bedeutungen an von bellum – bellāre; dōnum – dōnāre; rēgnum – rēgnāre; arma – armāre; fuga – fugāre; sacrificium – sacrificāre!

Übersetze (zwei Möglichkeiten):
primā nocte – dē summō aedificiō – in mediō templō – in primā fābulā!
Wie lassen sich die beiden verschiedenen Übersetzungsmöglichkeiten erklären?

Unterscheide:

lēgātus	a) Titel eines Diplomaten:	Gesandter in offiziellem Auftrag;
	b) Titel eines Offiziers:	General als Vertreter des Feldherrn.

5. Macht = Recht:

Wie nennt man die Auffassung fortibus licet, quod fortibus libet (13,6)? Nimm kritisch Stellung zu der Gleichsetzung von Machtsphäre und Rechtsphäre! Kennst du Beispiele aus der Geschichte für eine Politik der Stärke ohne Recht und Moral?
Die heiligen Gänse der Juno auf dem Kapitol haben die belagerten Römer gerettet. Später kauften sich die von Hunger und Durst gequälten Römer durch Gold von den Belagerern frei. Der Historiker Livius hat die Begebenheit so erzählt:

Beim Abwiegen der Kriegsentschädigung gebrauchten die Gallier falsche Gewichte. Als die Römer sich darüber beschwerten, warf Brennus, der Führer der Gallier, auch noch sein Schwert in die Waagschale und rief: „Wehe den Besiegten (Vae victis)!" In demselben Augenblick kam Camillus vorbei und geriet in heftigen Zorn. „Weg da mit dem Gold," rief er, „mit Eisen befreit der Römer sein Vaterland." Die Römer griffen zu den Waffen, die Gallier wurden geschlagen: Rom war wieder frei.

Wie erklärst du dir diese spätere Version? Was bezweckte Livius mit seiner Darstellung?

5 Schmeken, Orbis Romanus (10350)

14

Rom auf dem Wege zur Großmacht

1. Tarentum Graecorum coloniam in Italia sitam fuisse omnibus notum est. 2. Romanos tertio ante Christum natum saeculo in Tarentinorum fines intravisse apparet. 3. Tarentinos a Pyrrho, Epiri rege forti prudentique, adiutos esse constat. 4. Fortes fortunam adiuvare historia docet; fortes fortuna adiuvari non ignoramus; fortibus fortunam adesse negari non potest. 5. Romani se Tarentum, urbem celebrem ac divitem, expugnaturos esse speraverunt; deinde totam Italiam a legionibus Romanis occupatum iri existimaverunt. 6. Romanos brevi dominos Italiae futuros esse multae gentes censuerunt.

7. Pyrrhus rex regnum non regi, sed regem regno esse affirmare solebat. 8. Milites suos semper civitatibus Graecis in Italia sitis adfuturos Romanosque a finibus eorum prohibituros esse spopondit. 9. Epirotas principatum Graeciae et Italiae obtenturos esse seque principem magni imperii fore speravit. 10. Itaque Pyrrhus Tarentinis auxilium suum contra Romanos non negavisse dicitur. 11. Romani a Pyrrho Tarentum oppugnare vetiti sunt. 12. Tarentini luxuria abstinere et rebus bellicis studere iussi sunt. 13. Tarentini enim iis temporibus luxuriae se dedisse videntur. 14. Pyrrhus, qui multa milia militum et nonnullos elephantos in exercitu suo habuisse dicitur, omnes copias suas in Italiam navigare iussit. 15. Elephantos Romanis ignotos ingenti corporum magnitudine et pedites et equites Romanos perterruisse totumque campum ad Heracleam situm vastavisse omnibus notum est (280 a. Chr. n.). 16. P. Valerii consulis exercitum fugatum esse antiqui scriptores docent. 17. Noctem denique proelii finem dedisse reliquosque Romanos servavisse inter omnes constat.

18. Tamen Cineas, Pyrrhi legatus, a senatoribus Romanis repudiatus esse dicitur. 19. Qui domino senatum Romanum concilium regum sibi visum esse nuntiavit; se patriam regum vidisse regi suo affirmavit. 20. Multis annis post Pyrrhum ex ea parte Italiae, quae a Graecis habitabatur et Magna Graecia nominabatur, domum navigavisse notum est: quo ex tempore totam Italiam Romanorum fuisse nemo ignorat (266 a. Chr. n.).

Pyrrhus und sein Leibarzt

Bello Tarentino (282–272 a. Chr. n.) Fabricius consul magna praemia Pyrrhi regis repudiaverat regique responderi iusserat: „Si me virum bonum esse existimas, cur me officio meo defuturum esse putas? Sin autem malum, cur me tibi amicum fore speras?“

Paulo post Nicias, Pyrrhi medicus et amicus, media nocte in castris Romanis apparuisse dicitur. Se Pyrrhum veneno necaturum esse spopondit, si sibi a Romanis magna praemia darentur. Fabricius ingenti ira captus medicum tacere iussit, nam eum a tanto scelere abhorruisse constat. Itaque Niciam ad Pyrrhum regem reportari regique nuntiari iussit, quae medicus contra caput eius spopondisset: „Nicias medicus te veneno necare paratus est, sed consilium eius nobis placere negavimus. Medicum medicinam, non venenum dare oportet. Monemus te, ut magis caveas. Tu, nisi cavebis, iacebis.“ Tum Pyrrhus se totum orbem terrarum expugnare potuisse, si sibi tales milites quales viri Romani fuissent, exclamavisse dicitur.

	Latein	Deutsch	Englisch	Französisch
	colōnia, ae, *f.*	Ansiedlung, *Kolonie*	colony	la colonie
	nōtus, a, um	bekannt	*notable*	*notoire*
	īgnōtus, a, um	unbekannt		
	tertius, a, um	der dritte	*tertiary*	tiers
5	fīnis, is, *m.*	Grenze, Ende; *pl.* Gebiet	*finish*	*la fin*
	historia, ae, *f.*	Geschichte	*history*	l'histoire
	negāre	verneinen; sagen, daß nicht (mit AcI) – leugnen; verweigern	to negate	nier; *la négation*
	tōtus, a, um	ganz	total	tout
	legiō, ōnis, *f.*	*Legion*	legion	la légion
10	existimāre AcI	meinen, glauben		
	rēgnum, ī, *n.*	Königreich, Herrschaft	reign	le règne
	affirmāre	versichern, behaupten	to affirm	affirmer
	principatus, ūs, *m.*	Vorrang, Führung; Prinzipat (des)		
15	princeps, cipis, *m.*	der erste; Führer, Fürst	prince	le prince
	fore = futūrum esse	in Zukunft geschehen; sein werden		
	auxilium, ī, *n.*	Hilfe; *pl.* Hilfstruppen	auxiliary	*auxiliaire*
	contrā *b. Akk.*	gegen		contre
	contrā *(adv.)*	dagegen, anders		
20	dīcitur	man sagt; er (sie, es) soll		
	luxuria, ae, *f.*	Genußsucht, *Luxus*	luxury	le luxe
	mīlle; *pl.* mīlia	tausend	*mile*	mille
	elephantus, ī, *m.*	Elefant	elephant	l'éléphant
	magnitūdo, inis, *f.*	Größe	magnitude	
25	pedes, itis, *m.*	Fußsoldat, Infanterist	*pedestrian*	
	eques, itis, *m.*	Reiter, Ritter	*equestrian*	
	reliquus, a, um	übrig	*relic*	*la relique*
	dēniqūe	schließlich, endlich		
	inter *b. Akk.*	zwischen, unter	inter-	entre
30	tamen *(adv.)*	dennoch		
	concilium, ī, *n.*	Versammlung	council	le conseil
	medicus, ī, *m.*	Arzt	*medical man*	le médecin
	medicīna, ae, *f.*	Arznei	medicine	la médecine
	venēnum, ī, *n.*	Gift		le venin
35	caput, itis, *n.*	Kopf, Haupt; Hauptstadt (leben)	chief	le chef
	cavēre *b. Akk.*	meiden, sich hüten vor		
	orbis, is, *m.*	Kreis	*orbit*	*l'orbite*
	orbis terrārum	Erdkreis		
	tālis — quālis	so beschaffen — wie		tel — quel

Erkläre: Finale — Historiker — Interregnum — Intervall — Kap — Kapital — Kaution — Konterrevolution — Kontrast — Konzil — Medizin — Meile — Negation — Prinz — Promille — Qualität — Regime — Reliquien — Relikt — Tertial — Tertiär!

Infinitive: Gesamtübersicht (§ 32; § 33)

Inf. Präsens Aktiv:	laudāre, dēlēre	loben, zerstören
Inf. Perfekt Aktiv:	laudāvisse, dēlēvisse	gelobt, zerstört haben
Inf. Futur Aktiv:	laudātūrum, dēlētūrum -am, -um esse Pl. -os, -as, -a esse	loben, zerstören werden
Inf. Präsens Passiv:	laudārī, dēlērī	gelobt, zerstört werden
Inf. Perfekt Passiv:	laudātum, dēlētum -am, -um esse Pl. -os, -as, -a esse	gelobt, zerstört worden sein
Inf. Futur Passiv:	laudātum, dēlētum iri	(in Zukunft) gelobt, zerstört werden

Infinitive von esse (§ 40): esse sein, fuisse gewesen sein, futūrum esse sein werden. Statt futūrum, -am, -um, -ōs, -ās, -a esse steht oft das unveränderliche *fore*.

Abhängige Aussagen (§ 93; § 74)

Abhängige Aussagen werden im Lateinischen abweichend vom Deutschen im allgemeinen durch den A.c.I. wiedergegeben:

Cōnstat deōs nōs adiuvāre.	Cōnstat nōs ā deīs adiuvārī.	Gleichzeitigkeit
Cōnstat deōs nōs adiūvisse.	Cōnstat nōs ā deīs adiūtōs esse.	Vorzeitigkeit
Cōnstat deōs nōs adiūtūrōs esse.	Cōnstat nōs ā deīs adiūtum īrī.	Nachzeitigkeit

Für die Infinitive des Futurs Aktiv und des Perfekts Passiv gelten die Regeln der Kongruenz; der Infinitiv Futur Passiv bleibt dagegen immer unverändert (Constat *nos* a deis adiu*tum* iri.), da er aus dem passiven Infinitiv von ire (gehen) und einer unveränderlichen Form, dem sogenannten Supinum I, gebildet wird (vgl. Lektion 25, S. 124 und Lektion 33, S. 156)
Wie in abhängigen Begehrs- und Fragesätzen steht das Reflexivpronomen der 3. Person auch bei Beziehung auf das Subjekt des Gesamtsatzes:

Legatus Romanus senatoribus nuntiavit hostes se *(ihn!)* fugavisse.

In einigen Ausnahmefällen (z. B. nach vetāre, iubēre) bezeichnet der A.c.I. auch das abhängige Begehren: iubeō tē tacēre; aber: imperō tibī, ut taceās.

Die passive Aussage wird bei persönlicher Konstruktion der im folgenden genannten Verben durch den Nominativ mit Infinitiv (N.c.I.) (§ 75) wiedergegeben. Diese Konstruktion findet sich bei iubērī (aufgefordert werden) und vētārī (gehindert werden), vor allem aber bei vidērī scheinen und dīcī, putārī, existimārī, narrārī u. ä. = wörtl. gesagt . . . werden = sollen

Marcus vir bonus esse videtur.	Marcus scheint ein guter Mann zu sein.
Marcus miles fortis esse putatur.	Marcus soll ein tapferer Soldat sein.

1. Bilde

alle Infinitive von amāre – clamāre – vocāre – dare – complēre – habēre – docēre – prōdesse – posse!

Bestimme die Funktion der Infinitive in den folgenden Sätzen:

Amari quam timeri praestat. Discere omnes homines decet.
Pericula cavere non dubito. Prudens nos discere docuit.

2. A. c. I.:

Notum est medicum medicinam	dare;	Gleichzeitigkeit
	dedisse;	Vorzeitigkeit
	daturum esse;	Nachzeitigkeit

Verwandle die aktiven Aussagen ins Passiv! Ersetze in allen Sätzen den Singular durch den Plural! Wie verhält es sich mit der Kongruenz?

Mache abhängig:

Mox domum meabimus. Speramus. – Patria nostra liberabitur. Existimavi.
Incolae timuerunt. Constat. – Pueri pulchri amantur. Notum est.

Der A.c.I. wird zuerst durch einen daß-Satz übersetzt. An seine Stelle treten oft a) verkappte Nebensätze; b) Infinitive mit zu; c) substantivische Wendungen; d) adverbiale Ausdrücke. Nenne Beispiele aus Stück 14!

Homines divites saepe homines miseros non adiuvare nemo ignorat.
Bilde von diesem Satz alle möglichen Akkusative mit Infinitiv (3 Aktiv, 3 Passiv)!

Unterscheide:

Proculus *se* Romulum vidisse narrat; *sibi* Romulum apparuisse nuntiat.
Romani *eum* Romulum vidisse putant; *ei* Romulum apparuisse censent.
Begründe den Wechsel zwischen *sibi* und *ei*, zwischen *se* und *eum*!

3. Wie heißt die folgende persönliche Passivkonstruktion?

Filius a patre litteris studere iussus est. Filius puellam amare vetitus est.
Filius autem patri non obtemperare videtur. Puella pulchra esse narratur.

4. Wortkunde:

Durch die Suffixe -ia, -itia werden Substantive gebildet, die Eigenschaften bezeichnen, z. B. audax kühn; audacia Kühnheit.

Was bedeuten:

diligens	sorgfältig	diligentia?	modestus	bescheiden	modestia?
perfidus	treulos	perfidia?	concors	einträchtig	concordia?

5. Pyrrhussiege:

Pyrrhus besiegte die Römer bei Heraklea (280) und Askulum (279). Was versteht man heute noch unter „Pyrrhussiegen"?
Im Altertum bezeichnete man Unteritalien südlich der Flüsse Silarus und Frento als „Magna Graecia", d. h. „Großgriechenland". Warum trug das genannte Gebiet diesen Namen?

Stammformen: Verben der e-Konjugation

ārdēre	ārdeō	ārsī	ārsum	brennen *(intr.)*
augēre	augeō	auxī	auctum	vermehren, vergrößern
iubēre	iubeō	iussī	iussum	auffordern, befehlen
iubeor				mir wird befohlen
manēre	maneō	mānsī	mānsum	bleiben
5 ridēre	rideō	rīsī	rīsum	lachen, auslachen
suādēre	suādeō	suāsī	suāsum	*süß machen;* raten
persuādēre	persuādeō	persuāsī	persuāsum	überreden, überzeugen
mihī persuāsum est				ich bin überzeugt
cavēre	caveō	cāvī	cautum	meiden, sich hüten vor
cavē canem!				Achtung! Bissiger Hund!
movēre	moveō	mōvī	mōtum	bewegen, veranlassen
10 sedēre	sedeŏ	sēdī	sessum	sitzen
obs*i*dēre	obsideō	obsēdī	obsessum	besetzt halten, belagern
poss*i*dēre	possideō	possēdī	possessum	besitzen
vidēre	videō	vīdī	vīsum	sehen; *pass.* scheinen
invidēre	invideō	invīdī	invīsum	*neidisch zusehen,* beneiden
dīvitibus invidet				er beneidet die Reichen
dīvitibus invidētur				die Reichen werden beneidet
15 prōvidēre	prōvideō	prōvīdī	prōvīsum	vorhersehen, sorgen für
futūra prōvidēre				die Zukunft vorhersehen
futūris prōvidēre				für die Zukunft sorgen

Erkläre: Auktion — Motivation — Provisor — Session — Visier — Vision!

Über die Ärzte

Tres medicus facies habet: unam, quando rogatur,
angelicam; mox est, cum iuvat, ipse Deus.
Post, ubi curato poscit sua praemia morbo,
horridus apparet terribilisque Satan.

Dreifaches Antlitz besitzt der Arzt: zum ersten ein Engel,
wenn man ihn holt. Wenn er hilft, wird er alsbald selbst ein Gott.
Wenn er jedoch, ist die Krankheit geheilt, verlangt, daß man zahle,
dann erscheint er, o Schreck, gräßlich in Teufelsgestalt.

Eine gute Arznei

Ne te nocturni pulices pedesque fatigent,
hunc exorcismum, candide lector, habe!
„Manstula correbo budigosma tarantula calpe
thymmula dinari golba caduna trepon."
Hos novies lectum scansurus concine versus,
tresque meri calices ebibe quaque vice!

Wenn dich Flöhe und Läuse bei Nacht belästigen sollten,
magst, lieber Leser, du sie bannen mit folgendem Spruch:
„Manstula correbo budigosma tarantula calpe
thymmula dinari golba caduna trepon."
Ehe dein Bett du besteigst, rezitiere neunmal dies Sprüchlein
und drei Becher Wein trinke dabei jedesmal.

Euricius Cordus (1486–1535)

Die Bedeutung Siziliens

1. Quin Sicilia omnium prope Italiam sitarum insularum et opibus et naturae donis multum valuerit, dubium non est. 2. Hanc insulam primam ad amicitiam populi Romani se applicavisse M. Cato Sapiens senatum admonuit. 3. Simul idem Romanos admonuit, ut omnes huius insulae incolas semper hac cum humanitate tractarent, quae cum omnibus hominibus tum his debetur, a quibus data est. 4. Romani, qui non solum tempora futura, sed etiam rebus futuris providebant, hanc insulam multis et iustis de causis cellam penariam rei publicae Romanae fore sperabant. 5. Siculis persuaserunt, ut insula navibus Romanis subsidium esset. 6. Romanis hoc modo Carthaginiensium classem brevi deletum iri persuasum erat.
7. Siculos, colonos Graecos, a Romanis magni aestimatos esse Italiae populi viderunt. 8. Legati Romani, ut Siculi in omnia tempora futura amici et socii Romanorum essent, viderunt. 9. Siculi: „Quin hos omnibus in periculis adiuvabimus?“ censuisse videntur. 10. Dubitari non potest, quin horum civitates (velut Messana, Henna, Segesta, Syracusae multaeque aliae) ingentibus opibus floruerint. 11. Romani Siculis semper fidem habebant; his semper contenti erant, nam Siculi frumentum, quod dare debebant, ad diem dare solebant. 12. Itaque Romanis Sicilia dignitate et fide et auxilio prima provincia erat: hanc terram omnibus aliis provinciis praestare inter omnes constabat.

Der Raub der Proserpina

Vetus est haec opinio, quae constat ex antiquis Graecorum litteris, hanc insulam Siciliam totam Cereri esse sacram. Ceres Liberae filiae, quam eandem Proserpinam vocant, valde timuit, ut matrum mos est; timuit Plutonem, ne filiam ex campis ad Hennam sitis floribusque ornatis raptaret. Itaque filiam iterum iterumque admonuit, ut omnia pericula vitaret: multas virgines iam a deis raptatas esse puellam admonuit. „Vide, ne a viris ignotis violeris! Multos non ita se habere, ut videntur, videbis“ – sed frustra! Aliquando Pluto apparuisse et virginem secum ad inferos portavisse dicitur. Nemo tam audax erat, quin Plutonem deosque inferos timeret. „Quin dei hominesque matrem miseram adiuvabitis?“ Ceres exclamavisse dicitur. Tandem Iuppiter, superorum rex, ita iudicavit: „Proserpina, Plutonis uxor, aestate apud Cererem matrem, reliquis anni aetatibus regina apud inferos erit.“ Hac sua sententia et Plutonem et Cererem contentos esse censuit.
Siculi Cereri Proserpinaeque postea templum celebre aedificaverunt, quod primo violatum, deinde plane deletum est.

Blumenpflückendes Mädchen (um 60 n. Chr.)

Gartenlandschaft (um 30 v. Chr.)

Latein	Deutsch	Englisch	Französisch
hīc, haec, hoc	dieser, diese, dieses		
quīn	daß; daß nicht; warum nicht?		
ops, opis, *f.*	Hilfe, Macht; *pl.* Besitz		
nātūra, ae, *f.*	*Natur*	nature	la nature
dubius, a, um	zweifelhaft	dubious	
*se applicare	sich anschließen	*to apply*	appliquer
simul *(adv.)*	zugleich	simultaneous	*ensemble*
hūmānus, a, um	menschlich, gebildet	human	humain
hūmānitās, ātis, *f.*	Menschlichkeit, Bildung	humanity	l'humanité
cum . . . tum	sowohl . . . als auch besonders		
iūstus, a, um	gerecht, berechtigt	just	juste
*cella penāria	Vorratskammer		
subsidium, ī, *n.*	Hilfe, Zuflucht; Stützpunkt	*subsidy*	
modus, ī, *m.*	*Maß*, Art, Weise	*mode*	le (la) mode
classis, is, *f.*	*Klasse*, Flotte	class	la classe
colōnus, i, *m.*	*Kolonist*, Siedler	colonist	le colonial
aestimāre	schätzen, meinen	to estimate	éstimer
magnī aestimāre	hochschätzen		
dīgnus, a, um	würdig, wert		digne
dignitās, ātis, *f.*	Würde, Wert	dignity	la dignité
provincia, ae, *f.*	*Provinz*	province	la province
opīniō, ōnis, *f.*	Meinung	opinion	l'opinion
littera, ae, *f.*	Buchstabe	letter	la lettre
litterae arum, *f.*	Schriften, Bücher; Brief		
flos, flōris, *m.*	Blüte, Blume	flower	la fleur
vitāre	meiden, vermeiden	to avoid	*éviter*
īnferī, ōrum	die Unteren, Unterwelt	inferior	*inférieur*
superī, ōrum	die Oberen; Götter	superior	*supérieur*
iūdicāre	urteilen, halten für	to judge	juger
aestās, ātis, *f.*	Sommer		l'été
aetās, ātis, *f.*	Zeitabschnitt		
regīna, ae, *f.*	Königin		la reine
sententia, ae, *f.*	Meinung, Urteil	sentence	la sentence
plānus, a, um	eben, deutlich	plain	plain
plānē *(adv.)*	deutlich, völlig		

Erkläre: Flora — florieren — Floristin — Floskel — human — Humanität — indigniert — Jury — Justiz — Klasse — Klassiker — Kolonist — Modalitäten — Modalsatz — Modell — Naturalien — Naturell — Naturalismus — planieren — Sentenz — Zelle!

Demonstrativpronomen hic, haec, hoc dieser, diese, dieses (§ 22)

Singular				Plural		
Nom.	hīc	haec	hoc	hī	hae	haec
Gen.	←	hūius	→	hōrum	hārum	hōrum
Dat.	←	huic	→	←	hīs	→
Akk.	hunc	hanc	hoc	hōs	hās	haec
Abl.	hōc	hāc	hōc	←	hīs	→

Doppelkonstruktionen (§ 53)

Akkusativ		Dativ	
timeō tē	ich fürchte dich	timeō tibī	*ich fürchte für dich;* ich sorge für dich
provideō futūra	ich sehe die Zukunft voraus	provideō futūrīs	*ich sehe für die Zukunft voraus;* ich sorge für die Zukunft
cōnsulō vōs	ich frage euch um Rat	cōnsulō vōbīs	*ich frage für euch um Rat;* ich sorge für euch
A.c.I. (§ 74,4)		**ut mit Konjunktiv**	
persuadēre	überzeugen, *daß etwas ist*		überreden, *daß etwas geschehen soll*
admonēre	erinnern, *daß etwas ist*		ermahnen, *daß etwas geschehen soll*
censēre	meinen, *daß etwas ist*		beantragen, *daß etwas geschehen soll*
vidēre	sehen, *daß etwas ist*		zusehen, *daß etwas geschehen soll*

Quin (§ 100,2)

Quin (beim Konjunktiv) heißt nach den verneinten Ausdrücken des Zweifels und Hinderns „daß“, z. B. nōn dubitō, quīn . . . ich zweifle nicht, daß . . .
In allen anderen Nebensätzen heißt quīn „daß nicht“: nēmō tam fortis est, quīn mortem timeat. Niemand ist so tapfer, daß er nicht den Tod fürchtet.

Quīn kann auch Hauptsätze einleiten, und zwar rhetorische Fragesätze, die einer Aufforderung gleichkommen: Quīn respondēs? Warum antwortest du nicht? So antworte doch!

1. Ergänze Formen von hic, haec, hoc:

Summus magistratus . . . . . urbis erat senatus. Arma . . . . . civium semper parata erant. Multi cives ab . . . . . viro fugati sunt. Reges . . . . . urbem occupaverunt.

Dekliniere:
hic vir — haec femina — hoc oppidum — hic leo — haec manus — hoc mare!

2. Unterscheide:

Timeo inimicos meos. Timeo amicis meis.	Provideo bellum. Provideo rebus futuris.
Persuadeo tibi, ut iis fidem habeas.	Persuadeo tibi hanc rem veram esse.
Admoneo vos, ut pericula vitetis.	Admoneo vos omnes socios iam adesse.
Consul videt, ut coniurati fugentur.	Consul videt coniuratos fugatos esse.

Begründe die Unterschiede der Konstruktion!

3. Übersetze durch quīn:

Helft uns doch! Meidet die Gefahren! Zeigt uns den Weg! Seid aufmerksam!

Ergänze ut, ne oder quīn:

Persuadeo tibi, . . . me brevi visites.	Non dubium est, . . . omnes valeant.
Timemus, . . . hoc consilium doleatis.	Admoneo te, . . . mei memor sis.

4. Zur Wortstellung:

In den früheren Stücken kommen Wortstellungen vor wie z. B.

vir summa virtute et magno animo	Parallelismus	vir summa virtute et animo magno	Chiasmus

Erkläre die Namen „Parallelismus“ und „Chiasmus“!

5. Wortkunde:

amicus befreundet; *subst.* Freund — rusticus ländlich; *subst.* Landmann.
Gib die substantivischen Bedeutungen an von: miser — dives — pauper — iustus — finitimus — laetus — maestus — piger — pulcher — bonum — malum!

6. Zur Prägnanz des Lateinischen:

Das Lateinische ist eine sehr prägnante Sprache, deren Kürze in der Übersetzung oft nicht beibehalten werden kann. So schreibt z. B. der Philosoph Seneca über die Herrschaft in früher Zeit: „Officium erat imperare, non regnum.“ Was bedeutet nach deiner Meinung dieser Satz?
Vergleiche folgende Geschichte: „Als der Censor M. Porcius Cato von Lucius Nasica eine feierliche Erklärung verlangte und ihn fragte „Nach deines Herzens Meinung (ex animi tui sententia*), hast du eine Frau?“ erwiderte der Spaßvogel: „Ja, doch nicht nach meines Herzens Meinung.“ Cato versetzte ihn für diese ungebührliche Antwort in die unterste Klasse der Bürger.

---

* ex animi tui sententia: nach deines Herzens Meinung, nach bestem Wissen und Gewissen (Beteuerungsformel!)

Rom auf dem Wege zur Weltmacht

1. Illa insula Sicilia a colonis Graecis habitabatur. 2. Illius insulae divitiae magnae erant. 3. Illi insulae Ceres dea imprimis amica erat. 4. Siculi ipsi multa oppida aedificaverant. 5. In illis oppidis multa et pulchra templa erant. 6. Vulcanus iste, quem omnes liberi timebant, sub Aetna ipsa laboravisse dicitur. 7. Venus illa uxor Vulcani erat. 8. Siculi Cereri ipsi, cuius filia Proserpina a Plutone isto, inferorum rege, ex illis ad Hennam sitis campis raptata esse dicitur, magnos honores habebant.
Scriptor quidam Romanus narrat:
9. *Pyrrhum, illum Epiri regem, a Manio Curio Dentato ipso superatum et fugatum in Graeciam renavigavisse et Siciliam ipsam brevi causam ingentis belli futuram esse existimavisse.* 10. *Romanos et Carthaginienses magna vi de illa insula pugnaturos esse Pyrrhum providisse.* 11. *Illis temporibus in Sicilia multos milites fuisse, qui ex Marte, bellorum duce, Mamertini nominati essent.* 12. *Istorum Mamertinorum alios Carthaginienses, alios Romanos in auxilium vocavisse.* 13. *Romanos, qui propter foedera cum Poenis Mamertinis adesse dubitavissent, diu animo pependisse.* 14. *Mamertinos Romanorum senatum interrogavisse: Quid timerent. Cur non legionibus totam insulam occuparent. Viderent, ne ab hostibus celeritate superarentur. Carthaginienses sine mora fugarent.* 15 *Dubium esse non posse, quin Carthaginienses brevi totam insulam occupaturi sint.* 16. *Romanos, qui illis temporibus magis agriculturae se dedissent, primo classem magnam aedificavisse, ut Carthaginiensium naves ab Italiae oris arcere possent; deinde duas legiones Romanas in Siciliam navigavisse.* 17. *Post Carthaginiensium cladem et Romanorum victoriam Romanos magnum tributum et totam insulam postulavisse.* 18. *Deinde Romanos ius gentium violavisse et Sardiniam Corsicamque per vim imperio Romano applicavisse.* 19. *Siciliam primam populi Romani provinciam fuisse.* 20. *Non dubium esse, quin studium divitiarum et Romanis et Carthaginiensibus prima causa belli Punici fuerit (264–241).*

Die Botschaft des Regulus

Ille scriptor Romanus etiam haec narrat:
Regulum illum consulem Romanum cum exercitu in Africa captum a Carthaginiensibus in Italiam renavigare iussum esse, ut Romanis de utilitate pacis persuaderet. Sed eum senatui nuntiavisse se ex illo die, quo a Poenis captus esset, non iam iura civis Romani habere posse. Cur Poeni se vitam tantopere amare putarent. Regulum uxorem ipsam repudiavisse senatuique, ne pax cum Poenis esset, suasisse. Bello ne abstinerent, nam Carthaginienses ipsos tot oneribus gravibus belli vexatos de victoria desperare.
Quibus verbis Regulum senatoribus Romanis persuasisse, deinde in Africam ad hostes renavigavisse Poenisque Romanos pugnare paratos esse nuntiavisse. Se ipsum in Africa mansurum esse, nam in urbe Roma dignitatem viri honesti habere non iam posse. Postremo (denique) Regulum senem una cum nonnullis tribunis militum pro suo consilio et responso poenam mortis dedisse.

Latein	Deutsch	Englisch	Französisch
ipse, ipsa, ipsum	selbst		
ille, illa, illud	jener (berühmte)		
iste, ista, istud	dieser (üble, arme)		
dīvitiae, ārum, *f.*	Reichtum		
imprīmīs *(adv.)*	besonders		
propter *b. Akk.*	wegen		
foedus, eris, *n.*	Vertrag, Bündnis	*federation*	*la fédération*
celer, eris, ere	schnell	*to accelerate*	
celeritās, ātis, *f.*	Schnelligkeit		la célérité
agricultūra, ae, *f.*	Ackerbau	agriculture	l'agriculture
clādēs, is, *f.*	Niederlage		
victōria, ae, *f.*	Sieg	victory	la victoire
tribūtum, ī, *n.*	*Tribut*, Abgabe	tribute	*la contribution*
ūtilis, e	nützlich	*to utilize*	utile
ūtilitās, atis, *f.*	Nutzen	*utility*	l'utilité
pāx, pācis, *f.*	Friede	peace	la paix
tantopere *(adv.)*	so sehr		
tot — quot	so viele — wie (viele)		
onus, oneris, *n.*	Last	onus	*onéreux*
gravis, e	schwer, ernst, würdig	*grave*	grave
gravitās, ātis, *f.*	Gewicht, Ernst, Würde	gravity	la gravité
postrēmō (dēnique)	zuletzt, schließlich		
senex, senis, *m.*	alter Mann; Greis	*senile*	
ūnā (cum)	zusammen (mit)		
tribūnus mīlitum	Kriegstribun	tribune	le tribun
respōnsum, ī, *n.*	Antwort	response	la réponse
poena, ae, *f.*	Strafe	*penal*	la peine
mors, mortis, *f.*	Tod	*mortal*	la mort
honestūs, a, um	ehrenhaft, anständig	honest	honnête
labor, ōris, *m.*	Arbeit, Mühe	*labour*	le labeur
mōlēs, is, *f.*	Last, Mühe		
molestus, a, um	lästig, beschwerlich	*to molest*	
molestia, ae, *f.*	Last, Ärger		
ergō *(adv.)*	also		
quīcumque	wer auch immer		quique
poenam dare	büßen (mit)		

Erkläre: Föderalismus — gravierend — gravitätisch — laborieren — mortal — Pein — Responsorium — Senat — senil — Tribunat — Tribunal — Utilität!

Die Demonstrativpronomina ipse selbst; ille jener; iste dieser da (§ 22)

ipse	ipsa	ipsum	ille	illa	illud	iste	ista	istud
←	ipsīus	→	←	illīus	→	←	istīus	→
←	ipsī	→	←	illī	→	←	istī	→
ipsum	ipsam	ipsum	illum	illam	illud	istum	istam	istud
ipsō	ipsā	ipsō	illō	illā	illō	istō	istā	istō

Der Plural wird dekliniert wie die Adjektive der 1./2. Deklination:
ipsī, ipsae, ipsa; ipsōrum, ipsārum, ipsōrum usw.

Merke: illud verbum jenes (berühmte) Wort; iste vir jener (arme bzw. üble) Kerl; eō ipsō annō gerade (sogar, eben, unmittelbar) in *dem* Jahre.

Die indirekte Rede (§ 108)

Für die indirekte Rede (ōrātiō oblīqua) gelten folgende Regeln:

I. Die Hauptsätze

1. Urteilssätze stehen im A.c.I.
2. Begehrssätze stehen im Konjunktiv
3. Fragesätze stehen im Konjunktiv

II. Die Nebensätze

Alle Nebensätze stehen wie im Deutschen im Konjunktiv der inneren Abhängigkeit (coniunctīvus oblīquus)

III. Die Pronomina

der ōrātiō oblīqua weichen wie im Deutschen von den Pronomina der ōrātiō rēcta ab. Personal- und Possessivpronomina der 3. Person, die sich auf das übergeordnete Subjekt beziehen, stehen in ihren reflexiven Formen.

Admonuit nōs: ego ipse nōbilī genere nātus sum (oratio recta);
Admonuit nōs sē ipsum nōbilī genere nātum esse (oratio obliqua).

1. Ergänze
die Formen von ipse, ille, iste zu aurum, praemium, bonum, malum!

Übersetze diese Junkturen; bilde die Genetive und Dative!

Dekliniere:
consul ipse – iste pirata – illud verbum – filius ipse – istud facinus – ille flos!

2. Übertrage
folgende Fabel aus der oratio recta in die oratio obliqua! Beginne mit: Poeta fabulam narravit ...

Aliquando senex onus grave domum portavit. Magna maestitia captus de viribus suis desperavit et mortem sibi optavit: ‚Appropinqua, mors, ut tantis laboribus et molestiis tandem liber sim". – Subito mors apparuit senemque interrogavit: „Quid me vocavisti?" Senex territus morti respondit: „Adiuva me, nam onus mihi seni grave est. Magnam tibi gratiam habebo, si me onus portare adiuveris."
Forme die direkte Rede im Deutschen zu einer indirekten Rede um!

3. Unterscheide:

tribunus plebis: Interessenvertreter der Plebejer (Immunität, Vetorecht)
tribunus militum: Stabsoffizier, meist ein Ritter, vom Konsul ernannt.

qui = wer; quicumque = wer auch immer. Was bedeutet das Suffix -cumque, meist in Verbindung mit Pronomina oder Adverbien?

Übersetze: quemcumque, qualiscumque, ubicumque, quandocumque, utcumque!

4. Zum Ende des Regulus vgl. Fr. Lübker, Reallexikon s. v. Atilii, S. 165:
„An ein gewaltsames Ende des Regulus darf nicht geglaubt werden; vielmehr ist er zwischen 250–247 eines natürlichen Todes gestorben. Die Nachricht, daß er von den Karthagern unter qualvollen Martern getötet worden ist, entstand schon in früher Zeit und lebte später wieder auf."
Wie erklärst du die historisch nicht haltbare Version vom Tode des Regulus?

Kästchenrätsel:

1. Geigeninstrument (frz.)
2. unerkannt (Abkürzung)
3. Veilchen (lateinisch)
4. Musikinstrument
5. Vorname (weiblich)
6. Vorsilbe (zurück)
7. Maßangabe (deutsch)

	A	B	C	D	E
1.					
2.					
3.					
4.					
5.					
6.					
7.					

Die Zeilen A und C ergeben von oben nach unten gelesen einen bekannten Ausspruch Nietzsches, mit dem er gegen das bekannte „cogito, ergo sum" Descartes' kritisch Stellung nimmt. Wogegen wendet sich diese Kritik?

17

A

Spanien als Operationsbasis

1. Post primum bellum Punicum Hamilcar, dux Carthaginiensium, magna cum virtute exercitum regit, milites verba ducis audiunt, consilia eius probant. 2. Etiam magistratus Carthaginienses sententiis eius gravibus et prudentibus capiuntur. 3. „Audite, senatores", inquit, „quid mihi vobis nuntiare in animo sit; nam bonus imperator et rei publicae servire debet et omnibus civibus. 4. Nostra levitate Romani victores sunt. 5. Sed nunc totam Italiam Romamque ipsam, caput Italiae, ex Hispania capite! 6. Ita Italiam capere leve negotium erit. 7. Quia in multis rebus adversis fortes et prudentes fuistis, etiam hoc facinus pulchrum facere vos decet."
8. Hamilcar, dux magna gravitate, classe Carthaginiensium in Hispaniam navigat, ubi paulo post interficitur. 9. Saepe morte afficitur, qui alios morte afficit. 10. Post mortem eius milites Hannibalem imperatorem creaverunt, quod eum bonum ducem et fortem militem esse censuerunt. 11. Hannibal, quoniam iam puer se semper Romanis inimicum fore iuraverat, sine mora Romanis bellum paravit. 12. „Nisi nos Romanos morte afficimus, vos a Romanis morte afficimini", dicere solebat; negotium otium, bellum pacem praestare censuit. 13. Legatos Romanos non audire, sed in Africam mittere; se rebus gravibus occupatum esse dicit. 14. Livius, ille scriptor Romanus, magnas virtutes et ingentia vitia eius viri enumerat.

Übergang über die Alpen

Hannibal ex media Hispania ad Alpes pervenit. Nivis ingens moles omnes milites Afros magno timore afficit, qui per omnia nive completa magna cum molestia iter facere studuerunt. Imprimis elephanti graves montes ascendere et descendere laboraverunt, sed Hannibal ab elephantis ipsis Romanos territum iri speravit. Romani autem postea flammis elephantos terrere et fugare docti erant.
Hannibal imperator, quod milites suos in rebus tam adversis pigros videt, exercitum in summo monte sistere iubet; deinde Italiam Romamque ostendit, quas brevi in Carthaginiensium manu et potestate futuras esse dicit. Quibus ducis verbis milites laeti non erant: dolebant, quod elephanti vestigia sua tenere non potuerunt. Alii in alios cadere et elephanti milites caedere solebant.

Schreitender Elefant (um 285—275 v. Chr.)

Bärtiger Janus-Kopf (um 240—225 v. Chr.)

Latein	Deutsch	Englisch	Französisch
regĕre, ō	lenken, leiten		
audīre, iō	hören, beachten	*audition*	
capĕre, iō	fassen, einnehmen		
quod	weil; daß, wenn		que
quia	weil, da		
quoniam	weil ja, da ja		
servīre, iō	dienen	to serve	servir
levis, e	leicht, unbedeutend		*lever*
levitās, ātis, *f.*	Leichtigkeit, Leichtsinn	levity	
victor, ōris, *m.*	Sieger; *adj.* siegreich	*victor*	vainqueur
ōtium, ī, *n.*	Muße, Ruhe		
negōtium, ī, *n.*	Aufgabe; Schwierigkeit	*to negotiate*	*négocier*
facĕre, iō	tun, machen		faire
interficĕre, iō	töten		
afficĕre, iō	versehen mit	to affect	
imperātor, ōris, *m.*	Feldherr, Kaiser	emperor	l'empereur
dīcĕre, ō	sagen, reden, ernennen (zu)		dire
mittĕre, ō	schicken, senden	*missile*	mettre
vitium, ī, *n.*	Laster, Fehler	vice	le vice
(ē)numerāre	(auf)zählen	to enumerate	énumérer
venīre, iō	kommen		venir
pervenīre, iō	hinkommen, gelangen		parvenir
nix, nivis, *f.*	Schnee		la neige
timor, ōris, *m.*	Furcht		
iter, itineris, *n.*	Weg, Marsch, Reise	itinerary	l'itinéraire
ascendĕre, ō	hinaufsteigen; besteigen	*to ascend*	*ascendant*
descendĕre, ō	hinabsteigen	to descend	descendre
sistĕre, ō	anhalten		
ostendĕre, ō	zeigen	*ostentation*	
ostentāre, ō			
potestās, ātis, *f.*	Macht		la puissance
vestīgium, ī, *n.*	Spur	vestige	le vestige
cadĕre, ō	fallen		
caedĕre, ō	fällen, umwerfen, töten		

Erkläre: Aszendenz — Deszendenz — Diktion — Mission — nival — Nummer — numerieren — ostentativ — Potentat — Potenz — servil — Service!

Indikativ Präsens Aktiv/Passiv der kons., ī- und ĭ-Konjugation (§ 32)

reg -ō	ich leite	reg -or	ich werde geleitet
audi-ō	ich höre	audi-or	ich werde gehört
capi -ō	ich ergreife	capi-or	ich werde ergriffen

reg-ō	-or	audi-ō	-or	capi-ō	capi -or
-is	-eris	-s	-ris	-s	capĕ-ris
-it	-itur	-t	-tur	-t	capi -tur
-imus	-imur	-mus	-mur	-mus	capi -mur
-itis	-iminī	-tis	-minī	-tis	capi -minī
-unt	-untur	-unt	-untur	-unt	capi -untur

Infinitive:

reg-ere	reg-ī	audī-re	audī-rī	cape-re	capī

Imperative:

reg-e !	reg-ite!	audī!	audī-te!	cape!	capi-te!

Das kurzvokalische i des Stammes bei capere usw. wird im Auslaut und vor r zu e abgeschwächt: cape, capere, caperis. Dadurch ergibt sich manchmal Formengleichheit zwischen der ĭ- und der konsonantischen Konjugation.

Praesens historicum und Infinitivus historicus (§ 73; § 87,1)

Die finiten Formen wie auch der Infinitiv des Präsens werden manchmal statt finiter Perfektformen zur Schilderung vergangener Ereignisse gebraucht:
praesens historicum, infinitivus historicus. Im Deutschen steht in diesen Fällen meist das Imperfekt.

quod, quoniam, quia (§ 107)

quod mit dem Indikativ: daß, wenn (faktisch)
weil, da (kausal).

Wie das kausale quod stehen auch die einen Kausalsatz einleitenden Konjunktionen quia weil und quoniam weil ja, da ja mit dem Indikativ.

Beachte:

quod kann auch Relativpronomen sein: oppidum, quod ... die Stadt, die ...

1. Übersetze:

regimur — audimini — capitur — interficiunt — servitis — dicuntur — mittis — ascendimus — sistitis — cadit — caedit — ostendimini — venimus — mittitur!

Vergleiche:

domine — dole — doce — rege — breve — cape — capite — mare — parte!
Nenne die Wörter (2), die sowohl Nominal- wie auch Verbalformen sein können!

Konjugiere:

audio et mittor — capior et sisto — regor et servio — ascendo et cado!
Worin stimmen die Verben der verschiedenen Konjugationen überein? Wodurch unterscheiden sie sich?

Dekliniere (Wiederholung):

puer gravis — puella levis — illud tempus — consul ipse — fortuna ista!

2. Nenne

alle historischen Infinitive und Präsensformen aus Stück 17!

3. Verbinde

folgende Hauptsätze zu kausalen Satzgefügen:

Magna maestitia afficior. Amica aegra est. — Nuntium mihi mitte! Diu tacuisti. Nemo nos iuvat. Omnes nobis invident. — Milites dolent. Elephanti in eos cadunt.

Ergänze:

Quidam imperator, cuius legatus mortuus erat, unum ex tribunis militum interrogavit: „Quis officia legati in futurum praestabit? Quis ex istorum numero legati officia praestare poterit?“ Tum tribunus: „Magnum negotium non erit, . . . tu ipse imperator es.“

4. Wortbildung:

ōtium Ruhe ōtiōsus ruhevoll | pēriculum Gefahr pēriculōsus gefährlich.

Bestimme: aquōsus, bellicōsus, cōpiōsus, labōriōsus, studiōsus, vīnōsus!

5. Hannibals Römerhaß:

Über den Römerhaß Hannibals berichtet Livius: „Hannibal iuravit se semper hostem fore populo Romano.“ Bei Cornelius Nepos steht es so: „Hannibal iuravit se numquam in amicitia cum Romanis fore.“
In welcher der beiden Aussagen scheint der Römerhaß des jugendlichen Hannibal größer zu sein? Wie erklärst du dir diese Abweichungen?

6. Audi:

Warum hat der deutsche Kraftfahrzeugkonstrukteur August Horch (1868–1951) seine Fabriken Audi-Automobilwerke genannt?

18

A **Hanno als Führer der Opposition**

1. Dum Hannibal magna cum audacia bello Romano studet, Hanno unus contra Hannibalem inimicum in senatu Carthaginiensium hanc fere orationem habuisse dicitur. 2. „Donec Hannibal, bonus imperator vester, urbes, oppida, portus capiebat, nuntios victoriae libenter audiebatis: Hannibalis fortuna belli vos omnes capiebamini. 3. Nonne satis isti iuveni, qui cupiditate regni ardet, serviebamus? 4. Nonne satis nos ludebat? 5. Non solum exercitus, sed etiam civitas nostra ab eo regebatur. 6. Vos autem magna laetitia afficiebamini: donec erit felix, multos numerabit amicos. 7. Sed quaerite, utrum imperator vester iure an iniuria Romanorum fines intraverit. 8. Brevi Romani legatos mittent; deinde multis et gravibus vulneribus afficiemini, multos hostes interficietis, multi nostrum interficientur. 9. Magnis cladibus afficiemur, postremo ab hostibus superabimur. 10. Quietem non habebimus, quoad Hannibal iste, huius belli auctor, exercitui nostro praeerit. 11. Quaero ex vobis, utrum hostem an vos an fortunam belli ignoretis. 12. Num exspectabitis, dum Hannibal totum orbem terrarum vastaverit? 13. Si statim legatos ad Romanos mittetis, si imperatorem vestrum sistetis et domum revocabitis, non frustra pacem a Romanis petetis. 14. Quod nisi facietis, Sagunti ruinae capitibus nostris incident. Nisi iste cadet, nos omnes caedemur."

15. Omnis fere Carthaginiensium senatus propter magnam Hannonis auctoritatem primo tacuit; tamen omnes fere senatores ab Hannibale steterunt. 16. Itaque Hannoni populum Romanum, non Hannibalem auctorem belli esse responsum est.

Ein „fabelhafter" Imperator

A multis adulatio solet libenter audiri, virtus autem coerceri; de qua re nos docet haec fabula: Duo homines, qui per totum orbem terrarum una iter faciebant, regno simiorum appropinquabant. Tum simius iste, qui in regno simiorum regebat, eos capi iussit: „Capietis homines, ostendetis eis viam in urbem, mittetis eos ad me, nam ostendam hominibus simiorum regnum!" Re vera cupiebat scire, quid homines de se cogitarent. Dum nonnulli simii homines capiunt, simiorum princeps omnes reliquos simios ordine longo ante se stare iussit. Ut aliquando viderat imperatorem facere, ita, ut ante se starent, imperavit. Deinde ducuntur homines in medium, et ille princeps simiorum interrogavit: „Quid sum ego?" Alter homo, qui verum non amabat, respondet: „Tu es imperator." Et iterum interrogavit: „Et isti, quos ante me stare vides, quid sunt?" Idem respondet: „Hi sunt duces militesque tui." Simiorum princeps hominis verbis contentus erat: magna laetitia capiebatur, homo magnis praemiis afficiebatur.

Tum simius, qui se imperatorem dici cupiebat, alterum hominem interrogavit: „Nonne mihi dices, quid sim et quid, quos ante me stare vides?" At ille, qui semper verum dicere solebat: „Tu es simius", inquit, „et hi omnes sunt simii tui similes". Statim simiorum princeps ira captus eum supplicio affici iubet.

Latein	Deutsch	Englisch	Französisch
dum *b. Ind. Präsens*	während		
dum donec quoad	solange (als) so lange, bis		
ferē *(adv.)* nachgestellt	fast, ungefähr		
portus, ūs, *m.*	Hafen	port	le port
sat(is) *(adv.)*	*satt*, genug	*satisfy*	
iuvenis, is, *m.*	junger Mann	young	jeune
cupiditās, ātis, *f.*	Begierde	cupidity	la cupidité
lūdere, ō	spielen, verspotten	ludicrous	
petere, ō (ab)	erstreben, bitten	*petition*	
quaerere, ō (ex)	suchen, fragen	*to query*	quérir
laetitia, ae, *f.*	Fröhlichkeit		
fēlīx, īcis	erfolgreich, glücklich	*felicity*	*féliciter*
iniūria, ae, *f.*	Unrecht	*injury*	l'injure
vulnus, eris, *n.*	Wunde	*vulnerable*	*vulnérable*
exspectāre	warten, erwarten	to expect	
statim	sofort		
auctor, ōris, *m.*	Urheber, Gewährsmann	author	l'auteur
ruīna, ae, *f.*	Trümmer, Untergang	ruin	la ruine
incĭdere, ō	fallen auf, geraten in	*incident*	*l'incident*
stāre ā	stehen auf seiten von		
*adūlātiō, ōnis, *f.*	Schmeichelei	*adulation*	l'adulation
*sīmius, ī, *m.*	Affe		
via, ae *f.*	Weg	via	la voie
rē verā *(adv.)*	in Wahrheit, tatsächlich		
cupere, iō	wünschen, begehren		
scīre, iō	wissen	*science*	*la science*
cōgitāre	denken	to cogitate	
ōrdō, inis, *m.*	Reihe, *Ordnung,* Stand	order	l'ordre
longus, a, um	*lang*	long	long
ducere, ō	führen	to conduct	conduire
alter — alter (alius — alius)	(wenn von 2 Pers. die Rede ist) der eine — der andere	*alternative*	l'autre
at	aber		
similis, e	ähnlich	similar	semblable
supplicium, ī, *n.*	(Todes)strafe		le supplice

Erkläre: assimilieren — Autor — Felix — Junior — Ordinarius — Port — Präludium — prolongieren — Ruine — Satisfaktion — Stativ!

Präsensstammgruppe des Indikativs: kons., ī- und ĭ-Konjugation (§ 32)

Aktiv			**Passiv**	
Imperfekt	reg -ē-bam	ich leitete	reg -ē-bar	ich wurde geleitet
	audi-ē-bam	ich hörte	audi-ē-bar	ich wurde gehört
	capi-ē-bam	ich faßte	capi-ē-bar	ich wurde gefaßt
Futur I	reg -a-m	ich werde leiten	reg -a-r	ich werde geleitet werden
	audi-a-m	ich werde hören	audi-a-r	ich werde gehört werden
	capi-a-m	ich werde fassen	capi-a-r	ich werde gefaßt werden

Kons. Konjugation		**ī-Konjugation**		**ĭ-Konjugation**	
Aktiv	**Passiv**	**Aktiv**	**Passiv**	**Aktiv**	**Passiv**
reg-ē-ba-m	reg-ē-ba-r	audi-ē-ba-m	audi-ē-ba-r	capi-ē-ba-m	capi-ē-ba-r
reg-ē-bā-s	reg-ē-bā-ris	audi-ē-bā-s	audi-ē-bā-ris	capi-ē-bā-s	capi-ē-bā-ris
reg-ē-ba-t	reg-ē-bā-tur	audi-ē-ba-t	audi-ē-ba-tur	capi-ē-ba-t	capi-ē-bā-tur
reg-ē-bā-mus	reg-ē-bā-mur	audi-ē-bā-mus	audi-ē-bā-mur	capi-ē-bā-mus	capi-ē-bā-mur
reg-ē-bā-tis	reg-ē-bā-minī	audi-ē-bā-tis	audi-ē-bā-minī	capi-ē-bā-tis	capi-ē-bā-minī
reg-ē-ba-nt	reg-ē-ba-ntur	audi-ē-ba-nt	audi-ē-ba-ntur	capi-ē-ba-nt	capi-ē-ba-ntur
reg-a-m	reg-a-r	audi-a-m	audi-a-r	capi-a-m	capi-a-r
reg-ē-s	reg-ē-ris	audi-ē-s	audi-ē-ris	capi-ē-s	capi-ē-ris
reg-e-t	reg-ē-tur	audi-e-t	audi-ē-tur	capi-e-t	capi-ē-tur
reg-ē-mus	reg-ē-mur	audi-ē-mus	audi-ē-mur	capi-ē-mus	capi-ē-mur
reg-ē-tis	reg-ē-minī	audi-ē-tis	audi-ē-mini	capi-ē-tis	capi-ē-mini
reg-e-nt	reg-e-ntur	audi-e-nt	audi-e-ntur	capi-e-nt	capi-e-ntur

Das Imperfekt der konsonantischen, ī- und ĭ-Konjugation hat den Bildevokal e + Tempuszeichen -ba; das Futur I das Tempuszeichen -ē (in der 1. Person Sg. -a). Die Übereinstimmung der drei Konjugationen ist evident; vgl. aber laudābō, dēlēbō!

dum, donec, quoad (§ 103)

1. dum mit dem Indikativ Präsens: während (zeitlich)
2. dum / donec / quoad } mit dem Indikativ aller Tempora: solange als; so lange bis

Bei finalem Nebensinn (bis = damit inzwischen) steht der Konjunktiv:
Exspectābāmus, dum advolārētis. Wir warteten, bis ihr (damit ihr inzwischen) herbeieiltet.

1. Vergleiche:

superabo – timebo – ostendam – petam – veniam – sciam – faciam – cupiam!

Bilde:
die 1. Person Plural Imperfekt Aktiv und Passiv von terreo – dicit – videmus – salutatis – mittis – servit – caedo – afficiunt – ducimus – cupit – quaeritis!

Konjugiere:
vocabo et audiam – capiam et delebo – occupabo et regam – parebo et serviam!

Ersetze durch dicere:
narrate! – narramus – narratur – narrabunt – narrant – narrabas – narrabis!

Ersetze durch capere:
occupa! – occupatis – occupantur – occupabimus – occupabant – occupari!

Übersetze
mit Hilfe von quaerere: Sie fragten uns nach dem Weg;
mit Hilfe von petere: Sie baten uns um Geld.

2. Ergänze:

Dum Hanno . . ., tacuerunt senatores.	Während Hanno sprach, schwiegen die Senatoren.
Donec . . . felix, multos numerabis amicos.	Solange du glücklich bist, . . .
Romani pugnaverunt, dum Italia libera . . .	Die Römer kämpften, bis Italien frei war.

Begründe die Tempus- und Moduswahl!

3. Zur Rede Hannos:

Was ersiehst du aus der Rede des karthagischen Oppositionsführers für die Verfassung des karthagischen Staates? Warum standen gerade zu Beginn des 2. Punischen Krieges die Karthager in so großer Zahl hinter Hannibal? Vergleiche die Stimmung im deutschen Volke zu Beginn der beiden Weltkriege!

4. Wortkunde:

gravis gewichtig, würdig; gravitās Gewicht, Würde | celer schnell; celeritās?
Was bedeuten brevitās, dignitās, honestās, nobilitās, paupertās, probitās, ūtilitās?

5. Makkaronilatein:

Schmíedici ét Schlosserés faciúnt cum Hámmere „búmbum".
Náchtwächterí veniúnt cum Spíessibus átque Latérnis.

Am bekanntesten für diese Art Humanistenlatein ist das Flohgedicht (1593):
de swartis illis tiericulis, quae Menschos fere omnes, Mannos, Weibras, Jungfras, behüppere et spitzibus suis snaflis steckere et bitere solent, auctore Griphaldio Knickknackio ex Flolandia.
Was fällt dir an dieser Art „Latein" auf? Worauf beruht die komische Wirkung?

Hannibal ante portas

1. Iisdem temporibus, cum Hannibal per Alpes nivibus completas Italiam petivit, Carthaginiensium civitas et opibus et armis valebat. 2. Milites, cum iter facerent, iniuriis non abstinuerunt. 3. Hannibal cum omnes Alpium gentes, tum legiones Romanas proeliis acribus fugavit. 4. Cum elephanti pugnis interessent, Romani valde timebant. 5. Magnam victoriam Hannibal pugna Cannensi reportavit. 6. Milites Romani, cum magna virtute pugnavissent, pauci se servare potuerunt. 7. Viri summa cum audacia pugnaverunt, cum cives in urbe timore perterriti: „Hannibal ante portas!" exclamavissent. 8. Cum dei militibus Romanis victoriam non dedissent, mulieres oraverunt: „Obsecramus vos deos, ut nos audiatis, ut hostes sistatis. 9. Multae nostrum filios nepotesque, multae uxores maritos deflent. 10. Cum in pace liberi parentes sepeliant, sepeliunt in bello parentes liberos. 11. Timemus, ne Hannibal cum militibus elephantisque suis in Latium veniat, ne Roma ipsa capiatur, ne iniuriis afficiamur, ne hostibus serviamus. 12. Quid in rebus tam adversis faciamus? 13. Petimus a vobis, ut nobis auxilium mittatis, ut cum nos, tum patriam summis ex periculis servetis."

14. Ceterum, cum Hannibal captivos Romanos parva pecunia domum mittere paratus esset, senatus Romanus eos cives non esse necessarios respondit, qui, cum fuissent in armis, capi potuissent. 15. Hannibali victori cum post pugnam Cannensem ceteri suaderent, ut id diei, quod reliquum esset, et noctem proximam quietem cum ipse sibi sumeret, tum fessis daret militibus, Maharbal, praefectus equitum, imperatorem monuit, ut milites sine mora ad urbem ducerentur. 16. „Nonne mihi imperabis", inquit, „ut statim equites meos Romam ducam? Cave, ne in Romanorum insidias incidas!" 17. Cum Hannibal in re tam gravi dubitaret, Maharbal: „Non omnia", inquit, „eidem dei dederunt: vincere scis, Hannibal, victoria uti nescis." 18. Mora eius diei urbem atque imperium servavisse dicitur.

Rückzug und Ende

Hannibal, cum in Italia superatus non esset, a magistratibus Carthaginiensibus in Africam revocatus est. Tandem Scipio maior eum ad Zamam superavit: ingenti victoria Africanus appellatus est. Carthageniensibus pax est data: *urbes, agros, fines, quos ante bellum tenuissent, tenerent; naves traderentur elephantique, quos haberent; bellum neque in Africa neque extra Africam gererent.*

Postea, cum Romani postulavissent, ut Hannibal ipse traderetur, in Syriam ad Antiochum regem navigavit; deinde, cum timeret, ne ab Antiocho Romanis traderetur, in Bithyniam ad Prusiam regem pervenit. Hannibal semper uno loco se tenebat in aedificio, quod rex ei dederat. Datus est etiam Hannibali puerulus, ut ei serviret. Romani, qui Hannibalem apud Prusiam esse audiverant, legatos mittunt, in his Flaminium, ut a rege peterent, ne inimicum suum adiuvaret, sed sibi traderet. Id Prusias recusavit, quod adversus ius hospitii esset: ipsi, si *possent*, *caperent*. Cum Romani multitudine domum Hannibalis circumdedissent, puerulus, qui Romanos viderat, multos homines domum circumstare domino suo nuntiavit. Hannibal: „Liberemus", inquit, „magna cura populum Romanum, cum mortem senis exspectare longum censeat!" Tum veneno, quod semper secum habere solebat, se ipsum necavit, ne ab hostibus caperetur. Hic vitae exitus Hannibalis imperatoris fortis atque prudentis fuit (183 a. Chr. n.).

	Latein	**Deutsch**	**Englisch**	**Französisch**
	cum *b. Indikativ*	als, wenn		
	cum *b. Konjunktiv*	als, weil; obgleich, während		
	porta, ae, *f.*	Tür, Tor	*port*	la porte
	exclāmāre	ausrufen, aufschreien	to exclaim	
5	nepōs, nepōtis, *m.*	Enkel, Nachkomme	*nephew*	*le neveu*
	dēflēre	beweinen		
	sepelīre, iō	begraben	*sepulchre*	ensevelir
	cēterum *(adv.)*	übrigens		
	cēterī, ae, a	die übrigen		
10	captīvus, a, um	(kriegs)gefangen	captive	le captif
	pecūnia, ae, *f.*	Geld, Vermögen	*impecunious*	
	necessārius, a, um	notwendig; verwandt	necessary	nécessaire
	sūmere, ō	nehmen	to consume	consommer
	proximus, a, um	der nächste, letzte	*proximity*	prochain
15	*fessus, a, um	erschöpft, müde		
	cum . . . tum	sowohl . . . als auch (besonders)		
	praefectus, ī, *m.*	Befehlshaber; Statthalter	prefect	le préfet
	vincere, ō	siegen, besiegen		vaincre
	ūtī *(inf.) b. Abl.*	gebrauchen, ausnutzen	to use	user
20	nescīre, iō	nicht wissen		
	revocāre	zurückrufen	to revoke	révoquer
	māiōr, ōris	größer, älter; *pl.* (Subst.)	major	majeur
	maiores, um	Vorfahren		
	trādere, ō	übergeben, überliefern	*tradition*	*la tradition*
25	gerere, ō	führen, ausführen	*belligerant*	gérer
	*puerulus, ī, *m.*	kleiner Junge	*puerile*	
	recūsāre	ablehnen, sich weigern	*recusant*	récuser
	adversus *b. Akk*	gegen	*adversary*	*l'adversaire*
	adversus, a, um	feindlich		
30	hospitium, ī, *n.*	Gastfreundschaft, Herberge	*hotel*	l'hospice
	multitūdō, inis, *f.*	Menge, Übermacht	*multitude*	la multitude
	circumstāre	umgeben, umringen	*circumstance*	
	liberāre	befreien	to liberate	libérer
	cūra, ae, *f.*	Sorge		
35	exitus, ūs, *m.*	Ende, Ausgang, Tod	exit	

Erkläre: approximativ — Extrablatt — Hospiz — Majorität — pekuniär — Portal — Tradition — Usus!

Präsensstammgruppe des Konjunktivs: kons., ī- und ĭ-Konjugation (§ 32)

Aktiv			Passiv	
Präsens	reg -a-m	ich möge leiten	reg -a-r	ich möge geleitet werden
	audi-a-m	ich möge hören	audi-a-r	ich möge gehört werden
	capi-a-m	ich möge fassen	capi-a-r	ich möge gefaßt werden
Imperfekt	reg-e-re -m	ich würde leiten	reg-e-re-r	ich würde geleitet werden
	audī-re -m	ich würde hören	audī-re- r	ich würde gehört werden
	cape-re -m	ich würde fassen	cape-re- r	ich würde gefaßt werden

Kons. Konjugation		ī-Konjugation		ĭ-Konjugation	
Aktiv	**Passiv**	**Aktiv**	**Passiv**	**Aktiv**	**Passiv**
reg-a-m	reg-a-r	audi-a-m	audi-a-r	capi-a-m	capi-a-r
reg-ā-s	reg-ā-ris	audi-ā-s	audi-ā-ris	capi-ā-s	capi-ā-ris
reg-a-t	reg-ā-tur	audi-a-t	audi-ā-tur	capi-a-t	capi-ā-tur
reg-ā-mus	reg-ā-mur	audi-ā-mus	audi-ā-mur	capi-ā-mus	capi-ā-mur
reg-ā-tis	reg-ā-minī	audi-ā-tis	audi-ā-minī	capi-ā-tis	capi-ā-minī
reg-a-nt	reg-a-ntur	audi-ā-nt	audi-a-ntur	capi-a-nt	capi-a-ntur
reg-e-re-m	reg-e-re-r	audī-re-m	audī-re-r	cape-re-m	cape-re-r
reg-e-rē-s	reg-e-rē-ris	audī-rē-s	audī-rē-ris	cape-rē-s	cape-rē-ris
reg-e-re-t	reg-e-rē-tur	audī-re-t	audī-rē-tur	cape-re-t	cape-rē-tur
reg-e-rē-mus	reg-e-rē-mur	audī-rē-mus	audī-rē-mur	cape-rē-mus	cape-rē-mur
reg-e-rē-tis	reg-e-rē-minī	audī-rē-tis	audī-rē-minī	cape-rē-tis	cape-rē-minī
reg-e-re-nt	reg-e-re-ntur	audī-re-nt	audī-re-ntur	cape-re-nt	cape-re-ntur

1. Im Präsens Konjunktiv bleibt in allen Personen der Themavokal -a- erhalten (vergleiche aber das Futur: reg-a-m, reg-ē-s usw.).
2. Im Imperfekt Konjunktiv gilt bei allen Verben (einschließlich der verba anomala) folgende Regel: Infinitiv + Endung: regere + m; audīre + m; capere + m usw.

cum (§ 102)

Bedeutungen von cum:

1. Präposition beim Ablativ: mit
2. Konjunktion beim Indikativ: als (temporal) | wenn (iterativ)
   beim Konjunktiv: als (historicum) | weil (causale)
   während (adversativ) | obgleich (concessiv)
3. cum ... tum sowohl ... als auch besonders: cum Italiam, tum Graeciam amo!

1. Setze
in den Konjunktiv des Präsens und des Imperfekts:

petimus — terremur — salutamini — scit — cupis — mittuntur — oratur — facit!
Der Themavokal für den Konjunktiv des Präsens ist in der Regel -a: deleam, regam, audiam, capiam. Aus welchem Grunde hat die a-Konjugation den Themavokal -e?

Bilde die entsprechenden Formen des Passivs:
ducant — diceret — caedat — mitterem — ostendamus — vinceretis — sepeliunt!
Bestimme die Infinitive des Passivs aus folgenden Wörtern:
peti — hosti — mari — spei — quaeri — ventri — morti — dici — voci — patri — sui — mitti — saluti — capi — felici — plebi — seni — caedi — ostendi — sumi!

Ersetze durch capere:
expugnarem — expugnabas — expugnet — expugnabamus — expugnaremus — expugnatur — expugnetur — expugnabitur — expugnabatur — expugnabuntur!

2. Unterscheide
die Bedeutungen von „cum":

Fortuna cum in omnibus rebus, tum in periculis multum potest. Cum legiones Romanae appropinquabant, iam castra moverat Hannibal. Cum tribunus militum suos venire iubebat, non libenter veniebant. Cum hostes urbem occupavissent, incolae timuerunt. Cum civitas civibus fortibus et prudentibus honores habeat, iidem cives eos non petunt. Cum milites quieti se dare cupiant, imperator eos laborare iubet. Pater cum filiis urbem antiquam et celebrem visitaturus est.
Bilde je einen Satz mit dem cum temporale, cum iterativum, cum historicum, cum causale, cum adversativum, cum concessivum!

Wodurch unterscheiden sich die kopulativen Konjunktionen et . . . et und cum . . . tum.

3. Wortkunde:

Mit Hilfe der Suffixe -lus, -olus, -ulus, -ellus bildet man die Deminutiva (Verkleinerungswörter):
filius — filiolus; filia — filiola; liber — libellus; navis — navicula; rex — regulus; parvus — parvulus; puella — puellula; puer — puerulus.

4. Historia magistra vitae?

In Karthago herrschte bei Ausbruch des Zweiten Punischen Krieges fast allgemein große Kriegsbegeisterung. Diese wich im Laufe der Jahre immer mehr der Resignation und Opposition. Wie ist dieser Wandel zu erklären?
Glaubst du, daß man aus der Geschichte lernen kann: historia magistra vitae?

Stammformen: Verben der konsonantischen Konjugation

regere	regō	rēxī	rēctum	richten, lenken
dīcere	dīcō	dīxī	dictum	sagen, sprechen
dūcere	dūcō	dūxī	ductum	führen; meinen
lūdere	lūdō	lūsī	lūsum	spielen, verspotten
mittere	mittō	mīsī	missum	schicken, senden
gerere	gerō	gessī	gestum	führen, ausführen
petere	petō	petīvī	petītum	zu erreichen suchen; bitten
quaerere	quaerō	quaesīvī	quaesītum	zu erfahren suchen; fragen
agere	agō	ēgī	āctum	treiben, tun, handeln
sīdere	sīdō	sēdī	sessum	sich setzen
relinquere	relinquō	relīquī	relictum	zurücklassen, verlassen
vincere	vincō	vīcī	victum	siegen, besiegen
dēdere	dēdō	dēdidī	dēditum	übergeben, ergeben
trādere	trādō	trādidī	trāditum	übergeben, überliefern
condere	condō	condidī	conditum	gründen, bauen
ascendere	ascendō	ascendī	ascēnsum	hinaufsteigen
dēscendere	dēscendō	dēscendī	dēscēnsum	hinabsteigen
dēfendere	dēfendō	dēfendī	dēfēnsum	verteidigen
sistere	sistō	stetī	—	anhalten; sich stellen

Stammformen: Verben der ī-Konjugation

audīre	audiō	audīvī	audītum	hören

So bilden die meisten Verben der ī-Konjugation ihre Stammformen, aber z. B.

venīre	veniō	vēnī	ventum	kommen
sepelīre	sepeliō	sepelīvi	sepultum	begraben

Stammformen: Verben der ĭ-Konjugation

capere	capiō	cēpī	captum	fassen, ergreifen
accipere	accipiō	accēpī	acceptum	annehmen, empfangen
incipere	incipiō	*coepī*	inceptum	anfangen, beginnen
facere	faciō	fēcī	factum	machen, tun; machen zu
afficere	afficiō	affēcī	affectum	antun, versehen mit
rapere	rapiō	rapuī	raptum	raffen, rauben
eripere	eripiō	eripuī	ereptum	entreißen, befreien
diripere	diripiō	diripuī	direptum	plündern

Erkläre: Affekt — Aktion — Defensive — Geste — Missionar — Petition — Session — Regent — Relikt — Tradition!

Ein ungewöhnlicher Kriegsplan

Täglich kamen die feindlichen Bomber und öffneten über der Hauptstadt Sauromatiens ihre Bombenschächte. Täglich starteten die eigenen Geschwader, um ihre Bombenlast über der Hauptstadt des Feindes abzuladen. Es war wie ein großes Handelsgeschäft, Export und Import von Sprengstoff en gros, ein Warenaustausch, der wie am Schnürchen klappte.

Indessen, man hätte noch weit mehr Bomben zum Feind transportieren können, wenn nur nicht die lange Anflugstrecke gewesen wäre. Kriegsminister Zantrop hatte einen Einfall. Eines Tages ließ er sich beim Ministerpräsidenten zum Vortrag melden. „Wenn der Anmarschweg für unsere Bomber wegfiele," so begann er, „ließen sich dann nicht mehr Bomben laden anstelle des Betriebsstoffes?" „Zweifellos", sagte der Ministerpräsident.

„Und könnten die Maschinen dann nicht öfter aufsteigen, wodurch wiederum die Masse der auf den Feind abgeworfenen Bomben erhöht werden könnte?"

„Auch das", antwortete der Ministerpräsident, „aber ich weiß nicht, worauf Sie hinauswollen."

„Sie werden es gleich sehen," sagte der Kriegsminister. „Ich schlage vor, mit der makabresischen Regierung ein Abkommen zu treffen, das die lästigen Anmarschwege überflüssig machen wird, mit einem Wort, jeder wirft seine eigenen Bomben über seinen eigenen Städten ab, statt sie, wie bisher, mühsam durch die Luft bis ins feindliche Gebiet zu schleppen. Bombenlast, Art des Sprengstoffes und so weiter können vertraglich festgelegt werden."

Der Ministerpräsident sprang auf. „Das ist eine Idee!" rief er und schlug sich auf den Oberschenkel. „Daß das Einfachste immer das Genialste ist! Sie sind ein großer Mann, Herr Kriegsminister, ich verleihe Ihnen den Eisernen Weckmann erster Klasse und das Recht, den Waffenrock aufgeknöpft zu tragen. Die Zahl der zerstörten Wohnungen nach einem Angriff wird von zehn- auf dreißigtausend steigen. Welch ein Fortschritt!"

Makarabien ging bereitwillig auf den Vorschlag ein. Kaum war das Abkommen unterzeichnet, wickelte sich alles ab wie ein bargeldloser Zahlungsverkehr. Gewissenhaft verzeichneten die Kriegsministerien die Gewichte der gelösten Bombenlast, um sie durch Funk an den Feind zu melden, der seinerseits wieder die von ihm drüben geleistete Arbeit herüberfunkte. Das neue Verfahren beschleunigte die Kriegführung und verkürzte die Kriegsdauer derart, daß schon wenige Monate nach Unterzeichnung des Abkommens der Krieg zu Ende war. Es war nichts mehr zu tun, es war alles kaputt.

H. Holthaus

A

Der Dank des Vaterlandes

1. Philosophus quidam nobilis omnes, qui patriam rexerint, defenderint, adiuverint, auxerint, certum in caelo locum habitaturos esse dixit. 2. Sed satis saepe cives viros, qui patriae et civitati virtute animoque serviverunt, non honoribus, sed iniuriis affecisse iterum iterumque audivimus.
3. Duo Petilii fratres, tribuni plebis, P. Scipionem pecuniae captae accusaverunt. 4. Quem, ut mollibus condicionibus pacem faceret, ab Antiocho rege victo magnam pecuniae summam accepisse dixerunt. 5. Ubi dies causae venit, tribuni prima luce in foro consederunt. 6. Scipio per multitudinem, quae convenerat, in medium forum meavit manuque silentium fecit: „Hoc," inquit, „die, tribuni plebis vosque Quirites, Hannibalem imperio vestro inimicum in terra Africa vici et fugavi: hostibus victoriam eripui, hostium castra cepi. 7. Ita deorum auxilio Carthaginienses steteram finemque belli feceram. 8. Antequam dei me ad vos miserunt, ab Hannibale saepe fugati estis. 9. Non dubium est, quin deorum auxilio hostes vicerim. 10. Tum magnis honoribus me affecistis, quod Iuppiter ipse me misisset, ut vos ex periculo servarem." 11. Re vera nemo fere dubitavit, quin Scipio res a se gestas deorum auxilio gessisset; quin etiam eum ipsum deis natum esse multis persuasum erat. 12. Tum Scipio ex tribunis quaesivit, ubi iis temporibus fuissent. Num legionem duxissent. 13. „Nescio," inquit, „utrum quodam bello viceritis an quosdam hostes clade affeceritis." 14. Et populo: „Simulatque in Capitolium ascenderitis, una deis gratias agemus." 15. Quod cum dixisset, magna cum multitudine in Capitolium ascendere coepit, priusquam tribuni respondere possent. 16. Deinde Scipio non in Capitolio solum, sed etiam per totam urbem omnibus in templis cum populo Romano deis gratias egit: tribunos in foro reliquit. 17. Memorabilis dies fuit, cuius Romani diu memores erant.

Der Tod des Scipio

Post eum diem silentium de Africano fuit. Vitam ruri egit sine desiderio urbis. Philosophiae et Graecis litteris studuit, sed barbam longam, philosophorum signum, non habuit. Ruri eo ipso loco se sepeliri sibique monumentum aedificari iussit, ne funus sibi in urbe parum grata pararetur, ut Livius rerum scriptor tradidit. P. Cornelius Scipio Africanus maior eodem anno quo Hannibal mortuus esse dicitur (183). Vir haud ignobilis fuit, cum pacis artibus tum rebus bellicis memorabilis.

Ínvení portúm: spes ét fortúna valéte!
Sát me lúsistís. Lúdite núnc aliós!

Latein	Deutsch	Englisch	Französisch
antequam priusquam	eher als, bevor		
philosophus, ī, *m.*	Philosoph	philosopher	le philosophe
philosophia, ae, *f.*	Philosophie	philosophy	la philosophie
certus, a, um	bestimmt, sicher	certain	certain
frater, tris, *m.*	Bruder	*fraternity*	le frère
accusāre	anklagen	to accuse	accuser
mollis, e	weich, mild	*to mollify*	mou
condiciō, ōnis, *f.*	Bedingung, Lage	condition	la condition
summa, ae, *f.*	*Summe;* Hauptsache	sum	la somme
causa, ae, *f.*	hier: Prozeß	case	la cause
lūx, lūcis, *f.*	Licht, Helligkeit	*lucid*	la lueur, *lucide*
cōnsīdere, ō	sich niederlassen		
convenīre, iō	zusammenkommen, treffen	to convene	convenir
silentium, ī, *n.*	Schweigen	silence	le silence
Quirītes, ium	Bürger Roms		
quīn etiam	ja sogar		
grātiās agere	Dank sagen	*gratitude*	
memorābilis, e	denkwürdig	memorable	mémorable
rūrī	auf dem Lande	rural	rural
dēsīderium, ī, *n.*	Verlangen	desire	le désir
litterae, ārum, *f.*	Brief; Wissenschaft	literature	les lettres
*barba, ae, *f.*	*Bart*	beard	la barbe
sīgnum, ī, *n.*	Zeichen, Feldzeichen	sign	le signe
monumentum	Denkmal, Grab	monument	monument
fūnus, eris, *n.*	Begräbnis	funeral	les funérailles
parum *(adv.)*	zu wenig		
grātus, a, um	angenehm, dankbar; willkommen	grateful	
scrīptōr, ōris, *m.*	*Schrift*steller	*script*	l'écrivain
rērum scrīptōr	Geschichtsschreiber		
haud	nicht		
ignōbilis, e	gewöhnlich		ignoble
ars, artis, *f.*	Kunst, Eigenschaft	art	l'art
invenīre, iō	finden	to invent	inventer

Erkläre: Artist — Barbier — Fraternisierung — Inventur — Kondition — Konvention — Letter — Moll — Signal!

Perfektstammgruppe: Aktiv der kons., der ī- und i-Konjugation (§ 33)

Infinitiv Perfekt:

rēx-
audīv- } isse geleitet, gehört, genommen haben
cēp-

Perfekt Indikativ:

rēx-
audīv- } ī, -istī, -it, -imus, -istis, -ērunt
cēp- } ich habe geleitet, gehört, genommen; du hast geleitet ...

Perfekt Konjunktiv:

rēx-
audīv- } erim, -eris, -erit, -erimus, -eritis, -erint
cēp- } ich habe geleitet, gehört, genommen; du habest geleitet ...

Plusquamperfekt Indikativ:

rēx-
audīv- } eram, -erās, -erat, -erāmus, -erātis, -erant
cēp- } ich hatte geleitet, gehört, genommen; du hattest geleitet ...

Plusquamperfekt Konjunktiv:

rēx-
audīv- } issem, -issēs, -isset, -issēmus, -issētis, -issent
cēp- } ich hätte geleitet, gehört, genommen; du hättest geleitet ...

Futur II Indikativ:

rēx-
audīv- } erō, -eris, -erit, -erimus, -eritis, -erint
cēp- } ich werde geleitet, gehört, genommen haben; du wirst geleitet haben ...

1. Die Formen des Perfektstammes Aktiv werden gebildet, indem man an den Perfektstamm die jeweiligen Personalendungen anhängt (vgl. laudāv-ī).
2. Der Perfektstamm des Aktivs weicht vom Präsensstamm ab (vgl. laudā; laudāv). Neben der Erweiterung durch v oder u finden sich vor allem Erweiterungen durch s (scrib-ō; scrips-ī), Reduplikation (curr-ō; cucurr-ī) und Dehnung des Stammvokals (veni-ō; vēn-ī). Vergleiche dazu im einzelnen die Zusammenstellung der Stammformen!

antequam, priusquam (§ 104)

Die Konjunktionen antequam, priusquam eher als, bevor leiten Temporalsätze ein. Im allgemeinen steht der Indikativ (des erzählenden Perfekts); bei finalem Nebensinn („damit nicht erst = bevor) der Konjunktiv:
Imperator milites pugnare iussit, priusquam hostium socii venirent. Der Befehlshaber ließ seine Truppen kämpfen, bevor (damit nicht erst) die Verbündeten der Feinde kämen.

1. Übersetze und bestimme:

reliquero — defendi — dixerint — duxerunt — egeramus — lusissetis — miseratis — eripuissem — tradiderint — ascenderatis — diripuisti!

Ersetze

praeesse durch regere, narrare durch dicere:
praefuerunt — praefuissem — praefueras — praefueris — praefuisse — narravisti — narraverim — narraveramus — narraveras — narraverunt — narravisse!

Was fällt bei einem Vergleich der Formen auf?

Konjugiere:

vici et fugavi — viceram et fugaveram — vicero et fugavero — vicerim et fugaverim — vicissem et fugavissem!

Unterscheide:

servavi — servivi, servaverunt — serviverunt, servavisses — servivisses, servari — serviri, servaveramus — serviveramus, servavero — servivero!

Bilde

von dicere, sepelire, rapere die 2. Person des Singulars und Plurals aller Tempora und Modi der Perfektstammgruppe Aktiv!

2. Übersetze:

Priusquam bellum cum Hannibale gesserunt, legatos de pace in Africam miserunt.
Priusquam tribuni de pecunia capta quaererent, Scipio in Capitolium ascendit.

Erkläre den Moduswechsel in den beiden Nebensätzen!

3. Wortkunde:

Suche gute Übersetzungen für
supplicio afficere — morte afficere — iniuria afficere — maestitia afficere — praemio afficere — vulnere afficere — honore afficere — clade afficere!

4. Beachte:

desiderium urbis: das Verlangen *nach* der Stadt; übersetze ebenso mit Hilfe einer Präposition: ira fratris, iniuria amici, coniuratio rei publicae, officium patriae, spes victoriae, timor poenae, scelus populi!

Warum nennt man diesen Genetiv den objektiven Genetiv (gen. obiectivus)?

Der Schluß von Stück 20B ist ein „elegisches Distichon". Versuche die Verse „Berufswechsel?" des Dichters Martial ebenso zu lesen:

Nuper erat medicus; nunc est vispillo Diaulus:
  Quod vispillo facit, fecerat et medicus.
Neulich war Diaulus Arzt; jetzt ist er ein Leichenbestatter.
  Was er früher getan, leistet er heute auch noch.

Wie beurteilst du das Verhalten des Scipio vor Gericht?

7 Schmeken, Orbis Romanus (10350)

E

Stammformen: Verben der konsonantischen Konjugation

arcessere	arcessō	arcessīvī	arcessītum	herbeiholen
lacessere	lacessō	lacessīvī	lacessītum	reizen
serere	serō	seruī	sertum	reihen, knüpfen
dēserere	dēserō	dēseruī	dēsertum	verlassen
exstinguere	exstinguō	exstīnxī	exstīnctum	auslöschen, vernichten
sūmere	sūmō	sūmpsī	sūmptum	nehmen
legere	legō	lēgī	lēctum	lesen, sammeln
neglegere	neglegō	neglexi	neglēctum	vernachlässigen
cadere	cadō	cécĭdī	cāsum	fallen
occĭdere	óccĭdō	óccĭdī	occāsum	niederfallen, untergehen
caedere	caedō	cecīdī	caesum	fällen
occīdere	occīdō	occīdī	occīsum	niederhauen, töten
parcere	parcō	pepercī	<temperātum>	*Schonung gewähren;* schonen
tangere	tangō	tetigī	tāctum	berühren
contingere	contingit	cóntigit		gelingen *(unpersönlich)*
tendere	tendō	tetendī	tentum	spannen, ausstrecken
ostendere	ostendō	ostendī	ostentum	zeigen
accendere	accendō	accendī	accēnsum	anzünden, entflammen
incendere	incendō	incendī	incēnsum	anzünden, entflammen

Stammformen: Verben der ĭ-Konjugation

cupere	cupiō	cupīvī	cupītum	wünschen
aspicere	aspiciō	aspēxī	aspectum	anblicken
iacere	iaciō	iēcī	iactum	werfen
subicere	subiciō	subiēcī	subiectum	unterwerfen
trāicere	trāiciō	trāiēcī	trāiectum	übersetzen *(trans.)*
parere	pariō	peperī	partum	gebären, gewinnen
fugere	fugiō	fūgī	<fugitūrus>	meiden, fliehen

Erkläre: Aspekt — Deserteur — Lektion — Okzident — ostentativ — Tango — Tangente — Trajekt!

Die gute alte Zeit

Andere mag sie beglücken, die Vorzeit — ich weiß mich glücklich,
heute zu sein: unsere Zeit füget sich ganz meinem Sinn!
Bildung herrscht jetzt, Kultur, die rohen Sitten verschwanden,
blieben als Eigentum unseren Ahnen zurück . . .
Mädchen, wählet nicht Kleider, die wuchten von goldenem Stickwerk:
oftmals verscheucht nur den Mann, was seiner Lockung doch galt.
Sauberkeit ist es, die reizt; ein Haar, das nicht sinnlos frisiert ist:
je nach Kunst und Geschmack leihst du ihm eigenen Reiz.
Wählet nicht *eine* Frisur: was einer persönlich wohl ansteht,
dafür entscheide sie sich, wie es der Spiegel ihr rät.
Einem ovalen Gesicht steht gut der einfache Scheitel,
aber ist's rundlich geformt, fordert es über der Stirn
einen Knoten aus Haar, und frei sollen bleiben die Ohren.
Wieder andern jedoch walle zur Brust ihr Gelock,
oder sie mögen es tragen im Nacken zum Knoten geschlungen;
andere kleidet es wohl, wenn es in Wellen sich legt.
Sehr gut macht sich auch scheinbare Lässigkeit manchmal;
denkst du, von gestern her steh eine Frisur, die doch neu.
Kunst, sie gleiche dem Zufall . . .

Ovid, ars amatoria

A

Karthagos Untergang

1. Carthaginienses bello secundo Punico victi, quamquam condiciones pacis magna cum diligentia servaverant, a victoribus iterum iterumque ad bellum lacessiti sunt. 2. Quamvis a Masinissa, Numidiae rege Romanis amico, iniuriis affecti essent, Romani adversus subiectos Masinissae socii facinora probaverunt. 3. Dubium non est, quin a Carthaginiensibus Romani in Africam arcessiti sint, a quibus Masinissae facinora neglecta sunt. 4. Cato maior, qui Carthaginem studio ac labore civium opibus et divitiis florere audiverat, invidia adductus in senatu dicere solebat: „Si Carthago, aemula imperii nostri, exstincta et deleta erit, cuncta maria terraeque nobis solis patebunt." 5. Quamquam nonnulli non sine gravi causa contra dixerunt, magna classis Romana in Africam appulsa est. 6. Ita multos milites traiectos esse apparet. 7. Quamvis Carthaginienses magno timore affecti essent, obsides dati, naves incensae, arma tradita sunt, ut Romani iusserant. 8. Cum Carthaginiensibus neque naves neque arma essent, cives ex urbe migrare et urbem novam alio loco a mari remoto condere iussi sunt. 9. Quod ubi auditum est, omnes Carthaginienses Romanis maledixerunt bellique fortunam temptaverunt. 10. Sed quamvis viri, feminae, pueri, puellae, senes simul operi instarent, Scipioni minori contigit, ut urbem expugnaret. 11. Quamquam Scipio ipse urbem servare incolisque parcere in animo habuit, urbs, quae duos annos magna cum fortitudine defensa erat, a militibus feris iussu senatus igni exstincta est. 12. Hasdrubalis uxor exclamavisse dicitur: „Nescio, qua de causa a deis deserti simus." 13. Deinde de tecto templi incensi, in quod fugerat, una cum liberis suis in flammas se praecipitavit, ne in hostium potestatem veniret. 14. Scipio fati futuri patriae suae memor lacrimavisse et Homeri versus dixisse traditur:

„Súmma diés veniét, qua cóncidat Ilios álta
Ét Priamús Priamíque ruát gens ármipoténtis."

Das Epochenjahr 146

Eodem anno, quo Carthago exstincta et deleta est, etiam Corinthum, Graecorum urbem celebrem, a L. Mummio captam esse nemo est, quin sciat. Qui, cum tam praeclaram urbem vi et copiis cepisset, putavit ad laudem populi Romani hoc pertinere hanc pulchritudinem, quamvis ex ea periculi nihil ostenderetur, delere; itaque aedificiis neque publicis neque privatis pepercit: Corinthus in ruinas mutata est. Urbs ipsa direpta est, multa milia virorum a feris victoribus interfecti, feminae in servitutem abductae sunt. Ita tota Graecia populi Romani provincia facta erat.
Postquam uno anno duo bella gravia confecta sunt, Roma domina orbis terrarum fuit: incolae parvi oppidi in Latio siti multos et magnos populos vicerant (146 a. Chr. n.).

	Latein	Deutsch	Englisch	Französisch
	quamquam *b. Indikativ* quamvīs *b. Konjunktiv*	obgleich, obwohl		quoique
	secundus, a, um	der zweite, günstig	second	second
	dīligentia, ae, *f.*	Sorgfalt	diligence	la diligence
5	invidia, ae, *f.*	Neid, Haß	envy	l'envie
	addūcere, ō	*heranführen;* veranlassen	to adduce	
	*aemula, ae, *f.*	Konkurrentin	*to emulate*	*l'émulation*
	cunctus, a, um	ganz; *pl.* alle		
	sōlus, a, um	allein		seul
10	appulsus, a, um	angetrieben, gelandet		
	remōtus, a, um	entfernt	remote	*remuer*
	maledīcere *b. Dativ*	beschimpfen, verwünschen		médire
	temptāre	versuchen	*to tempt*	tenter
	opus, eris, n.	Werk, Arbeit		l'œuvre
15	īnstāre	darauf bestehen, eifrig betreiben		
	fortitūdō, inis, *f.*	Tapferkeit	fortitude	
	ferus, a, um	wild, grausam, trotzig		
	iussū *(Abl.)*	auf Befehl		
	ignis, is, *m.*	Feuer	*to ignite*	
20	lacrimāre	weinen		
	versus, sūs, *m.*	Reihe, *Vers*	verse	le vers
	summus, a, um	*hier:* der letzte		
	concĭdere, ō	zusammenfallen	to coincide	coïncider
	altus, a, um	hoch, tief	*altitude*	haut
25	ruere, ō	stürzen, eilen	*to rush*	
	*armipotēns, tis	waffengewaltig, kriegstüchtig		
	clārus, a, um	*klar,* berühmt	clear	clair
	praeclārus, a, um	sehr berühmt		
	laus, laudis, *f.*	Lob		
30	pertinēre (ad)	sich beziehen (auf)	*to pertain to*	
	pulchritūdō, inis, *f.*	Schönheit		
	nihil	nichts	*nihilism*	
	publicus, a, um	öffentlich	public	public
	privātus, a, um	persönlich, privat	private	privé
35	abdūcere, ō	wegführen	to abduct	
	servitūs, ūtis, *f.*	Sklaverei	servitude	la servitude
	cōnficere, iō perficere, iō	zustandebringen, vollenden; aufreiben	perfect	*parfait*

Erkläre: Konfektion — Nihilist — Republik — Perfektion — Solo — Solist — Privatmann!

C

Perfektstammgruppe: Passiv der kons., der ī- und i-Konjugation (§ 33)

Infinitiv Perfekt:

rēctum, -am, -um, -ōs, -ās, -a esse
audītum, -am, -um, -ōs, -ās, -a esse geleitet, gehört, genommen worden sein ...
captum, -am, -um, -ōs, -ās, -a esse

Perfekt Indikativ:

rēctus, a, um	sum	rēctī, ae, a	sumus	
audītus, a, um	es	audītī, ae, a	estis	ich bin geleitet, gehört, ge-
captus, a, um	est	captī, ae, a	sunt	nommen worden ...

Perfekt Konjunktiv:

rēctus, a, um	sim	rēctī, ae, a	sīmus	
audītus, a, um	sīs	audītī, ae, a	sītis	ich sei geleitet, gehört, ge-
captus, a, um	sit	captī ae, a	sint	nommen worden ...

Plusquamperfekt Indikativ:

rēctus, a, um	eram	rēctī, ae, a	erāmus	
audītus, a, um	erās	audītī, ae, a	erātis	ich war geleitet, gehört,
captus, a, um	erat	captī, ae, a	erant	genommen worden ...

Plusquamperfekt Konjunktiv:

rēctus, a, um	essem	rēctī, ae, a	essēmus	
audītus, a, um	essēs	audītī, ae, a	essētis	ich wäre geleitet, gehört,
captus, a, um	esset	captī, ae, a	essent	genommen worden ...

Futur II Indikativ:

rēctus, a, um	erō	rēctī, ae, a	erimus	
audītus, a, um	eris	audītī, ae, a	eritis	ich werde geleitet, gehört,
captus, a, um	erit	captī, ae, a	erunt	genommen worden sein ...

1. In der Perfektstammgruppe des Passivs werden die Formen aus dem Partizip Perfekt Passiv und Formen von esse gebildet (vgl. ich bin gehört *worden*).
2. Das Partizip Perfekt endet meist auf -tus, manchmal auf -sus: lauda-tus; mis-sus. Vergleiche dazu im einzelnen die Stammformen!

quamquam, quamvis (§ 105)

quamquam mit dem Indikativ } obgleich, obwohl.
quamvīs mit dem Konjunktiv }

Diese Konjunktionen leiten ebenso wie das cum concessivum (vgl. Stück 19!) Konzessivsätze ein.

1. Übersetze:

victi sunt — lacessitus sum — subiecti essemus — arcessiti sitis — neglectum erit — exstincta erat — dictum est — traiecti estis — traditum est — capta es!

Bilde die entsprechenden Formen des Aktivs!

Vergleiche:

laudatus sum — deletus sum — rectus sum — auditus sum — captus sum!
Wie werden die Formen des Perfektstammes Passiv aller Konjugationen gebildet?

2. Ergänze:

Carthaginienses, quamquam a populis finitimis .... pacem servaverunt.
lacessere,
Romani, quamvis a Carthaginiensibus .... facta finitimorum probaverunt.
arcessere,

Bei folgendem Hexameter ist die Reihenfolge der Wörter vertauscht worden. Ordne die Wörter so, daß ein sinnvoller Satz entsteht. Es handelt sich um einen Ovidvers über die Frösche: Quamvis aqua sub aqua temptant maledicere sint.

3. Wortkunde:

Die vom Perfektstamm des Passivs abgeleiteten Verben auf -tare, -sare bezeichnen die Verstärkung oder die Wiederholung einer Handlung (verba intensiva oder frequentativa), z. B. clamare schreien; clamitare laut schreien, wiederholt rufen.

Was bedeuten:

agere — agitāre; capere — captāre; imperāre — imperitāre; ostendere — ostentāre?

4. Hendiadyoin:

Dēlēre et exstinguere (zerstören und zerstören) = völlig zerstören; ebenso āmāre et dīligere (lieben und lieben) = innig lieben.
Daß man denselben Tatbestand durch synonyme Wörter ausdrückt, kommt im Lateinischen oft vor: Hendiadyoin (ἓν διὰ δυοῖν = eins durch zwei). Erkläre den Namen!

5. Silbenrätsel:

Bilde aus folgenden Silben 24 lateinische Wörter mit folgenden Bedeutungen:

a — a — an — au — bel — bis — bo — bor — ca — cu — cu — for — hi — ho — i — i — la — li — lum — lum — lus — ma — men — na — na — nis — no — nor — num — num — nus — nus — nus — o — o — or — pa — pe — qua — ra — reg — ri — ri — rum — ser — sto — tas — tec — ter — ter — ti — tu — tum — u — vis — vus.

1. Krieg 2. Jahr 3. Königsherrschaft 4. Gut 5. Gold 6. Schiff 7. Last 8. Name 9. Glück 10. Wasser 11. Hund 12. Zorn 13. Dach 14. Vater 15. Ehre 16. Marsch 17. Arbeit 18. Kreis 19. Sklave 20. Auge 21. Gefahr 22. Geschichte 23. Nutzen 24. Hand.

Die Anfangsbuchstaben der 24 Wörter ergeben ein bekanntes Zitat.

E

Stammformen: Verben der konsonantischen Konjugation

cernere	cernō	crēvī	crētum	wahrnehmen, sehen
dēcernere	dēcernō	dēcrēvī	dēcrētum	beschließen
sinere	sinō	sīv*ī*	situm	lassen, zulassen
dēsinere	dēsinō	desi*ī*	dēsitum	ablassen, aufhören
alere	alō	aluī	altum	ernähren, unterhalten
colere	colō	coluī	cultum	bebauen, pflegen, verehren
cōnsulere	cōnsulō	cōnsuluī	cōnsultum	*b. Akk.* um Rat fragen *b. Dat.* sorgen für
gignere	gignō	genuī	genitum	hervorbringen, zeugen
occulere	occulō	occuluī	occultum	verbergen
pōnere	pōnō	posuī	positum	setzen, stellen, legen
scrībere	scrībō	scrīpsī	scriptum	schreiben
emere	emō	ēmī	emptum	kaufen
frangere	frangō	frēgī	frāctum	brechen, zerbrechen *(tr.)*
dēligere	dēligō	dēlēgī	dēlēctum	auswählen
dīligere	dīligō	dīlēxī	dīlēctum	lieben
fundere	fundō	fūdī	fūsum	ausgießen, vertreiben
rumpere	rumpō	rūpī	ruptum	brechen, zerbrechen *(tr.)*
corrumpere	corrumpō	corrūpī	corruptum	verderben, bestechen
crēdere	crēdō	crēdidī	crēditum	glauben
perdere	perdō	perdidī	perditum	verlieren, verderben
crēscere	crēscō	crēvī	crētum	wachsen
nōscere	nōscō	nōvī	nōtum	kennenlernen
īgnōscere	īgnōsco	īgnōvī	īgnōtum	verzeihen
cōgnōscere	cōgnōsco	cōgnōvī	cógn*it*um	erkennen

Erkläre: Crescendo — Dekret — diffus — Fraktur — Fusion — Konsultation — Korruption — Kredit — Kult — Manuskript — Okkultismus — Position!

Antiautoritäre Erziehung im Altertum

Sohn: Wie lieblich ist es, neuer Kunst und Wissenschaft sich weihen,
Bestehendem Recht und Vorurteil freidenkend sich entreißen.
Denn jetzt, seit ich, von vielem Kram von Sokrates befreit bin,
Jetzt werd' ich zeigen, daß mit Recht der Sohn den Vater strafe.
Vater: Reit nur und fahr, soviel du willst; viel besser, scheint mir's, fahr ich,
Wenn ich dir zwei Vierspänner halt', als wenn ich mich tot laß schlagen.
Sohn: Du zogst von meinem Satz mich ab; ich nehm ihn auf und frage
Demnach zuerst dich, ob du mich geschlagen hast als Knaben?
Vater: Jawohl, und zwar aus reiner Sorg' und Liebe.
Sohn: Also, Lieber,
Ist's nicht gerecht, daß ich denn auch die Liebe dir mit Hieben
Erwidre, da dir reine Liebe dieses ist, zu prügeln?
Weswegen soll dein Leib denn auch gefeit sein gegen Hiebe
Und meiner nicht? War ich doch frei wie du, schon in der Wiege.
„Es heult das arme Kind; der Vater sollt' es nicht?"
Nun wirst du sagen, *üblich* sei dergleichen nur bei Kindern.
Ich sage drauf: man nennt mit Recht die Alten doppelt Kinder.
Und billig werden Alte mehr gezüchtigt als die Jüngern.
Vater: Es ist doch aber nirgends *Brauch*, so umzugehen mit den Vätern!
Sohn: Ist der, der aufgebracht den alten Brauch, nicht auch ein Mensch gewesen
Wie du und ich? und mußt' er nicht mit Gründen ihn empfehlen?
Wär's mir denn nicht für künftige Zeit erlaubt, in Brauch zu setzen,
Daß seinem Vater jeder Sohn die Schläge wiedergebe?
Denn sieh einmal die Hähne an und sonst dergleichen Wesen,
Die schenken ihren Vätern nichts; und doch, was haben jene
Und wir Verschiedenes, außer daß sie keine Reden schreiben?
Vater: Warum, wenn du den Hähnen doch in allen Dingen nacheiferst,
Warum denn frißt du keinen Mist und schläfst nicht auf der Leiter?

Aristophanes, Wolken

A

Brief an einen Statthalter

1. Memento te missum esse in illam veram Graeciam, in qua primum humanitas et litterae inventae esse creduntur, missum ad homines maxime homines, ad liberos maxime liberos, qui ius a natura datum virtute, amicitia, fide, religione tenuere. 2. Scitote hanc terram nobis non solum iura misisse, sed etiam leges non victis, sed victoribus dedisse. 3. Plato, ille princeps sapientiae et doctrinae, tum denique fore beatas res publicas putavit, si aut docti ac sapientes homines eas regere coepissent aut ii, qui regerent, omne suum studium in doctrina et sapientia collocassent. 4. Athenienses non solum summa fortitudine Persarum multitudinem debellavere, sed eos omnes populos doctrina et omni genere litterarum superasse inter omnes constat. 5. Nonne audistis de illorum Spartiatarum virtute, qui pugna ad Thermopylas commissa pro libertate cecidere? 6. Itaque Graecis dominus bonus ac iustus esto! 7. Memineris te hominem humanum esse! 8. Hominem autem humanum homines diligere, non odisse decet. 9. Te meminisse oportet officii tui, ut saepe audisti, saepe legisti. 10. Itaque scribo tibi, ut te moneam, ne vitiis nomen virtutis imponas. 11. Fac, ne verba mea neglegas! 12. Graeciae artes et litteras laudatote; philosophos et poetas viri docti et eruditi laudanto! 13. Ait clarus poeta Romanus: „Gráecia cápta ferúm victórem cépit. 14. Huius verborum ne neglegentes estote! 15. Si Graecis reliquam libertatem eripias, ab omni humanitate longe absis. Vale!"

Griechenland und Rom

Postquam Romani Carthaginem, aemulam imperii, delevere, luxuria animos multorum civium invadere coepit, quam vir doctus ac sapiens numquam sibi cupit. Quintus fratri: „Dic mihi", inquit, „quid de Graeciae moribus existimes! Fac, ut narres!" Frater: „Scito: Nisi multorum Graecorum litteris mihi ab adulescentia persuasum esset nihil in vita plus valere nisi sapientiam, philosophiae Graecae numquam me dedissem! Meminerimus Romam Graeciam pugnis et bellis vicisse, sed Graeciam Romam doctrina et litteris superasse, quae multis nostrum nulla sunt."
Cato maior, ut ipse in litteris ad Marcum filium datis ait, Graecos oderat: „Viri vere Romani ne philosophi sunto! Romani legibus parento! Consules summum ius habento!" De medicis Graecis Cato filio scribit: „Dicam tibi de istis Graecis, ut res se habet. Si ista gens nobis litteras suas dederit, omnia corrumpet; tum etiam magis, si medicos in Italiam miserit. Coniuravere Graeci inter se necare omnes barbaros medicina. Itaque vetui te consulere medicos Graecos."
Cum philosophi Graeci in Italiam venissent (155), in his Carneades, vir summa sapientia et doctrina, Cato postulavit, ut Graeci statim domum mitterentur, ubi Graecorum liberos docere possent: „Duc omnes tuos in Graeciam; fac, ut domum navigetis! Novi et odi philosophos omniaque, quae ab eis pariuntur. Romani adulescentes legibus et magistratibus parento, sed philosophi leges neglegere et cives corrumpere in animo habent." Itaque Cato censuit, ut Graeci ex urbe expellerentur. Neque vero expulsi sunt: Roma ipsa iam paene urbs Graeca facta est.

	Latein	Deutsch	Englisch	Französisch
	meminisse	sich erinnern	to remember	
	ōdisse	hassen	*odious*	
	nōvisse	kennen, wissen	to know	
	coepisse	begonnen haben	*inception*	
5	ait (ais, aiunt)	er sagte		
	prīmum *(adv.)*	zum ersten Mal		
	maximē *(adv.)*	am meisten	maximal	*le maximum*
	religiō, ōnis, *f.*	Gottesfurcht	religion	la réligion
	doctus, a, um	gelehrt		
10	doctrīna, ae, *f.*	Gelehrsamkeit, Lehre	*doctrine*	la doctrine
	sapiēns, entis	weise		savant
	sapientia, ae, *f.*	Weisheit		
	beātus, a, um	glücklich	*beatitude*	
	collocāre	aufstellen, verwenden		
15	bellāre	Krieg führen	*bellicose*	
	*debellāre	niederkämpfen		
	committere, ō	begehen, beginnen, liefern, anvertrauen, überlassen	to commit	commettre
	impōnere, ō	beilegen, auferlegen	to impose	imposer
	poēta, ae, *m.*	Dichter, *Poet*	poet	le poète
20	ērudīre	erziehen, bilden	*erudite*	*érudit*
	neglegēns, entis	nachlässig	negligent	négligent
	longē *(adv.)*	bei weitem		
	vādere, ō	gehen	*pervade*	*l'évasion*
	invādere, ō	*hier:* befallen	to invade	envahir
25	adulēscēns, entis, *m.*	junger Mann	adolescent	l'adolescent
	adulēscentia, ae, *f.*	Jugend		l'adolescence
	plūs, plūris	mehr	*plural*	plus
	nūllus, a, um	keiner, niemand		nul
	expellere, ō	vertreiben	to expel	
30	neque vērō	aber nicht		
	paene *(adv.)*	fast		

Erkläre: annullieren — doktrinär — Dozent — Kommission — maximal — Null — poetisch — Reminiszenzen — Invasion!

C **Besonderheiten der Konjugation** (§ 34,2)

1. Verkürzte Verbalformen:

   laudāvēre, dēlēvēre, rēxēre, audīvēre, cēpēre statt laudāvērunt, dēlēvērunt usw.
   laudāstī, laudāstis, laudāssem, laudāsse statt laudāvistī, laudāvistis, laudāvissem, laudāvisse;
   audīstī, audīstis, audīssem, audīsse statt audīvistī, audīvistis, audīvissem, audīvisse.

2. Besonderheiten der Imperative (§ 34,3):

   dic! sage! – duc! führe! – fac! mache! – fer! trage! sind abweichende Imperativformen (aus *dice! – *duce! usw.).

   In feierlicher Sprache, in Gesetzen, Regeln gibt es einen Imperativ II (§ 34,4):

estō	du sollst sein!	estōte	ihr sollt sein!
estō	er soll sein!	suntō	sie sollen sein!

   Der Imperativ II steht immer bei

mementō, mementōte!	erinnere dich! erinnert euch!
scītō, scītōte!	wisse! wisset!

3. Unvollständige Verben (verba defectiva) (§ 45):

   a) meminī ich erinnere mich und ōdī ich hasse bilden nur die Formen des Perfektstammes, und zwar in den Bedeutungen der Präsensstammgruppe; coepī ich habe angefangen dient als Perfekt zu incipere anfangen und nōvī ich kenne, ich weiß ist ein präsentisches Perfekt zu nōscere.

   b) inquit sagte er und ait er sagte bilden nur einige Formen, z. B. inquiunt sagen sie, āiunt sie sagen; ferner inquam, āiō; inquis, ais ...

Bedingungssätze (§ 106)

Sī wenn; nisī wenn nicht; sīn (autem) wenn aber; quodsī wenn also; etiamsī wenn auch leiten Bedingungssätze ein, die real, potential oder irreal sein können. Bedingungsgefüge entsprechen im Tempus- und Modusgebrauch den Aussagesätzen (vgl. Stück 10,11!).

Merke besonders: Der Konjunktiv Präsens oder Perfekt bezeichnet ohne Unterschied der Bedeutung den Potentialis.
Sī hoc dīcas, libenter veniat = Sī hoc dīxeris, libenter vēnerit.

Tempus- und Modusgebrauch sonst wie im Deutschen:
Realis = Indikativ aller Tempora;
Irrealis der Gegenwart = Konjunktiv des Imperfekts;
Irrealis der Vergangenheit = Konjunktiv des Plusquamperfekts.

1. Übersetze:

memineratis — odissetis — coeperunt — novero — meministis — oderimus — oderat — delevere — dixere — servasti — clamassem — audissetis — orasse — servistis!

Unterscheide:

memorāre erwähnen, meminisse sich erinnern; parēre gehorchen, parĕre hervorbringen, parcĕre schonen, parāre bereiten!

memorasse — meminisse — meminerunt — memoravere — memorastis — meministis; pareas — parcas — pares — parias — pariuntur — parantur — parcemus — parabimus — pariemus — parebimus — pariamus — pareamus — paremus — parcemus.

Ersetze
folgende Formen des Imperativs I durch den Imperativ II Singular und Plural:
audi — monstra — trade — specta — ora — mone — naviga — habe — defende — es!

2. Erkläre:

den Konjunktiv Praes. in Satz 22,15! Setze den Bedingungssatz in den Konjunktiv Perfekt! Ändert sich dadurch der Sinn des Satzes?
Setze diesen Satz a) in den Realis der Gegenwart, b) in den Irrealis der Gegenwart und der Vergangenheit!

3. Unterscheide:

beatus sum ich bin glücklich; felix sum ich habe Glück. Wo liegt der Unterschied?
Erläutere: Wie kann ein homō maximē homō sein (22,1)?

4. Übersetze durch „nur":

Nihil ago nisi iussus. Nihil valet nisi sapientia. Nihil nobis placet nisi schola.
Non iuvo nisi rogatus. Non navigo nisi aestate. Neminem amo nisi te.

5. Vergilverse:

Tú regere‿ímperió populós, Románe, meménto —
Háe tibi‿erúnt artés — pacíque‿impónere mórem,
Párcere súbiectís et débelláre supérbos.

Versuche diese Verse zu lesen und zu übersetzen! Was sagt dieses Zitat über das Selbstverständnis der Römer aus?
Der römische Staatsmann und Philosoph Cicero, ein begeisterter Humanist, schreibt in einem Brief an den erkrankten Tiro, der von einem griechischen Arzt Lyso behandelt wurde: „Lyso noster timeo, ne neglegens sit; primum, quia omnes Graeci; deinde cum a me litteras accepisset, mihi nullas remisit." remittere zurückschicken
Wo findet die Griechenbegeisterung Ciceros ihre Grenze?

Lies den folgenden Auszug „Thermopylae", und nimm kritisch Stellung zu der Schlußfrage des „sächsischen Humanisten"!

E

Stammformen: Verben der konsonantischen Konjugation

cōgere	cōgō	coēgī	coāctum	zwingen; zusammenziehen
sub*i*gere	subigō	subēgī	subāctum	unterwerfen
surgere	surgō	surrēxī	surrēctum	aufstehen
cōnflīgere	cōnflīgō	cōnflīxī	cōnflīctum	kämpfen
vīvere	vīvō	vīxī	vīctum	leben
iungere	iungō	iūnxī	iūnctum	verbinden
fingere	fingō	fīnxī	fictum	bilden, erdichten
cl*au*dere	claudō	clausī	clausum	schließen
excl*u*dere	exclūdō	exclūsī	exclūsum	ausschließen
dīvidere	dīvidō	dīvīsī	dīvīsum	trennen, teilen, zuteilen
ēvādere	ēvādō	ēvāsī	ēvāsum	entkommen, entrinnen
invādere	invādō	invāsī	invāsum	eindringen, angreifen
laedere	laedō	laesī	laesum	verletzen, kränken
cēdere	cēdō	cessī	cessum	gehen, weichen
premere	premō	pressī	pressum	drücken, bedrängen
oppr*i*mere	opprimō	oppressī	oppressum	unterdrücken, überfallen
contemnere	contemnō	contempsī	contemptum	verachten
currere	currō	*cucurrī*	cursum	laufen, eilen
occurrere	occurrō	occurrī	occursum	entgegenlaufen, begegnen
pendere	pendō	pependī	pēnsum	wägen, zahlen, büßen
pellere	pellō	*pépulī*	pulsum	treiben, vertreiben
appellere	appellō	*áppulī*	appulsum	herantreiben, landen *(tr.)* *pass.*: landen *(intrans.)*
repellere	repellō	*réppulī*	repulsum	zurücktreiben
fluere	fluō	flūxī	—	fließen
discere	discō	didicī	—	lernen
fallere	fallō	fefellī	—	täuschen
poscere	poscō	poposcī	—	fordern

Erkläre: Division — Fiktion — Fluktuation — Impressum — Invasion — Junktur — Klausur — Konflikt — Kurs — kursieren — lädieren — Pression — Puls!

Thermopylae

Während wir da saßen und tranken, meldete sich ein junger Sanitätsfähnrich beim Divisionsarzt ab. Er war zu einem Kursus in die Heimat kommandiert und würde morgen den Krimkessel mit einem Flugzeug verlassen.
Wir betrachteten den Fähnrich. Dieser blonde Junge war also gerettet. Er flog nach Deutschland, und wir, die wir nun bald das Spatium eines trojanischen Krieges im Felde waren, blieben hier im Kessel sitzen.
Der Divisionsarzt bot dem jungen Mann ein Glas an. Es mochte sein, daß es ihm zum Trinken noch zu früh war. Aber der Jüngling konnte es, selbst zu dieser frühen Stunde, nicht gut ablehnen, auf das Wohl seines Divisionsarztes zu trinken. Mit sichtlichem Widerwillen nahm er das Glas. Gleichzeitig warf er einen Blick in die Runde, in dem sich seine Verachtung für alle diese alten Männer, die da Schnaps tranken, während das Vaterland in Gefahr war, deutlich verriet.
Der Kriegsgerichtsrat unternahm es als sächsischer Humanist, ihn auf feine Weise zu belehren, indem er die berühmte Inschrift auf dem Gedenkstein der Lacedämonier an der Landenge von Thermopylae zitierte:
„Also, Fähnrich, wenn Sie nach Deutschland kommen,

. . . . ἀγγέλλειν Λακεδαιμονίοις, ὅτι τῇδε
κείμεθα τοῖς κείνων ῥήμασιν πειθόμενοι.“

Der Fähnrich sah ihn verständnislos an. „Verstehen Sie das nicht?“ „Nein, Herr Kriegsgerichtsrat!“ Darauf erhob der Divisionsarzt sein Glas und wiederholte das Zitat lateinisch:

„Díc, hospés, Spartáe, nos te híc vidísse iacéntes
Dúm sanctís patriáe légibus óbsequimúr.“*

Aber der Jüngling verstand auch kein Latein. Der sächsische Humanist schloß die Szene mit der Bemerkung: „Ja, wenn er das auch nicht versteht, warum wird er denn dann eigentlich gerettet?“

P. Bamm

* „Wanderer, kommst du nach Sparta, verkündige dorten, du habest
Uns hier liegen gesehn, wie das Gesetz es befahl.“

Philosophen

1. Homo libidinibus non serviens Senecae philosopho liber esse videtur. 2. Vita hominis libidinibus imperantis beata nominari potest. 3. Homini libidini non parenti philosophi student. 4. Socrates hominem libidinibus suis imperantem beatum habet. 5. At contra Callicli philosopho persuasum est: „Homines libidines opprimentes stultos aut mortuos existimo. 6. Vitam hominum stultorum libidinibus imperantium contemno.“ 7. Adulescentibus Socratem interrogantibus philosophus respondit: „Homines se ipsos vincentes magnam victoriam pariunt.“
8. Divitiae a plerisque hominibus petitae philosophos non delectant. 9. Divitiarum ab hominibus petitarum philosophi cupidi non sunt. 10. Divitiis a multis hominibus petitis philosophi non student. 11. Divitias ab hominibus petitas philosophi contemnunt. 12. Divitiis magnis paratis plerique homines tamen beati non sunt. 13. Adulescentes certam vitae rationem quaesituri a philosophis erudientur. 14. Multis adulescentibus certam vitae rationem quaesituris Socrates dux erit. 15. Etiam viros bonam vitae rationem quaesituros docebit. 16. Philosophi veritatis tantum diligentes gloriae appetentes non sunt. 17. Philosophus quidam nobilis litteris ad filium datis et officii neglegentem et laboris fugientem adulescentem monuit: 18. „Spérne volúptatés; nocet émpta dolóre volúptas.“

Attisches Salz

Diogenes philosophus Alexandro regi roganti, ut diceret, si quid sibi opus esset, respondit: „Hoc unum te rogo, ut paulum a sole recedas.“ Tum Alexander: „Nisi Alexander essem,“ inquit, „libenter Diogenes essem.“
Diogenem in via publica cenantem multi circumdantes iterum iterumque: „Canis, canis!“ clamaverunt. Sed Diogenes: „Vos,“ inquit, „canes estis, qui cenantem circumdatis.“
Patri petenti, ut Aristippus filium suum erudiret, philosophus magnam pecuniae summam postulare videbatur. Itaque pater dives et avarus respondit: „Tanti asinum emere possum.“ Tum Aristippus: „Eme et habebis duos!“
Ad Herodem Atticum, virum sapientem, venit homo barba longa ornatus et pecuniam sibi dari petivit. Herodi interroganti, quis esset, ille se esse philosophum respondens Herodem interrogavit, cur quaesivisset, quod videret. Tum Herodes: „Video,“ inquit, „barbam, sed philosophum nondum video.“
Legatus Graecus ad Persas missus interrogatus est, utrum publico an privato consilio venisset. Ait ille: „Multum profecturus publico, nihil profecturus privato consilio venero.“
Adulescens complures annos a Zenone eruditus a patre interrogatus est, quid ab illo philosopho didicisset. Filius respondit: „Videbis.“ Quo responso iratus pater filium verberare coepit. Tum filius sui potens: „Nunc vides,“ inquit, „quid didicerim: didici iram patris aequo animo tolerare.“
Demetrius febri laborans se domum venire non posse patri scripserat. Qui statim filium visitaturus puellam pulchram domum filii relinquentem vidit. Cum pater filium salutavisset, adulescens: „Febri non iam laboro,“ inquit, „febris me iam reliquit.“ Respondit pater: „Mihi persuasum est: febrim paulo ante domum tuam relinquentem vidi.“

Latein	Deutsch	Englisch	Französisch
stultus, a, um	dumm	*to stultify*	
stultitia, ae, *f.*	Dummheit		
plērīque	die meisten		
dēlectāre	erfreuen	to delight	délecter
cupidus, a, um	begierig		cupide
ratiō, ōnis, *f.*	Berechnung, Vernunft;	*rational*	la raison
	Art und Weise		*rationnel*
vēritās, ātis, *f.*	Wahrheit	verity	la vérité
tantum *(adv.)*	nur		
glōria, ae, *f.*	Ruhm	glory	la gloire
appetere, ō	erstreben	*appetite*	*l'appétit*
spernere, ō	verachten	to spurn	
voluptās, ātis, *f.*	Lust, Vergnügen	*voluptuous*	la volupté
dolor, ōris, *m.*	Leid, Schmerz		la douleur
si quid	wenn irgend etwas		
mihī opus est	ich habe nötig		
opera, ae, *f.*	Mühe		
sōl, sōlis, *m.*	*Sonne*	*solar*	le soleil
recēdere, ō	zurücktreten	to recede	céder
cenāre	essen, speisen		*la cène*
avārus, a, um	geizig	*avaricious*	avare
avāritia, ae, *f.*	Geiz		l'avarice
tantī	*hier:* so teuer		
nōndum	noch nicht		
prōficere, iō	fortschreiten, ausrichten	*proficient*	
dēficere, iō	abfallen, verlieren	*deficient*	
complūrēs, ium	einige, mehrere		plusieurs
verberāre	schlagen		
potēns, entis	mächtig	potent	puissant
aequus, a, um	gleich, gerecht	equal	*l'équité*
aequō animō	mit Gleichmut		
tolerāre	ertragen	to tolerate	tolérer
*febris, is, *f.*	Fieber	fever	la fièvre
laborāre	*hier:* leiden an	in *labour*	
arbor, arboris, *f.*	Baum	*arboreal*	l'arbre

Erkläre: Appetit — Defekt — Gloriole — rational — Rezession — Solarium — Toleranz!

Partizipien: Zusammenfassung (§ 32; § 33)

Part. Präsens Aktiv: laudā-ns, dēlē-ns, reg-ē-ns, audi-ē-ns, capi-ē-ns;
lobend, zerstörend, leitend, hörend, ergreifend.
Part. Perfekt Passiv: laudā-tus, dēlē-tus, rēc-tus, audī-tus, cap-tus;
gelobt, zerstört, geleitet, gehört, ergriffen.
Part. Futur Aktiv: laudā-tūrus, dēlē-tūrus, rēc-tūrus, audī-tūrus, cap-tūrus.
loben, zerstören . . . werdend; in Zukunft lobend, zerstörend.

Merke:

Part. Futur Aktiv von esse: futūrus, a, um sein werdend, zukünftig;
die Part. des Präsens: absēns, -ntis abwesend; praesēns, -ntis gegenwärtig.

Die Deklination der Partizipien (§ 32; § 33;)

Die Partizipien des Perfekts Passiv (laudātus, a, um) und des Futurs Aktiv (laudātūrus, a, um) werden wie die Adjektive auf us, a, um dekliniert (bonus, a, um). Die Partizipien des Präsens (laudāns, dēlēns, regēns . . .) werden wie die Adjektive prūdēns, sapiēns u. ä. dekliniert. Im Ablativ findet sich neben der Endung -ī (bei adjektivischem Gebrauch) oft die Endung -e (bei verbalem oder substantivischem Gebrauch) beim sogenannten Ablativus absolutus (Stück 24).

Der Genetiv bei den Partizipien des Präsens (§ 48)

Die Partizipien des Präsens verbinden sich zur Bezeichnung von Eigenschaften oft mit dem Genetiv des Zieles (gen. obiectivus):

officiī neglegēns pflichtvergessen, labōris fugiēns arbeitsscheu u.a.m.

Das Participium coniunctum (§ 78)

Das mit einem nominalen Satzglied verbundene prädikative Partizip nennt man participium coniunctum. Die wörtliche Übersetzung ist zwar meistens verständlich, aber selten gut. Für eine gute Übersetzung stehen zur Wahl:

1. Relativsätze (. . ., die),
2. Konjunktionalsätze (als, weil, wenn, obgleich u.a.m.),
3. Beiordnung (zwei Hauptsätze),
4. substantivische Wendung (präpositionaler Ausdruck).

Beispiel I: Graecī Rōmānōs sapientiā superantes a multis laudantur:

1. . . ., die übertreffen, . . . 2. . . . weil sie übertreffen, . . . 3. . . . sie übertreffen und werden deshalb . . . 4. . . . wegen ihrer Überlegenheit . . .

Beispiel II: Graecia ā Rōmānīs capta victōrem cēpit:

1. . . ., das erobert war, . . . 2. . . ., nachdem (obgleich) es erobert war, . . . 3.. . . . es wurde erobert und hat dennoch bezwungen . . . 4. . . . trotz seiner Niederlage . . .

Zur Bildung der Partizipien:

Bilde alle möglichen Partizipien von ducere, dicere, scribere, ponere, legere! Von welchen Verbalstämmen werden die Partizipien gebildet?

Übersetze:

animal vivens – cives desperantes – philosophus docens – consul dicens – puer vocatus – homo ductus – verbum dictum – urbs visa – liber lectus – discipulus lecturus – mater scriptura – frater venturus – pater dicturus – amicus venturus.

2. Verbinde
die Substantive pater, mater, filius, filia, verbum mit einem passenden Partizip dicens, dictura, dictum, ludens, lusura und dekliniere die Verbindung!

Ergänze:

Multi homines adulescentibus philosophiae ______ amici non sunt.
studentes

Philosophus quidam litteris suis homines et ______ et ______ monuit.
audituri *dicturi*

Discipulos a Socrate ______ multi Athenienses vitare solebant.
eruditi

Verbis a viro prudenti ______ nonnulli homines permoti sunt.
dictus

3. Übersetze

die Partizipien in Stück 23 auf möglichst verschiedene Art und Weise.
Verwende in folgenden Sätzen ein part. coniunctum:
Philosophus, qui orationem habiturus erat, civium multitudinem monuit.
Discipuli locum, qui arboribus circumdatus erat, libenter visitaverunt.
Philosophi, quamquam plerisque sapientia praestant, Socrati pares non sunt.

In litteris, qui proficit,
In moribus, qui deficit,
Plus deficit quam proficit.

Ersetze in dem obigen mittellateinischen Spruch die beiden ersten Verben durch Partizipien des Präsens!

4. Attisches Salz:

Was ist nach deiner Ansicht für den attischen Humor charakteristisch? Was wollte Diogenes (23) mit seiner Antwort an Alexander ausdrücken? Welche Einstellung Aristipps läßt folgende Anekdote erkennen: „Macht es dir eigentlich Vergnügen, mit der Lais zusammenzuleben?“ fragte ein Bekannter den Aristipp. „Sie liebt dich doch gar nicht!“ – „Gewiß nicht,“ gab dieser zur Antwort. „Aber das tun aber auch die Fische und der Wein nicht. Trotzdem genieße ich beide mit großem Vergnügen.“

Stammformen: Verben der konsonantischen Konjugation

prehendere	prehendō	prehendī	prehēnsum	fassen, ergreifen
vertere	vertō	vertī	versum	wenden
minuere	minuō	minuī	minūtum	vermindern
statuere	statuō	statuī	statūtum	aufstellen, festsetzen
constituere	constituō	constituī	constitūtum	beschließen
tribuere	tribuō	tribuī	tribūtum	zuteilen
solvere	solvō	solvī	solūtum	lösen, bezahlen
volvere	volvō	volvī	volūtum	wälzen, rollen
tegere	tegō	tēxī	tēctum	decken, bedecken
trahere	trahō	trāxī	tractum	ziehen, schleppen
vehere	vehō	vēxī	vectum	bringen, fahren *(tr.)*; *pass.* fahren *(intr.)*

Stammformen: Verben der ī-Konjugation

aperīre	aperiō	aperuī	apertum	öffnen
operīre	operiō	operuī	opertum	verhüllen
sentīre	sentiō	sēnsī	sēnsum	fühlen, meinen
comperīre	comperiō	comperī	compertum	erfahren
reperīre	reperiō	repperī	repertum	finden *(durch Suchen)*

Erkläre: Absolution — Konstitution — Minorität — Protektion — sensibel — solvent — Statut — Traktor — Tribut — Vehikel — Version — Volvo!

Partizipiales

Ein Partizip, schon knickebeinig,
War mit sich selber nicht mehr einig.
Es meditierte hin und her,
Was für ein Partizip's wohl wär.

Es liebte schon nicht mehr so recht,
Und liebend paßte also schlecht.
Mit Partizipium I daher
War's leider Gottes schon nichts mehr.

Geliebt dagegen schien verfrüht,
Weil noch ein Liebesfünkchen glüht.
Ich bin, behauptet's fest und steif,
Für Nummer II noch nicht recht reif.

Da kam ein Studienrat herbei
Und gab die Note „I bis II".
So ward dies Partizipium
Ein veritables Unikum.

Nun wußt's auf einmal, was es war:
Ein ausgefallnes Exemplar.
Nicht I, nicht II – nein, nur ein Zwitter
Und Studienratsgedankensplitter.

P. Schröter

A Feldherren

1. Antiquis temporibus imperatores legiones hieme in castra hiberna ducebant. Antiquis temporibus imperatores legiones hieme appropinquante reducebant.
2. Legiones navibus celeribus ex Italia ad oras Graeciae navigaverunt. Legiones navibus restitutis ex Italia ad oras Graeciae navigaverunt.
3. Milites opere perfecto iussu imperatoris laborare desierunt. 4. Imperatores sociis adfuturis pugnare parati erunt.
5. Crescentibus difficultatibus crescunt vires. 6. Legiones difficultates tribunis militum adiuvantibus superaverunt.
7. Legatus colle occupato agmen hostium armis petivit. 8. Dictatore necato tamen libertas rei publicae restituta non est.
9. Mummius imperator multis resistentibus Corinthum expugnavit. 10. Victor urbe capta neque mulieribus neque liberis captivis pepercit.
11. Persae Mardonio imperatore (imperante) totam Graeciam subigere studuerunt.
12. Graeci Miltiade duce (ducente) pugna ad Marathonem commissa Persas vicerunt.
13. Xerxes militibus suis nesciis (nescientibus) clade accepta in Asiam fugit.
14. Notum est illud principis Romani: „Dictaturam et absenti et praesenti mihi datam ab universo populo M. Marcello et L. Arruntio consulibus non accepi.“

Kleine Geschichten

Themistocles vir summo ingenio adulescente divite ac stulto repudiato filiam suam viro pauperi ac probo in matrimonium dedit dicens: „Virum sine pecunia pluris aestimo quam pecuniam sine viro.“
Philippus Macedonicus Lacedaemoniis: „Si exercitus meus tota Graecia expugnata Spartam deleverit, timebitis.“ – „Si“, Lacedaemonii respondisse dicuntur.
Adulescente Lacedaemonio dolente, quod tot milites in pugna cecidissent, pater: „Res bene se habet“, inquit, „nam militibus mortuis nihil opus est.“
Senex Atheniensis theatro bene completo sedem quaerens non invenit. Sine mora Lacedaemonii legati, qui forte aderant, surrexerunt senem orantes, ut sibi sedem idoneam deligeret. Athenienses Lacedaemonios ob bonos mores magna voce laudaverunt. Deinde Lacedaemonii: „Athenienses, quamvis sciant, quid deceat, non faciunt.“
Equiti Romano bene vestito, cum in spectaculo multis praesentibus cenaret, princeps dixit: „Ego cenaturus domum meo.“ Eques: „Tu“, inquit, „non timebis, ne sede tua relicta loco pellaris.“
Princeps praefecto non idoneo domum misso interrogatus est, quid iste iuvenis patri suo diceret. Tum princeps: „Dicat me sibi non placuisse.“

Latein	Deutsch	Englisch	Französisch
hiems, hiemis, *f.*	Winter		
hībernus, a, um	winterlich	*to hibernate*	hivernal
restituere, ō	wiederherstellen	*restitution*	restituer
facilis, e	leicht *(zu tun)*	facile	facile
difficilis, e	schwer *(zu tun)*	difficult	difficile
facultās, ātis, *f.*	Möglichkeit, Fähigkeit	faculty	la faculté
difficultās, ātis, *f.*	Schwierigkeit	difficulty	la difficulté
collis, is, *m.*	Hügel		la colline
agmen, agminis, *n.*	Heer *(auf dem Marsch)*		
petere	erstreben, angreifen		
aciēs, aciēī, *f.*	Heer *(in Kampfstellung)*		
resistere, ō	sich widersetzen	to resist	résister
dictātor, ōris, *m.*	*Diktator*	dictator	le dictateur
dictātūra, ae, *f.*	*Diktatur*	dictatorship	la dictature
absēns, -entis	abwesend, fehlend	absent	absent
praesēns, -entis	anwesend, gegenwärtig	present	présent
nescius, a, um īnscius, a, um	} unwissend		
ūniversus, a, um	ganz	*universal*	*universel*
ingenium, ī, *n.*	Begabung, Charakter	*ingenious*	*l'ingénieur*
plūris	*hier:* höher		
theātrum, ī, *n.*	*Theater*, Publikum	theatre	le théâtre
bene *(adv.)*	gut		bien
sēdēs, is, *f.*	Sitz	seat	
fors, fortis, *f.*	Zufall		
forte *(adv.)*	zufällig	fortuitous	*fortuit*
idōneus, a, um	geeignet, tüchtig		
vestīre, iō	bekleiden		vêtir
vestis, is, *f.*	Kleid, Gewand	vestment	le vêtement
spectāculum, ī, *n.*	Schauspiel	spectacle	le spectacle
triumphus, i, *m.*	*Triumph*	triumph	le triomphe
triumphum agere	*einen Triumph feiern*		
vīvus, a, um	lebend, lebendig	vivacious	vivant
mē vīvō	*zu meinen Lebzeiten*		

Erkläre: diffizil — diktatorisch — Fakultät — Operation — resistent — Spektakel — theatralisch — triumphieren — Universum — vivace!

Der Ablativus absolutus (§ 79)

Das Participium coniunctum steht oft in Verbindung mit einem Ablātīvus instrumentālis, causae oder temporālis:
hieme *im Winter;* hieme appropinquante *zur Zeit des herannahenden Winters: wenn der Winter kommt;*
verbīs *durch die (aufgrund der) Worte;* verbīs dictīs *durch die gesagten Worte: nachdem die Worte gesagt waren.*
Da dieses Participium coniunctum im Ablativ die Funktion eines Nebensatzes hat und von dem übrigen Satz losgelöst erscheint, heißt es Ablātīvus absolūtus.
Die Erstübersetzung des Partizip Präsens erfolgt am besten durch *indem, während, wenn;* des Partizips Perfekt durch *nachdem.* Die Möglichkeiten für die endgültige Übersetzung entsprechen den Übersetzungsvarianten für das Participium coniunctum (vgl. Stück 23!).
An die Stelle des Partizips können im Ablativ absolutus auch Substantive oder Adjektive treten:

Rōmulō regente	= Rōmulō rēge:	unter der Regierung des Romulus
Caesare dūcente	= Caesare dūce:	unter der Führung Caesars
Cicerōne vīvente	= Cicerōne vīvō:	zu Lebzeiten des Cicero
Hannibale nesciente	= Hannibale nesciō:	ohne Wissen Hannibals.

opus est (§ 62,2)

Bei opus est bezeichnet der Ablativ die Sache, an der Bedarf besteht.

Merke:

mihī opus est pecuniā = *mir ist Bedarf an Geld*, ich habe Geld nötig;

Ausnahme:

Das Neutrum eines Adjektivs oder Pronomens wird persönlich konstruiert.

Merke:

mihī nihil opus est = ich habe nichts nötig.

1. Verwende einen abl. abs.:

Imperator, postquam complures hostium gentes vicit, iter in mediam provinciam fecit. Quamquam hostium milites summa cum virtute pugnabant, Romani victoriam pepererunt. Cum hostium urbs deleta et exstincta esset, imperator Romanus triumphum egit. Cum Cnaeus Papirius Carbo consul erat, Romani primum cum Germanis bellum gessere. Cum L. Mummius imperator erat, Romani Corinthum, celebrem Graeciae urbem, expugnavere.

Übersetze:

Multis hostibus urbem oppugnantibus cives fortes de salute non desperaverunt.
Patria bello vastata cives oppida sua deleta statim restituere coeperunt.
Divitibus magnas divitias possidentibus multis civibus rebus necessariis opus erat.
Imperatore victore vivo victi non sine causa timere aut fugere non desierunt.

Bestimme und übersetze:

prehendimus – vertit – minuis – senserunt – repertum erat – laesus erit – fictum sit – cucurristis – coacti essemus – appulsae sunt – exclusi erimus – oppressi eramus – surrexissetis – fefellimus – poposcerunt – aperiamus – operiuntur.

2. opus est:

Pecunia nobis opus est. Auxilio vobis opus erit. Novo consilio senatui opus est. Civitati magistratibus opus est. Auctoritate censoris tibi opus erit.

Aber: Quid tibi opus est?

Welche Funktion hat nach deiner Meinung der bei opus est stehende Ablativ?

3. Wortkunde:

Vergleiche die Komposita von facere: pate-facere öffnen, pro-ficere nützen.
Wie unterscheidet sich die Art der Wortbildung? Die Erhaltung bzw. Schwächung des -a ist nicht zufällig oder beliebig. Versuche, eine Regel dafür zu finden!

amāre: amābilis, e liebenswert | crēdere: crēdibilis, e glaubhaft

Was bedeuten facilis? horribilis? memorābilis? mōbilis? numerābilis? terribilis?

4. Verspätetes Beileid:

Als die Trauergesandtschaft der Gemeinde Troja in Kleinasien, die dem Senat und dem Kaiser zum Ableben des Augustus kondolieren sollte, durch Stürme aufgehalten viele Monate zu spät ihren Auftrag ausführte, sagte Tiberius im Senat: „Gut, daß ihr kommt; auch ich habe Troja noch nicht zum Tode des Priamus mein Beileid ausgesprochen."

Versuche nach der Lektüre der Anekdoten in den Stücken 23/24 etwas über die unterschiedliche Mentalität der Athener, Spartaner und Römer auszusagen!

A

Sokrates

1. Vetus ille Socrates ab Atheniensibus contra ius et fas – horribile est dictu – accusatus ita in iudicio dixit, ut non reus, sed magister aut dominus videretur iudicum. 2. Ait se Atheniensibus philosophiae neglegentibus et pecuniae appetentibus a deis missum esse homines aut stultos aut improbos lacessitum.
3. „Dei", inquit, „curam totius civitatis mihi dederunt; voci divinae soli obtemperare solebam. 4. Honestas incolarum toti civitati proderit. 5. Non semper facile factu est: quod facile dictu est, saepe difficile factu videtur. 6. Homines sine ullis legibus diu beatos esse non posse inter omnes rationis participes constat. 7. Nuntios ad Apollinem misistis oraculum consultum, num alius civis Atheniensis Socratem sapientia superaret. 8. Quod cum Apollo negavisset, vobis non omnibus iucundum erat auditu. 9. Meletus testis vester est, sed testis unus est testis nullus. 10. Quis vestrum decernere potest, uter utri veritatis studio praestet? Alius enim aliud dicit. 11. Dicite igitur, utri credatis! 12. Civibus in tanta re neutrius partis esse non licet."
13. Socrates cum ab iudicibus interrogatus esset, quam poenam se meruisse existimaret, se meruisse respondit, ut magnis honoribus et praemiis ornaretur et sibi cottidie victus in curia praeberetur. 14. Qui honor apud Graecos magnus habebatur. 15. Quo responso iudices tam irati erant, ut Socratem capitis damnarent. 16. Itaque Socrates, qui nihil nisi salutem civium spectaverat neque ulli homini nocuerat, a civibus sibi inimicis veneno necatus est.

Brief eines Philosophen an seinen Freund

Philosophus Romanus amico: Scribo tibi hanc epistulam te salutatum, scribo te delectatum, scribo te oratum, ut mei memor sis. Iucundum est auditu, quod hodie legi; opto, ne mihi soli didicerim. Occurrerunt mihi enim dicta circa eundem fere sensum tria.
Democritus ait: „Unus mihi pro populo est et populus pro uno." Bene etiam ille (dubitatur enim de auctore), cum quaereretur ab illo, quo tanta diligentia artis spectaret ad paucos perventurae: „Satis sunt", inquit, „mihi pauci, satis est unus, satis est nullus." Praeclarum hoc tertium Epicurus, cum uni ex amicis suis scriberet: „Haec", inquit, „scribo non multis, sed tibi: satis enim magnum alter alteri theatrum sumus."
Quae ut semper memoria teneas, moneo te; oro te, ut contemnas voluptatem ex multorum consensu venientem. Alii te laudant: Quid habes, cur placeas tibi, si is es, quem intellegant multi? Introrsus bona tua spectent! Vale!

Latein	Deutsch	Englisch	Französisch
ūllus, a, um	irgendein		
uter, utra, utrum	wer *(von beiden)*		
uterque	jeder *(von beiden)*		
neuter, tra, trum	keiner *(von beiden)*		neutre
alius, alia, aliud	ein anderer		
fās, *n.*	Recht (göttliches)		
nefās, *n.*	Unrecht		*néfaste*
horribilis, e	schrecklich	horrible	horrible
iūdicium, ī, *n.*	Gericht, Urteil		*judiciaire*
reus, i, *m.*	Angeklagter; angeklagt		
iūdex, iūdicis, *m.*	Richter	judge	le juge
improbus, a, um	schlecht, böse		
dīvīnus, a, um	göttlich	divine	divin
honestās, ātis, *f.*	Ehre, Sittlichkeit	*honesty*	l'honnêteté
particeps, cipis b. Gen.	teilhaftig		participant
ōrāculum, ī, *n.*	*Orakel*(stätte)	oracle	l'oracle
iūcundus, a, um	angenehm		
testis, is, *m.*	Zeuge		
igitur *(adv.)*	daher, also		
cottidiē *(adv.)*	täglich		quotidien
damnāre	verurteilen	to condemn	condamner
capitis damnāre	*zum Tode verurteilen*		
epistula, ae, *f.*	Brief		
hodiē *(adv.)*	heute		*aujourd*'hui
dictum, ī, *n.*	Wort, Ausspruch	dictum	
circā b. Akk.	um, ungefähr		
sensus, ūs, *m.*	Gefühl, Sinn	*sense*	le sens
quo	wohin		
cōnsēnsus, ūs, *m.*	Übereinstimmung	consensus	le consentement
trēs, trēs, tria	drei	*tertiary*	trois
tertius, a, um	der dritte		tiers
intellegere, ō,-lēxi	einsehen, verstehen	*intelligent*	*intelligent*
*intrōrsus *(adv.)*	nach innen		

Erkläre: Attest — Divination — Horror — Intelligenz — Neutralität — Partizip — partizipieren — sensibel — sentimental — Tertial — Tertiär — Test!

C

Pronominaladjektive (§ 27)

Wie die Pronomina ille, iste, ipse u. a. bilden auch einige Pronominaladjektive den Gen. Sg. auf -īus, den Dativ Sg. auf -ī. Im übrigen folgen sie der a-/o-Deklination.

Merkvers:

ūnus, sōlus, tōtus, ūllus
uter, alter, neuter, nūllus
alius erfordern alle
-īus in dem zweiten Falle,
und im Dativ enden sie
immer auf ein langes -ī.

Merke: Alius aliud amat. Der eine liebt dies, der andere das.

Das Supinum I (§ 84,1)

Das Supinum I auf -um (Übersetzung: um . . . zu) entspricht der Form des Partizips Perfekt Passiv im Neutrum. Es bezeichnet, meist in Verbindung mit Verben der Bewegung, eine Absicht; es entspricht also in seiner Funktion einem Finalsatz: Vēnimus tē salutātum, vīsum, dēlectātum = vēnimus, ut tē salutārēmus, vidērēmus, dēlectārēmus.

Das Supinum II (§ 84,2)

Das Supinum II auf -ū (Übersetzung: zu) ist der Form nach der alte Dativ eines Verbalsubstantivs der ū-Deklination (vergleiche: cornū!). In seiner Funktion bestimmt es den Geltungsbereich eines Adjektivs (selten eines Substantivs) näher, vor allem in unpersönlichen Wendungen, wie z. B.

facile est factū	es ist leicht zu tun
difficile est dictū	es ist schwer zu sagen
horribile est vīsū	es ist schrecklich zu sehen
iūcundum est audītū	es ist angenehm zu hören

1. Dekliniere:

unus homo – patria sola – tota urbs – neque ullus civis – nullus honor – alter amicus – utrum oppidum – uterque consul – neutrum genus – una via!

Ergänze und übersetze:

Socrates et Meletus se saluti tot___ civitatis studere dixerunt; alter magis philosophiae, alter magis fortunis studuit; neuter omnibus Atheniensibus persuasit. Socrates sapientiae viam sol___ bonam iudicavit. Quaerere solebat, quid sit bonum, quid sit malum, quid sit utrumque. Meletus Socrati nocere studuit; alter alteri amicus non erat. Nonnumquam ex prudentia et sapientia un___ viri omnia pendent: tamen multi cives illi un_ viro salutem tot___ rei publicae committere dubitant. Quem alii laudant, alii accusant; nam alius alium pluris aestimat.

2. Der Dichter Ovid

hat einen berühmten Vers über die Frauen im Theater geschrieben: „spéctatúm veniúnt, veniúnt specténtur ut ípsae."

Ersetze die Supina auf -um des Stückes 25 und des obigen Verses durch Finalsätze mit „ut"!

3. Wortkunde:

advenīre	ankommen	adventus, ūs, *m.*	die Ankunft
aspicere	ansehen	aspectus, ūs, *m.*	der Anblick.

Was bedeuten

flētus, ūs, *m.*	memorātus, ūs, *m.*	mōtus, ūs, *m.*	rīsus, ūs, *m.*
volātus, ūs, *m.*	vīsus, ūs, *m.*	ascensus, ūs, *m.*	dēscensus, ūs, *m.*?

4. Zum „Brief an einen Freund":

Würdest du so oder so ähnlich wie der Philosoph Seneca an einen Freund schreiben?

Als ein Athener seinen Sohn zu Sokrates schickte und der ihn begleitende Pädagoge sagte: „Sokrates, der Vater schickt dir hiermit seinen Sohn, damit du ihn dir ansiehst", soll Sokrates zu dem Sohn gesagt haben: „Nun gut, dann sprich einmal, damit ich dich sehe!"

Aus welchem Grund ist diese Anekdote für Sokrates typisch?

Der Lebensphilosoph Friedrich Nietzsche sah in Sokrates das Urbild eines nur von der ratio geleiteten Denkers, der an der Fülle der den Menschen gegebenen Möglichkeiten vorbeilebte. Wie konnte Nietzsche zu einem solchen Urteil kommen?

A

Alexanders Erziehung

1. Alexander puer quinque annorum et legendi et scribendi peritus fuisse dicitur. 2. Primo Philippus pater ipse, deinde Leonidas quidam propinquus eum erudivit. 3. Adulescens et laborando et exercendo et pugnando omnes aequales superavit. 4. Nihil agendo homines male agere discunt. 5. Pater ipse magister exercendi, pugnandi, bellandi erat. 6. Nonne bonus dux paratus est ad iubendum et parendum, ad ducendum et discendum? 7. Numquam idem ingenium et ad obtemperandum et ad imperandum tam idoneum erat quam Alexander adulescens.
8. Aliquando Philippus rex Aristoteli philosopho scripsit: „Filium mihi genitum esse scito! 9. Propterea deis habeo gratiam, non tam, quia natus est, quam pro eo quod temporibus vitae tuae natus est. 10. Spero te eum educaturum et eruditurum esse. 11. Veni eo, oro te, filium meum docendi causa!"
12. Et Aristoteles Alexandrum adulescentem erudivit. 13. Qui operibus cottidianis perfectis studendo et discendo operam dedit. 14. Homines non solum ad docendum, sed etiam ad discendum parati esse debent; nam mens hominis discendo alitur. 15. Sapientia est ars bene vivendi; et in laborando et in ludendo modum adhibere debemus. 16. Lex est recta ratio et in iubendo et in vetando: quibus verbis philosophus animum adulescentis regere studuit.

Alexander als Feldherr

Alexander civitati cuidam partem agrorum et dimidium omnium rerum promittenti: „Eo", inquit, „veni, non ut id acciperem, quod dedissetis, sed ut id haberetis, quod reliquissem." – Ad Alexandrum imperatorem civis quidam milites accusandi causa venit: „Iam multos dies cupidus sum te videndi; nunc demum mihi occasio data est de calamitate mea tibi narrandi: togā meā a quodam milite tuo spoliatus sum." Imperator. qui milites suos bene noverat, hominem tunica pulchra vestitum aspexit; deinde ex eo quaesivit, num illam, cum spoliaretur, gessisset. Cum ille adnueret, respondit: „Hic, quem tu dicis te spoliavisse, nemo erat ex meis militibus. Nam nullus meus tibi tam bonam tunicam reliquisset." – Pirata, qui diu in mari naves ceperat, iussu Alexandri captus et ad regem ductus est. Qui eum interrogavit: „Quare mare habet te infestum?" Primo pirata tacuit, deinde dicere iussus respondit: „Inde navigavi, unde omnes fere incolae fuga salutem petiverunt. Tot homines fugavisti, quot numerari non possunt. Nunc interrogo te: „Quare patria mea habet te infestum? Quare totus orbis terrarum? Sed quia ego illud ago nave una, latro vocor; tu vero totum mundum navium et militum multitudine opprimens imperator diceris. At ego non tam fortunatus sum quam tu, ut capiendo et spoliando abstinere possim." Alexander virum magnis bonis affici iussit, ne in reliquum tempus res ad vitam necessarias capiendo sibi pararet.

	Latein	Deutsch	Englisch	Französisch
	quō — eō	wohin — dorthin		
		je — desto		
	unde — inde	woher — dorther		
	ubi — ibi	wo — dort		
	quinque	fünf		cinq
5	propinquus, a, um	benachbart, verwandt	propinquity	
	aequālis, e	gleichartig, gleich *subst.* Altersgenosse	equal	égal
	male *(adv.)*	schlecht	*malevolent*	mal
	genitus, a, um	hier: geboren		
	propterea *(adv.)*	deshalb		
10	cottīdiānus, a, um	täglich		quotidien
	operam dare	sich Mühe geben		
	mēns, mentis, *f.*	Verstand, Geist	*mental*	*mental*
	rēctus, a, um	richtig, gerade	right	
	*dimidium, ī, *n.*	Hälfte		*demi*
15	prōmittere, ō	versprechen	to promise	promettre
	dēmum *(adv.)*	erst, endlich		
	occasiō, ōnis, *f.*	Gelegenheit	occasion	l'occasion
	calamitās, ātis, *f.*	Unglück	calamity	la calamité
	spoliāre	berauben	to spoil	
20	toga, ae, *f.*	Obergewand, Toga		
	tunica, ae, *f.*	Untergewand, Tunica	tunic	
	*adnuere, ō	bejahen, zustimmen		
	quārē	wodurch, weshalb		
	infēstus, a, um	feindlich, gefährlich		
25	latrō, ōnis, *m.*	Räuber		le larron
	vērō *(adv.)*	in Wahrheit;	very	*vrai*
	vērum *(adv.)*	aber, doch		
	mundus, ī, *m.*	Welt		le monde
	*fortunātus, a, um	begütert, reich, erfolgreich	fortunate	fortuné
30	comes, itis, *m.*	Begleiter		

Erkläre: Kalamität — Komitee — Mentalität — mondän — okkasionell — Rektifikation!

C

Pronomina correlativa (§ 26)

Für die pronomina correlativa sind formale Ähnlichkeit und Wechselbeziehung charakteristisch. Im Deutschen wird das zweite Glied oft durch „wie" übersetzt:

talis, e	–	qualis, e	so beschaffen	–	wie (beschaffen),
tantus, a, um	–	quantus, a, um	so groß	–	wie (groß),
tot (indekl.)	–	quot (indekl.)	so viele	–	wie (viele) u.a.m.

Merke auch folgende Pronominaladverbien:

tam	–	quam	so, so sehr	–	wie, wie sehr,
eo	–	quo	dorthin	–	wohin,
ibi	–	ubi	dort	–	wo,
inde	–	unde	von dort	–	von wo.

Das Gerundium (§ 81)

Das Gerundium ist ein Verbal*substantiv*, das die abhängigen Fälle des substantivierten Infinitivs Präsens Aktiv bezeichnet. Es kann wie dieser, Objekte und Adverbien zu sich nehmen:

Ars rem pūblicam bene regendī rēgī superbō data nōn erat.

Nom.	labōrāre,	legere,	servīre	das Arbeiten,	Lesen,	Dienen
Gen.	labōrandī,	legendī,	serviendī	des Arbeitens,	Lesens,	Dienens
Dat.	labōrandō,	legendō,	serviendō	dem Arbeiten,	Lesen,	Dienen
Akk.	ad laborandum,	legendum,	serviendum	zum Arbeiten,	Lesen,	Dienen
Abl.	labōrandō,	legendō,	serviendō,	durch Arbeiten,	Lesen,	Dienen

Römisches Ehepaar

Ph. F. Hetsch, Cornelia, die Mutter der Gracchen

1. Erläutere:

Quot homines, tot sententiae.
Quo celerius *(schneller)*, eo melius.

Ubi bene, ibi patria.
Ubi tu Gaius, ego ibi Gaia.

Wie übersetzt man oft das zweite Glied der pronomina correlativa:

Tantum periculum timeo, quantum cives.
Talis amicus sum, qualis iste non est.

Tantas res cupio, quantas dominus dives.
Tam beatus sum, quam liberi esse solent.

Übersetze:

Ibi manebo, ubi mihi placebit. — Inde vobis scribam, unde nemo scripsit.
Eo venimus, quo dux nos misit. — Ibi puellae cantabant, ubi flores florebant.

2. Bilde das Gerundium von

placare — placere — videre — timere — agere — capere — regere — servire — venire — cupere — educare — erudire — crescere — tradere — sentire — dicere!

Unterscheide:

aciei — aestati — agendi — agmini — alti — alii — arti — cadendi — caedendi — careo — deo — duo — homo — ergo — cupiendo — primum — movendī — modum! Bei welcher der genannten Formen handelt es sich um ein Gerundium?

Ergänze:

Alii in schola artem laborand_ discunt; alii libros non ad laborand__, sed ad spectand__ habere videntur. Non solum libros legend_, sed etiam bene agend_ multa utilia perfecimus. Hominibus ad bene vivend__ non solum labore, sed etiam laetitia opus esse videtur.

Ersetze die Infinitive durch ein Gerundium mit ad:

parati sumus videre, venire, dare, discere, agere, laborare, adiuvare, studere!

Übersetze: Scríbere scríbendó, dicéndo dícere dísces! — Romanus vincit sedendo!
ars aedificandi — ars dicendi — modus vivendi — causa fugiendi — cupiditas habendi!

3. Philipp und Alexander:

Legati Atheniensium ad Philippum regem venerunt. Quibus auditis Philippus: „Dicite“, inquit, „qua re vos laetitia afficere possim?“ Tum unus ex legatis: „Te necando“, respondit. Quo responso regis comites irati erant, sed Philippus eos tacere iussit: „Homines magni aestimo, qui talia dicant, qualia cogitent.“
Welche Eigenschaft Philipps zeigt diese Antwort?
Civi cuidam Alexander rex urbem donavit. Cum ille tantum donum se non decere dixisset, Alexander: „Non quaero“, inquit, „quantum te accipere deceat, sed quantum me dare oporteat.“
Welche Eigenschaft Alexanders zeigt diese Antwort?

A Erfahrungen und Regeln

1. Aliquis in oppidum quoddam venit neque quisquam eum novit. 2. Aliqui vir in oppidum venit neque ullus civis neque ulla mulier eum vidit. 3. Aliquando vir sapiens cives docuit: „Suum cuique bonum est, sed aliquod vitium etiam in optimo homine est. 4. Cives quidam leges neglegere solent, ut omnino sine ullo domino sint. 5. Multis hominibus persuasum est: Sibi quisque proximus est. Nemo autem ullam rem magis amat quam virtutem: omnes artes bonae vinculum quoddam commune habent. 6. Optimus quisque minime divitiarum et gloriae cupidus est. 7. Si quis ante omnes fortunatus est, ei dei ipsi invidebunt; quin etiam vincentes Olympia certamina, quae quinto quoque anno celebrantur, in tuto non sunt. 8. Maximae cuique fortunae prudentes minime fidem habent: optimum quemque fortuna vexare solet."
9. „Iustitia colenda est. Avaritia laudanda non est. Virtus nobis diligenda est. 10. Rebus in angustis primo deliberandum, deinde agendum, postremo properandum est. De consiliis tacendum est. 11. Ad communem libertatem servandam omnibus civibus maxima diligentia adhibenda est. 12. Viris optimis rem publicam regendam tradatis! Maxima cura in viris regentibus eligendis adhibenda est. 13. Nemo libertati pacique servandis et miseris adiuvandis maiorem operam dat quam vir aequus ac iustus. 14. Populo libertati servandae studenti dei ipsi aderunt. 15. Deliberando et disputando, videndo et agendo hominis mens alitur." 16. His verbis vir prudens ac sapiens declarare temptavit, quomodo hominibus vivendum sit.

Alexander und Anaximenes

Alexander iter in Asiam faciens Lampsacum urbem quandam ad Hellespontum sitam summo cum studio petere in animo habuit; urbem expugnandam militibus suis diripiendam daturus erat. Aliqui amicus regi suasit, ut urbem sine mora caperet; suasit, ne viro neve feminae ulli parceret. Alexander sine ulla mora consilium urbis expugnandae cepit neque quicquam neglexit. Cum postero die Macedonum duces prima luce ad accipienda imperia convenerant, alii statim pugnandum esse censuerunt. Aliis urbi parcere praestare persuasum erat, sed tacuerunt, ne regis iram moverent. Lampsaceni dubitaverunt, quid in tanto periculo facerent. Deliberandum est saepe, sed statuendum est semel. Alii regem obsecrandum, alii urbem defendendam esse existimaverunt: ita discordia magna erat.
Subito Alexander Anaximenem philosophum, qui antea Alexandro erudiendo operam dederat, ex urbe per campos ambulantem castrisque Macedonum appropinquantem vidit. Quia illum preces suas impetui regis oppositurum esse manifestum erat, se non facturum esse, quod ille petivisset, Alexander magna voce iuravit. Tum Anaximenes, qui verba eius multis praesentibus audiverat: „Peto a te", inquit, „ut Lampsacum deleas et exstinguas omnesque cives interficias." Ita Alexander suo iure iurando urbi et incolis parcere coactus est.

Latein	Deutsch	Englisch	Französisch
aliquis, aliquid			
quisquam, quicquam	irgendeiner, irgend etwas		
ūllus, a, um			
quisque, quidque	jeder (einzelne); ein jeder		
optimus, a, um	der beste	optimum	*optimé*
omnīno *(adv.)*	gänzlich, überhaupt		
vinculum, ī, *n.*	Band, Fessel		
minimus, a, um	der kleinste	minimum	minime,
minimē *(adv.)*	am wenigsten	*minimal*	*minimal*
maximus, a, um	der größte	maximum	
maximē *(adv.)*	am meisten	*maximal*	*maximal*
certāmen, inis, *n.*	Wettkampf, Streit		
quīntus, a, um	der fünfte		cinquième
celebrāre	feiern, rühmen	to celebrate	célébrer
tūtus, a, um	sicher	*tutor*	
iūstitia, ae, *f.*	Gerechtigkeit	justice	la justice
angustus, a, um	eng, schmal		*l'angoisse*
dēlīberāre	überlegen	to deliberate	déliberer
commūnis, e	gemeinsam	common	commun
ēligere, ō	auswählen	to elect	élire
dēclārāre	erklären	to declare	déclarer
quōmodo	wie		
petere, ō	*hier:* angreifen		*la petition*
discordia, ae, *f.*	Uneinigkeit; Zwietracht	discord	le désaccord
ambulāre	(spazieren)gehen	amble	*dé*ambuler
precēs, um f.	Bitten, Gebet		
impetus, ūs, *m.*	Angriff, Ansturm	impetus	*impétueux*
oppōnere, ō	entgegensetzen	to oppose	opposer
manifestus, a, um	klar, offenbar	manifest	manifeste
iūs iūrandum	Eid		
neglegentia, ae, *f.*	Nachlässigkeit	negligency	la négligence
tyrannus, ī, *m.*	Tyrann	tyrant	le tyran
discipulus, ī, *m.*	Schüler	disciple	le disciple

Erkläre: ambulant — Deklaration — Kommune — Kommunist — maximal — minimal — Optimist — Quintett — tyrannisch — zelebrieren!

Pronomina indefinita: unbestimmte Fürwörter (§ 25)

1. ein gewisser; *pl.* einige
   quīdam, cuiusdam, cuīdam, quendam, quōdam usw.
2. jeder (einzelne)
   quisque, cūiusque, cuīque, quemque, quōque usw.

Merke:	optimus quisque	gerade die besten („jeder beste")
	quintō quōque annō	alle *vier* Jahre
	suum cuīque!	jedem das Seine!

3. irgendeiner, irgendeine

Substantivischer Gebrauch:	Adjektischer Gebrauch:
aliquis, aliquid;	aliquī, aliqua(e), aliquod;
quisquam, quid(c)quam	ūllus, ūlla, ūllum

Merke: Nach einigen „kleinen Wörtern" (sī, nisī, nē, num ...) steht statt aliquis, aliquid usw. nur quis, quid usw.;
z. B. Sī quis quid sciat, respondeat!
Wenn wer (irgendwer) was (irgendwas) weiß, soll er antworten!

Das Gerundivum (§ 82)

Das Gerundivum ist ein Verbal*adjektiv;* es gibt an, daß etwas getan werden muß bzw. (verneint) nicht getan werden darf. Die handelnde Person steht im Dativ (auctoris):

Liber legendus est.	Das Buch *muß* gelesen werden.
Liber legendus nōn est.	Das Buch *darf nicht* gelesen werden.
Liber *mihi* legendus est.	Das Buch muß *von mir* gelesen werden.
Liber *mihi* legendus nōn est.	Das Buch *darf von mir nicht* gelesen werden.

Gerundium und Gerundivum im Wechsel (§ 83)

Statt des Gerundiums mit Akkusativobjekt bevorzugt das Lateinische die Gerundivkonstruktion:

spēs oppidum expugnandi	=	spēs oppidī expugnandī;
laetitia amīcam videndī	=	laetitia amīcae videndae.

1. Übersetze:

Vir quidam aliqua via angusta librum legens ambulat. Libro tantopere tenetur, ut diu neque videat neque audiat quicquam. Subito audit vocem aliquam: „Mihi quisque sine mora cedere solet.“ – „Quis es? Cur non ipse cedis?“ – „Ego non cedo asino ulli.“ – Tum ille: „At ego!“
Nenne alle pronomina indefinita obiger Geschichte und ihre Bedeutungen!

Dekliniere:

quidam miles – aliqui civis – neque ulla urbs – optimus quisque – neque quicquam!

2. Bilde das Gerundivum von

adiuvare, monere, erudire, sepelire, capere, rapere, ducere, dicere, mittere!

Ersetze durch das Gerundivum:

Quid hodie facere debeo? Multa facere debes: debes legere, scribere, discere.
Alios fallere nobis non licet. Hominibus hominem violare non licet.
Vera dicere debemus. Cives semper concordiam servare, discordiam vitare debent.

Ergänze die Formen des Gerundivums:

Parentes nobis diligend_ sunt. Miseri omnibus adiuvand_ sunt. Fides servand_ est. Bella populis vitand_ sunt. Legibus parend__ est. Vobis pericula vitand_ sunt. Diligentia laudand_ est; neglegentia aestimand_ non est. Cives fugand_ non sunt. Captivi victoribus vexand_ non erant. Urbs expugnata militibus diripiend_ non est.

Ersetze in folgenden Sätzen das Gerundivum durch das Gerundium:
1. Duo amici consilium tyranni interficiendi ceperunt. 2. Non omnes discipuli libris Latinis legendis delectantur. 3. Omnes homines in rebus adversis spem sui servandi habent. 4. Spes tui videndi me tenet.

3. Silbenrätsel:

Bilde aus den folgenden Silben 15 Eigennamen, deren Anfangsbuchstaben ein lateinisches Zitat ergeben. Erläutere dieses Sprichwort!

A – A – AS – CA – CE – DE – DI – DI – DO – E – I – I – KA – KER – KRIT – LI – LI – LYM – LYMP – MI – MO – MUM – NA – NEP – O – O – O – PI – PI – RES – SCI – SPAR – TA – THA – TO – TRUS – TUN – U – US – XES

1. karthagische Königin
2. Ort panhellenischer Spiele
3. Göttin des Ackerbaues
4. Volk in Mittelitalien
5. Gott des Meeres
6. griech. Philosoph
7. Wohnsitz der Götter
8. Göttin der Jagd
9. Heimat des Odysseus
10. Sieger über Hannibal
11. römischer Politiker
12. homerisches Epos
13. Eroberer Korinths
14. Odysseus (lat.)
15. Hauptstadt Lakoniens

A Cornelia, die Mutter der Gracchen

1. Duobus saeculis post Alexandrum mortuum vixit in urbe Roma Cornelia, illius Scipionis Africani filia, quae ante omnes suae aetatis mulieres memoria dignissima videtur. 2. Cum maritus eius de vita decessisset, uxor tristis una cum duodecim liberis relicta est. 3. Postquam novem liberos morte amisit, matri miserae tres tantum liberi erant: duo filii unaque filia. 4. A Ptolemaeo, Aegyptorum rege divitissimo ac potentissimo, ad novas nuptias vocata rectius esse putabat more maiorum ingenia cum unius filiae, tum duorum filiorum erudire. 5. Erat enim non solum doctissima litteris Graecis, sed etiam prudentior et sapientior omnibus fere mulieribus Romanis suae aetatis. 6. Itaque vehementissima in agendo summa cum diligentia operam dedit, ut puerorum animi sapientia Graecarum litterarum et artium complerentur. 7. Cuius in filios amorem singularem fuisse ex hoc cognoveris: 8. Cum matrona felicissima, quae Cornelia divitior erat, aliquando mulierum more ornamenta sua pulchra ostendisset, Gracchorum mater duobus carissimis filiis arcessitis haec sua esse ornamenta respondisse dicitur.

Reform oder Revolution?

Postquam Carthaginienses, Romanorum fortissimi et acerbissimi hostes, victi atque omnes fere Graeciae Asiaeque gentes subactae sunt, tantae divitiae in urbem Romam fluxerunt, ut omnes cives huius populi curis vacui vivere possent. Sed cives nobilissimi maioribus divitiores (veterioribus Romanorum moribus neglectis) vitam iucundissimam egerunt luxuriamque magni aestimaverunt. Rustici autem, qui militiae causa sedecim, septendecim, duodeviginti, undeviginti, quin etiam nonnumquam viginti annos pro patria stipendia meruerant, aere alieno oppressi agrisque pulsi inopia laborabant. Propterea Tiberius Gracchus, cum multos agros vacuos esse aut a patriciorum servis male coli vidisset, studuit, ut rusticos in pristinum statum restitueret felicioremque eis vitam redderet. Tribunus plebis creatus patribus resistentibus curavit, ut agri clarissimorum et divitissimorum civium plebeiis pauperioribus darentur. Quibus factis animos quidem multitudinis sibi conciliavit, sed senatoribus avarissimis venit in odium. Itaque, cum – paratissimus ad exstinguendas plebeiorum miserias – die comitiorum potestatem sibi et collegae prorogari cuperet, a patriciis iratissimis pulsus et paulo post in via prope templum Capitolinum ab inimicis una cum comitibus fidelissimis occisus est. Corpore eius – horribile est dictu – in Tiberim misso senatoribus neminem exsistere persuasum erat, qui senatus auctoritatem minuere posset.

Latein	Deutsch	Englisch	Französisch
dēcēdere (dē vītā)	weggehen, sterben	to decease	décéder
tristis, e	traurig		triste
tristitia, ae, *f.*	Trauer		la tristesse
āmittere, ō	verlieren		
*nuptiae, ārum, *f.*	Hochzeit	nuptials	la noce
vehemēns, entis	heftig, energisch, gewaltig	vehement	véhément
amor, amōris, *m.*	Liebe	*amorous*	l'amour
singulāris, e	einzigartig	singular	singulier
matrōna, ae, *f.*	Ehefrau, *Matrone*	matron	la matrone
ōrnamentum, ī, *n.*	Schmuck	*ornament*	l'ornement
cārus, a, um	lieb, teuer, wert		cher
crūdēlis, e	grausam	crude	cruel
crūdēlitās, ātis, *f.*	Grausamkeit		la crudélité
acerbus, a, um	streng, bitter, hart		aigre
vacuus, a, um	leer, frei von	vacant	vacant
vacāre	leer, frei sein		*les vacances*
maiores, um, *m.*	Vorfahren, Ahnen		
mīlitia, ae, *f.*	Kriegsdienst	*military*	*militaire*
nōnnumquam	manchmal		
stīpendium, ī, *n.*	Sold; Kriegsdienst	stipend	
stīpendia merēre	*(als Soldat)* dienen		
aes, aeris, *n.*	Erz, Geld		
aliēnus, a, um	fremd	alien	*aliéner*
aes aliēnum	Schulden		
prīstinus, a, um	ehemalig, früher	pristine	
reddere, ō	zurückgeben; machen zu		rendre
quidem *(adv.)*	wenigstens, zwar, allerdings		
conciliāre	vereinigen, gewinnen, erwerben	to conciliate	concilier
odium, ī, *n.*	Haß	*odious*	*odieux*
miseria, ae, *f.*	Elend, Not	*misery*	la misère
comitia, ōrum, *n.*	*Volksversammlung*, Wahlen	*committee*	le comité
collēga, ae, *m.*	*Amtsgenosse, Kollege*	colleague	le collègue
*prōrogāre	verlängern		proroger
fidēlis, e	treu, zuverlässig	*fidelity*	fidèle
fīdus, a, um	treu, zuverlässig		
perfidus, a, um	untreu	perfidious	perfide
exsistere, ō	hervortreten, entstehen	to exist	exister

Erkläre: Amoretten — Existenz — Kollege — konziliant — Militär — miserabel — Misere — Ornament — Ornat — Perfidie — singulär — vakant — Vakuum — Vehemenz!

Die regelmäßige Komparation (§ 14)

1. Der Komparativ

Zur Bildung des Komparativs tritt an die Stelle der Genetivendung -ior *(m./f.)*, -ius *(n.)*: long -ior, long ius; fort -ior, fort -ius.
Die Komparative folgen der konsonantischen Deklination (-e, -a, -um).

2. Der Superlativ

Zur Bildung des Superlativs tritt an die Stelle der Genetivendung im allgemeinen -issimus, -a, -um: long-issimus, a, um; fort-issimus a, um.
Die Superlative folgen der a-/o-Deklination.

Merke (§ 16):

adulescens stultior	ein *ziemlich* törichter Jüngling
poeta doctissimus	ein *sehr* gelehrter Dichter
fabula quam verissima	eine *möglichst* wahre Geschichte.

Übersicht über die Grundzahlen 1—20 (§ 28)

1	I	ūnus, a, um	11	XI	ūndecim
2	II	duo, ae, o	12	XII	duodecim
3	III	trēs, tria	13	XIII	trēdecim
4	IV	quattuor	14	XIV	quattuordecim
5	V	quīnque	15	XV	quīndecim
6	VI	sex	16	XVI	sēdecim
7	VII	septem	17	XVII	septendecim
8	VIII	octō	18	XVIII	*duodēvīgintī*
9	IX	novem	19	XIX	*ūndēvīgintī*
10	X	decem	20	XX	vīgintī

Deklination der Grundzahlen 1—3 (§ 29)

Nom.	ūnus	ūna	ūnum	duo	duae	duo	trēs	trēs	tria
Gen.	←	ūnīus	→	duōrum	duārum	duōrum	←	trium	→
Dat.	←	ūnī	→	duōbus	duābus	duōbus	←	tribus	→
Akk.	ūnum	ūnam	ūnum	duōs	duās	duō	trēs	trēs	tria
Abl.	ūnō	ūnā	ūnō	duōbus	duābus	duōbus	←	tribus	→

Der Ablativ des Vergleichs: (§ 63)

Bei Komparativen steht statt quam mit dem Nominativ oder Akkusativ häufiger der Ablativ des Vergleichs (ablātīvus comparātiōnis):
Nihil est miserius quam bellum = Nihil est miserius bellō.

1. Ergänze und übersetze:

Gaium, Tiberii fratrem, de crudelissim_ morte fratris carissim_ iratum fuisse et ex orationibus acerbior____ eius et ex litteris matris miserior__ nobis notum est. „Auctoritas patriciorum superbissim____“, Gaius dicere solebat, „compluribus legibus quam acerbissim__ mihi una cum civibus minuenda est. Curabo, ut senatoribus avarissim__ magna pars agrorum sumatur plebique praebeatur.“ Senatores C. Gracchum audacior__ et vehementior__ esse fratre cognoverant. Sed cum omnibus Italicis populis, sociis fidissim__, civitatem populi Romani dare in animo haberet, non solum patricii, sed etiam plebeii urbis Romae ei restiterunt. Amicis suis necatis Gaius ipse in fuga se interfecit, ne ab inimicis iratissim__ caperetur.

2. Dekliniere:

unus filius — una filia — unum oppidum — una castra — duo viri — duae feminae — tres cives — tria dona — tria corpora — tredecim milites — undeviginti legiones! Welche der obigen Zahlen sind undeklinierbar?

Übersetze:
odium unius collegae — vita trium militum — miseria omnium viginti servorum — tria iusta imperia — tres acerbae dominae — quindecim domus — duodecim parvae filiae — ornamenta duarum divitum matronarum — cum duobus ducibus et quindecim equitibus — sēdecim templa — cum trēdecim comitibus — undecim libri!

3. Unterscheide:

pulchrius — exercitus — dominus — dignius — celerius — corpus — filius — cupidius — fortior — honor — capior — memor — longior — audior — felicior — regor!

Verwende in den folgenden Sätzen den Ablativ des Vergleichs:
dignior est quam collega — miserior est quam servus — felicior sum quam tu — sapientior est quam philosophus — pulchrior est quam filia — carior est quam vita!

4. Beurteile:

Der Maler Friedrich Hetsch (1758—1839) hat eine berühmte Episode aus dem Leben der Cornelia in einem Gemälde festgehalten (Seite 128). Welche Gründe sprechen dafür, daß der Maler die Begebenheit historisch nicht richtig wiedergibt?

„Nil tám diffícile‿est, quín quaeréndo‿invéstigari[1] póssiet[2],“ lautet der Wahlspruch eines wissenschaftlichen Instituts. Aus welchem Grund ist wohl gerade dieser Spruch gewählt worden?

Johann Glandorp (1501—1564) beklagt sich über die Sportbegeisterung der Zeit:

„Gýmnica tráctantém spectát pia Músa iuvéntam:
nón ait hánc studiís, séd genuí stadiís.“

iuventa, ae, f. Jugend
stadium, ī, *n.* Stadion

„Als die Muse die sportbeflissene Jugend erblickte,
sprach sie: „Für's Stadion, nicht Studium zog ich sie auf.“

Wogegen richtet sich die Kritik des Autors? Gegen die Leibeserziehung?

[1] *erforschen*, [2] *altlat. statt possit*

A

Marius, der Retter Roms

1. Nonnullis annis post Gracchos summa cum turpitudine interfectos C. Marius, homo novus, humillimo loco natus, virtute veterrimis Romanis simillimus, exstitit, qui rem publicam Romanam ab ingentibus periculis servavit. 2. Illum virum, qui Graecas litteras omnino neglexit et despexit, ad pericula superanda maxime idoneum esse rebusque bellicis plurimis Romanis multo praestare vel nobilissimi pro certo habuerunt.
3. Secundo a. Chr. n. saeculo Cimbri Teutonesque, quorum agri pessimis et acerrimis tempestatibus vastati erant, novas sedes sibi magis idoneas quaerebant. 4. Barbari pulcherrimis et fecundissimis Galliae agris vastatis plurimisque eius provinciae incolis interfectis finibus imperii Romani appropinquaverunt et senatum populumque Romanum maximo timore affecerunt. 5. Postquam milites Romani nec primum nec secundum nec tertium impetum barbarorum sustinere potuerunt, Marius absens ne patriciis quidem resistentibus iterum consul creatus est. 6. Marius vetere militiae disciplina restituta cum militibus quam plurimis conscriptis contra hostes acerrimos itineribus quam maximis contendit, ut periculum maximum urbi imminens arceret. 7. Manibus Teutonum quarto proelio victis eorumque rege capto totaque fere gente exstincta Marius victor Cimbros petivit, qui alterum consulem prope Alpium maxime arduos montes pessima clade affecerant. 8. Quibus quoque hostibus victis – omnes fere Cimbri vitam amiserant – Marius, clarissimus omnium Romanorum aetatis suae, tertius conditor Romae appellatus est.

Marius und Sulla

Ante bellum Iugurthinum Marius hanc fere orationem habuisse dicitur: „Bellum me gerere cum Iugurtha iussistis, quam rem nobilitas aegre toleravit. Deliberate cum animis vestris, num id mutare melius sit, si quem ex nobilitate ad hoc negotium mittatis, qui in tanta re inscius omnium aliquem ex populo sumit monitorem officii sui! Comparate nunc, Quirites, cum illorum superbia me hominem novum! Quae illi audire aut legere solent, eorum ego partem vidi, alia gessi; quae illi litteris, ea ego bellis didici. Nunc vos existimate, utrum facta an dicta pluris sint!" Nemo civibus Romanis Mario maior, nemo melior esse videbatur: plurimi Metellum imperatorem patricium molliorem et peiorem Mario legato esse putabant. Re vera bellum Iugurthinum, maximum ac difficillimum, Mario duce confectum est. Sed quo quis plebeiorum erat prudentior, eo invisior erat senatoribus. Qui maximam spem habebant in Sulla nobili, qui Mario aliquot annis minor natu erat. Sulla omnes nobiles virtute et gloria superavit, ut princeps eorum factionis factus esset. Marius Sullae virtuti invidebat, quod Sulla nobilitati aetatis suae magis strenuus videbatur Mario ipso.
Compluribus annis post senatus contra Mithridatem, Asiae regem superbissimum, Sullam imperatorem misit; itaque bello civili acerbissimo et crudelissimo primo locus datus non erat. Sed paulo post Roma urbe a Sulla vi et armis capta aedificiisque incensis maxima caedes facta est. Mario septimo in consulatu mortuo Sulla, qui Felix nominabatur, dictator plurimum potentiae habuit, sed gravissimo morbo confectus imperium deposuit. Postero anno de vita decessisse dicitur (78 a. Chr. n.).

Latein	Deutsch	Englisch	Französisch
bonus, melior, optimus	gut	*to ameliorate*	bon
malus, pēior, pessimus	schlecht	*pessimist*	mal, pire
māgnus, māior, māximus	groß	maximum	majeur *le maximum*
parvus, minor, minimus	klein	minor	
multum, plūs, plūrimum	viel		
multī, plūrēs, plūrimī	viele		
turpis, e	schändlich, gemein		
turpitūdō, inis, *f.*	Schande, Gemeinheit	turpitude	
homō novus	Emporkömmling		
humilis, e	niedrig, gering	humble	humble
dēspicere, iō	verachten	to despise	
vel	oder; sogar		
vel — vel	entweder — oder		
tempestās, ātis, *f.*	Unwetter, Sturm, (unruhige) Zeit	tempest	la tempête
fēcundus, a, um	fruchtbar	fecund	fécond
sustinēre	aushalten	to sustain	soutenir
nē . . . quidem	nicht einmal		
conscrībere, ō	ausheben	to conscribe	*la conscription*
disciplīna, ae, *f.*	*Disziplin*, Unterricht	discipline	la discipline
contendere, ō	eilen; kämpfen	to contend	
arduus, a, um	steil, schwierig	arduous	
quoque *(enkl.)*	auch		
*conditor, ōris, *m.*	Gründer		
aegrē *(adv.)*	mit Mühe, kaum		
nobilitās, ātis, *f.*	Adel, *Nobilität*	nobility	la noblesse
monitor, ōris, *m.*	Mahner, Warner	monitor	le moniteur
comparāre	vergleichen	to compare	comparer
invīsus, a, um	verhaßt, feindlich	invidious	*envier*
aliquot	einige		
māior nātū	älter		
minor nātū	jünger		
factiō, ōnis, *f.*	Partei	faction	la faction
*strēnuus, a, um	tüchtig, kräftig	strenuous	
bellum civile	Bürgerkrieg		
caedes, is, *f.*	Mord, Gemetzel		
potentia, ae, *f.*	Macht, Einfluß	potency	la puissance
morbus, ī, *m.*	Krankheit	*morbid*	*morbide*
dēpōnere, ō	niederlegen	to depose	déposer

Erkläre: Deponens — deponieren — Depot — Disziplin — Humus — Komparation — Major — Melioration — morbid — Optimist — Pessimist — Plural!

Besonderheiten der Steigerung (§ 15):

Positiv		Komparativ		Superlativ
bonus	gut	melior	melius	optimus, a, um
malus	schlecht	pēior	pēius	pessimus, a, um
māgnus	groß	māior	māius	māximus, a, um
parvus	klein	minor	minus	minimus, a, um
multī	viele	plūrēs	plūra	plūrimi, ae, a
multum	viel	plūs		plūrimum

Unterscheide:

plūrēs mehr (als andere); complūrēs mehrere (einige)

§ 14,2 Bei den Adjektiven auf -er tritt zur Bildung des Superlativs -rimus, a, um an den Nominativ Singular des Maskulinums (pulcher -rimus, a, um; celer -rimus, a, um), bei einigen Adjektiven auf -ilis das Suffix -limus, a, um an den Stamm (facil -limus, a, um; simil -limus, a, um u.a.m.).

Komparativ und Superlativ werden manchmal auch durch magis und maximē umschrieben: magis idoneus geeigneter | māximē idoneus der geeignetste.

Vergleiche dazu i. D. umgangssprachlich „mehr glücklich, am meisten glücklich!“

Übersicht über die Ordnungszahlen 1—20 (§ 28)

1.	I.	prīmus, a, um der erste	11.	XI.	ūndecimus, a, um
2.	II.	secundus, a, um	12	XII.	duodecimus, a, um
3.	III.	tertius, a, um	13	XIII.	tertius decimus, a, um
4.	IV.	quārtus, a, um	14.	XIV.	quārtus decimus, a, um
5.	V.	quīntus, a, um	15.	XV.	quīntus decimus, a, um
6.	VI.	sextus, a, um	16.	XVI.	sextus decimus, a, um
7.	VII.	septimus. a, um	17.	XVII.	septimus decimus, a, um
8.	VIII.	octāvus, a, um	18.	XVIII.	*duodēvīcēsimus, a, um*
9.	IX.	nōnus, a, um	19.	XIX.	*ūndēvīcēsimus, a, um*
10.	X.	decimus, a, um	20.	XX.	vīcēsimus, a, um

Die Ordnungszahlen werden wie die Adjektive der a-/o-Deklination dekliniert.

Der Ablativ der Maßangabe (§ 66):

Der Ablativ des Maßes (ablātīvus mensūrae) steht auf die Frage *um wieviel?* und bezeichnet Grad bzw. Maß des Unterschiedes, z. B.

tribus annīs < ante = drei Jahre früher
post = drei Jahre später

1. Bilde die Komparative von

aequus, audax, bonus, celeber, clarus, idoneus, malus, multum, stultus, arduus; bilde die Superlative *m./f./n.* von
celer, facilis, laetus, tristis, malus, sapiens, parvus, similis, vetus, pulcher, humilis!
Vergleiche die Endungen der drei Genera im Komparativ und Superlativ!

Viele der folgenden Verbindungen sind grammatisch falsch. Wie müßte in diesen Fällen das Adjektiv jeweils richtig lauten? Korrigiere und übersetze dann:

provincia peiora	opera faciliora
dominus maius	filius melius
servus minus	regnum minorum
puella meliora	vinum melius
ingenium maius	homines plures

Übersetze:

Optimus quisque adiuvat. – Pauperrimus quisque saepe rebus suis contentus est. – Clarissimus quisque honori studet. – Stultissimus quisque homines monere solet.

2. Übersetze:

primus amicus – tertius conditor – septima uxor – nona pars – decima urbs – undecima insula – duodecimum templum – tertius decimus labor – septima decima filia – duodevicesimus filius – undevicesimus servus – vicesimus impetus!
Welche Ordnungszahlen werden abweichend vom Deutschen gebildet?

3. Wortkunde:

māgnus groß	māgnitūdō Größe	fortis tapfer	fortitūdō Tapferkeit

Bestimme die Begriffspaare:

altus – altitūdō, longus – longitūdō, multī – multitūdō, pulcher – pulchritūdō!

Was bezeichnet die Endung -tūdō, -tūdinis, *f.*?

Nē amīcī quidem vēnērunt.	Nē nōs quidem visitāvistī.
Nē respondēre quidem solet.	Nē litterās quidem mīsit.

Welches Wort wird jeweils von nē . . . quidem eingeschlossen? Suche eine Regel!
Erläutere die Grundbedeutungen der Begriffe homō novus und aes aliēnum!

4. Zur Rede des Marius:

Welche Charakterzüge des Marius werden durch seine von dem Historiker Sallust überlieferte Rede (Stück 29) deutlich?
Weshalb nennt man Marius den dritten Gründer Roms? Wie heißen der erste und der zweite Gründer Roms?

A

Das Schicksal der Sklaven

1. Recte et verissime multum inter vitam nostram ac vitam hominum antiquorum interesse iudicaveris, cum ii maximam laborum partem servis imposuerint. 2. Victos a victoribus crudeliter (magna cum crudelitate) ex alienis terris expugnatis abductos mercatores in foris velut mercem publice vendiderunt. 3. Omnia iura, quin etiam vitae necisque potestas, dominis erant in servos, quos liberi pro rebus utiliter parvi emptis, non pro hominibus habuerunt. 4. Numero servorum in dies crescente plurimi homines liberi nonnumquam singulis, binis, ternis, denis, postea vel centenis hominibus non liberis imperabant; nonnulli domini iustissimis causis, ne ab istorum numero superarentur, timuerunt. 5. Servis publicis, quibus munera humiliora imponebantur, maxime et in agris et in campis graviter molesteque laborandum erat. 6. Fortissimi autem gladiatores facti magna cum audacia inter se aut acerrime cum leonibus aliisque bestiis pugnabant: quibus spectaculis multorum hominum animi delectati sunt. 7. Aliquando gladiatores Spartaco duce, ut a tanta miseria se eriperent, custodibus necatis quam celerrime ex urbe Capua evaserunt; quibus alii servi brevi se adiunxerunt, quorum domini ab iis gravissimas poenas petere vehementer studuerunt. 8. Servi autem audacissime pugnantes fortiter bis, ter, vel quater senatus exercitus vicerunt. 9. Tandem maximis copiis coactis multi servi cum virtute se defendentes occisi sunt. Spartaco plurimisque suorum necatis reliqui servi interfecti sunt. 10. Tamen multos servos maxime idoneos, qui in domibus aut magistri aut medici serviverunt, saepissime familiarius meliusque tractatos et ad libertatem vocatos esse, praesertim cum de dominis suis optime meruissent, nemo negare potest.

Antike Kritik an der Sklavenhaltergesellschaft

Dubia Romanis antiquis ingenia servorum fuisse ex Ciceronis litteris ad fratrem scriptis bene cognoscimus. Qui, quamquam Tironem servum suum maxime ut familiarem dilexit, tamen servos omnino regendos esse scribit. Si qui servus – verbis suis addit – se fidelissime gerat, amice et humane in rebus privatis tractandus sit. Quae autem res ad rem publicam pertineant, de iis rebus servus ne quid attingat.

Postea domini lege prohibiti sunt sine causa vehementissime et acerrime in servos suos saevire. Primo p. Chr. n. saeculo Plinius Secundus et Seneca philosophus postulaverunt, ut homines liberi cum inferioribus, ad quorum fortunam ipsi traduci possent, sic viverent, quomodo superiores secum vivere cuperent. „Libenter ex iis, qui a te veniunt, cognovi familiariter te cum servis tuis vivere“, Seneca Lucilio amico scribit. „Hoc prudentiam, hoc sapientiam tuam decet, si cogitaveris idem in utrosque licere fortunae. Itaque rideo istos, qui turpe existimant cum servo suo cenare. Eiusdem superbiae verbum notum est; tot hostes esse quot servos. Non habemus illos, sed facimus. Qui diligenter attenderit, eum amicos non solum in foro et in curia, sed certe etiam domi inter servos suos inventurum esse constat.

Nonne cogitabis istum, quem servum tuum vocas, aeque spirare, aeque vivere, aeque sentire atque te? Tam tu illum videre liberum potes quam ille te servum. Vive cum eo familiariter, humane quoque, et in sermonem illum admitte et in consilium. Hoc loco tota superborum manus vocabit: ‚Nihil hac re humilius, nihil turpius; nam servus est.‘ ‚Sed fortasse liber animo.‘ ‚Servus est.‘ ‚Hoc illi nocebit? Alius libidini, alius avaritiae, alius gloriae servit; omnes spei, omnes timori.‘“

Servos homines cum humanitate tractandos esse Seneca verbis suis saepe affirmavit.

Latein	Deutsch	Englisch	Französisch
interesse	*hier:* verschieden sein		
mercātor, ōris, *m.*	Kaufmann		
merx, mercis, *f.*	Ware		*le mercenaire*
vēndere, ō	verkaufen	*vendor*	vendre
*nex, necis, *f.*	Tod		
parvī	*hier:* billig		
singulī, ae, a	einzelne; je einer	single	*singulier*
mūnus, eris, *n.*	Aufgabe, Geschenk	*munificent*	
gladius, ī, *m.*	Schwert		
gladiātor, ōris, *m.*	Fechter, *Gladiator*	gladiator	le gladiateur
bestia, ae, *f.*	Tier, *Bestie*	*beast*	la bête
custōs, ōdis, *m.*	Wächter	custodian	
sē adiungere, ō	sich anschließen	to adjoin	adjoindre
familia, ae, *f.*	Familie	family	la famille
familiāris, e	vertraut; *subst.* Freund	familiar	familier
praesertim *(adv.)*	besonders, zumal		
addere, ō	hinzufügen	to add	*l'addition*
attingere, ō	anrühren, unternehmen	to attain	atteindre
*saevīre, iō	wüten		sévir
inferior, ōris	der untere, niedrigere	inferior	inférieur
superior, ōris	der höhere, mächtigere	superior	supérieur
trādūcere, ō	hinüberführen	to traduce	traduire
sīc *(adv.)*	so		si
superbia, ae, *f.*	Stolz, Hochmut	*superb*	*superbe*
dīligēns, entis	sorgfältig, genau	diligent	diligent
*attendere, ō	achtgeben	to attend	attendre
domī	zu Hause	*domicile*	
spirāre	atmen	as-, respire	respirer
spīritus, ūs, *m.*	Atem, Geist	*spirit*	l'esprit
sermō, ōnis, *m.*	Gespräch	*sermon*	*le sermon*
admittere, ō	zulassen	*to admit*	admettre
fortāsse *(adv.)*	vielleicht		
bene (adv.)	gut, recht		bien

Erkläre: Biest — familiär — Inferiorität — Inferno — Inspiration — konspirieren — Küster — Kustos — Merkantilismus — Sermon — Sprit — Spirituosen — Spiritismus — Superior (eines Klosters)!

Bildung der Adverbien (§ 17)

1. Die Adjektive der a-/o-Deklination im Positiv sowie alle Adjektive im Superlativ bilden das Adverb, indem sie an die Stelle der Genetivendung -ī die Endung -ē setzen,
   z. B. long-ī: long-ē; longissim-ī: longissim-ē.
2. Die Adjektive der 3. Deklination im Positiv bilden das Adverb, indem sie an die Stelle der Genetivendung -is die Endung -iter setzen,
   z. B. fort-is: fort-iter, ācr-is: ācr-iter, aber prūdenter, sapienter, vehementer (aus prūdentiter, prudentter; sapientiter, sapientter; vehementiter, vehementter).
3. Der Komparativ des Adverbs ist gleich dem Neutrum Singular des adjektivischen Komparativs,
   z. B. longius, fortius, prūdentius, melius, celerius.

Zahlwörter (Ergänzung) (§ 28):

Neben den Grund- und Ordnungszahlen gibt es noch die seltener vorkommenden Distributivzahlen je ein, je zwei, je drei . . . (Frage: wieviel jedesmal?) und die Zahladverbien einmal, zweimal, dreimal . . . (Frage: wie oft?), z. B.

Zahlzeichen	Distributivzahlen		Zahladverbien	
1.	singulī, ae, a	je einer	semel	einmal
2.	bīnī, ae, a	je zwei	bis	zweimal
3.	ternī, ae, a	je drei	ter	dreimal
4.	quaternī, ae, a	je vier	quater	viermal
5.	quīnī, ae, a	je fünf	quinquiēs	fünfmal
10.	dēnī, ae, a	je zehn	deciēs	zehnmal
100.	centēnī, ae, a	je hundert	centiēs	hundertmal
	usw.		usw.	

Bestimmung der Art und Weise (§ 19; § 70)

Das Adverb ist eine nähere Bestimmung des Verbums auf die Frage: auf welche Art und Weise? wie?
Statt des Adverbs steht oft auch ein Ablativ der Art und Weise (ablātīvus modī):
Tiberius turpiter interfectus est = Tiberius cum turpitūdine interfectus est;
Philosophus sapienter vīvere solet = Philosophus cum sapientiā vīvere solet.
Vergleiche: cum sapientiā vīvit; aber: summā (cum) sapientiā vīvere solet.

Römisches Mädchen

Römischer Junge

1. Bilde die Adverbien :

doctus — angustus — planus — carus — malus — publicus — longus — clarus — pius; brevis — fortis — gravis — humilis — felix — prudens — sapiens — vehemens; longissimus — secundissimus — dignissimus — gravissimus — maximus — pessimus; facillimus — simillimus — pigerrimus — acerrimus — aegerrimus — celerrimus; beatior — doctior — iucundior — clarior — minor — melior — peior — magis arduus!

2. Setze das Adjektiv oder das Adverb ein:

Galli . . . (fortis) esse dicuntur; semper . . . (fortis) pugnant. — Viri . . . (sapiens) agunt . . . (sapiens); viri stulti . . . (stultus) agunt. — Boni equi . . . (celer) sunt; . . . (celer) currunt quam asini. — Nonnumquam et Graeci et Romani servos non . . . (crudelis et vehemens), sed . . . (iustus et aequus) tractabant. — Non omnes homines . . . (felix) vivunt; saepe miseri et pauperes . . . (beatus) vivunt quam divites.

Ersetze das Adverb durch einen Ablativ der Art und Weise, z. B.

laete = cum laetitia; cupide = cum cupiditate; graviter = magna (cum) gravitate!

Hannibalis exercitus Alpes moleste superavit:
Multi socii fideles celeriter advolaverunt:
Patricii tribunum plebis crudeliter necaverunt:
Multi homines avare magnis divitiis student:
Wann steht beim Ablativ der Art und Weise meistens cum; wann kann es fehlen?

3. Zahlwörter: Ergänzung (§ 28):

singuli filii — singulae filiae — singulum oppidum — singulis diebus — bini consules — binae litterae — terna castra — ternis noctibus — quaterni libri — quaternae vestes — quaterna verba — quini equites — quini legati — quinae leges — quina fora — deni viri — denae uxores — dena aedificia — centeni anni — centenae arbores!
Frater semel venit, quem bis invitaveram. Ter quaterque eum visitavi. Quinquies tu eum rogavisti. Antea centies libenter in eandem scholam properavimus!

Erschließe:

quadrageni liberi — quadringeni libri — septuageni servi — septingeni mortui — sexies — septies — octies — duodecies — ter decies — quinquies decies — vicies!

4. An einen Diener

„Níl prorsús fecí", quandó te vérbero, clamás:
Té ferio idcircó, quód facis ípse nihíl.

prōrsus (adv.)	geradezu
ferīre, iō	schlagen
idcircō (adv.)	deshalb

„Gar nichts hab' ich getan!" So schreist du, wenn ich dich prügle.
Deshalb schlag' ich dich ja, weil du nie etwas tust.

Was ersiehst du für das Verhältnis von Herrn und Diener aus obigem Zweizeiler? Versuche, den Inhalt des gesamten Stückes 30 zu gliedern!

A

Diskussion in der Schule

1. „Volo vos diligentius litteris Graecis studere, discipuli." 2. „Cur", interrogat magistrum puer, „nos cogere vis linguam patriae tuae discere?" 3. „Pater tuus", magister respondet, „animos filiorum discendo firmari vult. Sed non omnes origini philosophiae studere velle concedendum est." 4. „Orationibus in foro Romano habitis", defendit aliquis amicum, „interesse volumus, non verbis tuis." 5. „Cur vultis contra voluntatem parentum agere? Illi enim filios quam doctissimos brevi viros bonos se praestituros esse volunt." 6. „Equidem caput meum Graecis verbis compleri nolo; amicus meus non vult, nolunt alii pueri Romani." 7. „Cur carmina poetarum Graecorum audire non vis?" 8. „Malo carmina Latina; quae quisque puer vere Romanus audire mavult; malunt certe omnes discipuli." 9. „Nonne opera philosophorum Graecorum legere vultis?" 10. „Nolumus; Ciceronis Romani libros cognoscere malumus." 11. Magister Graecus iratus: „Nollem (ut) id dixisses, mallem (ut) tacuisses. Velim (ut) audias eos Romanos, qui se dicunt in Graecis litteris legendis operam ponere malle. Ne putaveritis me vos res inutiles docere velle!" 12. „Et tu quidem noli silentio praeterire Catonem ipsum auctoritatem et dignitatem maiorum nostrorum a philosophis istis Graecis minui noluisse!" 13. „Vos autem illum vestrum Catonem senem linguae nostrae diligenter studuisse nolite negare! 14. Malebat enim senex dare operam, ut studio et labore aliis civibus doctior esset."

Berühmte Männer in der Schule

Augustinus: „Cur ego Graecam linguam oderam? Cur discere nolui, ludere malui? Homerus quidem peritus est narrandi fabulas, quas ego ignorare volui. Credo etiam Graecis pueris Vergilius ita sit, cum eum sic discere coguntur ut ego illum. Nulla enim verba Graeca noveram et gravibus poenis, ut novissem, instabatur mihi vehementer."

Carolus Magnus: „Cum imperator Carolus post longum tempus iterum in Gallia esset, discipulos ad se venire et libros sibi monstrari voluit. Pueri inferiorum ordinum libros suos diligenter scriptos monstraverunt, filii superiorum ordinum litteras neglegenter compositas ostenderunt. Tum Carolus sapientissimus pueros diligentes ad dextram congregatos his verbis laudavit: ‚Multas gratias habete, filii, nam fecistis, quod volui. Semper honorabiles eritis in oculis meis!' Deinde sinistros magna cum severitate increpuit: ‚Nolite putare, pueri nobiles, vos apud me in honore esse; nam litterarum studia neglexistis: luxuriam et voluptatem maluistis. Per regem caelorum! Non magni aestimo nobilitatem et pulchritudinem vestram. Et hoc pro certo scitote: Nisi brevi neglegentiam vestram vehementi studio mutaveritis, numquam aliquid boni apud Carolum conciliabitis'."

Melanchthon: „Quis enim asinus tantum mali tolerare potest, quantum magister in pueris docendis laboris suscipit? Pueri disciplinae interesse nolunt, ludis interesse malunt. Puero voluptas est invenisse aliquid, quo velit vexare magistrum. Qui fabulam narrare vult, sed puer dormire mavult: securus in utramque aurem dormit. Nostris discipulis aut ingenia desunt aut deest voluntas discendi; discipuli discere nolunt; magis cogi volunt tamquam pecora. Ita magister in hac scholae militia miserrimis curis conficitur. Parentes, quid peccent liberi, culpam magistris dant. Talis gratia nobis pro summis laboribus et curis redditur."

	Latein	Deutsch	Englisch	Französisch
	velle	wollen		
	nōlle	nicht wollen		
	mālle	lieber wollen		
	lingua, ae, *f.*	*Zunge*, Sprache	language	la langue
5	firmus, a, um	fest, stark	firm	
	firmāre	befestigen, stärken	to confirm	confirmer
	voluntās, ātis, *f.*	Wille, Wunsch	*voluntary*	la volonté
	equidem *(adv.)*	ich freilich, allerdings		
	carmen, inis, *n.*	Lied, Gedicht		
10	orīgō, inis, *f.*	Ursprung	origin	l'origine
	concēdere, ō	zugeben, einräumen, erlauben	to concede	concéder
	suscipere, iō	auf sich nehmen, unternehmen		
	inūtilis, e	unnütz, überflüssig		inutile
	silentiō *(adv.)*	stillschweigend	silent	silencieux
15	praeterīre	vorbeigehen, übergehen		
	compōnere, ō	zusammenstellen, ordnen	to compose	composer
	dexter, (e)ra, (e)rum	rechts	*dexterous*	*la dextérité*
	sinister, tra, trum	links	*sinister*	sinistre
	grex, gregis, *m.*	Herde, Schar	*gregarious*	
20	egrēgius, a, um	ausgezeichnet, hervorragend	egregious	
	congregāre	vereinigen, versammeln	*to congregate*	*la congrégation*
	honōrābilis, e	ehrenvoll, ehrenhaft	honourable	honorable
	sevērus, a, um	streng	severe	sévère
	sevēritās, ātis, *f.*	Strenge	severity	la sévérité
25	increpāre	tadeln, schelten	to vituperate	vitupérer
	vituperāre			
	voluptās, ātis, *f.*	Lust, Vergnügen	*voluptuous*	la volupté
	per b. Akk.	*hier:* bei		
	dormīre, iō	schlafen	*dormant*	dormir
30	cūrāre	sorgen, besorgen	*curator*	
	sēcūrus, a, um	unbesorgt, sicher	secure	sûr
	auris, ris, *f.*	Ohr	ear	l'oreille
	tamquam	so wie; gleich als ob		
	peccāre	sündigen, fehlen		pécher

Erkläre: Firmung — Komposition — komponieren — Kongregation — Konzession — Kur — Linguistik — original — Sekuritglas — Voluntarismus!

C

velle, nolle, malle (§ 43)

velle	volō	voluī	wollen
nōlle	nōlō	nōluī	nicht wollen
mālle	mālō	māluī	lieber wollen

Ind. Präsens			**Konj. Präsens** möge		
volō vīs vult volumus vultis volunt	nōlō nōn vīs nōn vult nōlumus nōn vultis nōlunt	mālō māvīs māvult mālumus māvultis mālunt	velim velīs velit velīmus velītis velint	nōlim nōlis nōlit nōlīmus nōlītis nōlint	mālim mālīs mālit mālīmus mālītis mālint
Ind. Imperfekt			**Konj. Imperfekt** würde		
volēbam volēbas usw.	nōlēbam nōlēbas usw.	mālēbam mālēbas usw.	vellem vellēs usw.	nōllem nōllēs usw.	māllem māllēs usw.
Futur I			**Inf. Präsens**		
volam volēs usw.	nōlam nōlēs usw.	mālam mālēs usw.	velle	nōlle	mālle

1. Präge dir besonders ein die Imperative nōlī wolle nicht und nōlīte wollet nicht; ferner die Indikative und Konjunktive des Präsens!
2. Die Formen der Perfektstammgruppe werden regelmäßig gebildet: voluī, nōluī, māluī; voluerim, nōluerim, māluerim; volueram, nōlueram, mālueram; voluissem, nōluissem, māluissem; voluerō, nōluerō, māluerō.

Verbote (§ 90)

Verbote an die 2. Person werden umschrieben durch

nōlī, nōlīte mit dem Infinitiv: nōlī mē tangere!
nē mit dem Konjunktiv Perfekt: nē mē tetigeris!
→ Rühr mich nicht an!

1. Übersetze:

vis — vultis — volam — voletis — malumus — nolimus — velint — mallem — volebat — vellemus — maletis — nolam — velitis — non vis — mavultis — malueram — noluero — maluissem — voluerunt — malueritis — velle — malis — malam — vellem — noluisse!

Vultis, quod nolumus. Multi homines divites, omnes beati esse volunt. Nos omnes liberi esse volumus. Uni viro sapienti quam multis stultis placere mavultis.

Ergänze:

Hoc *(velle)*, sic iubeo. Ego *(nolle)* pauper esse. Amari *(malle)* quam timeri. Quae *(velle)*, ea libenter credimus. Aut prodesse *(velle)* aut delectare poetae. Nonne *(malle)* laudari quam moneri? Si vos domi manere *(malle)*, ego quoque domi manebo. Non tam stultus sum, ut *(velle)*, quod esse non potest. Homo servus esse *(nolle)*.

2. Ersetze durch nōlī, nōlīte mit dem Infinitiv:

Ne narraveritis fabulas!	Ne servum tuum verberaveris!	Ne pericula timueritis!
Ne divitiis studueris!	Ne sapientem vituperaveritis!	Ne alios fefelleritis!
Ne iustum accusaveritis!	Ne miseros contempseritis!	Ne captivos vendideris!

3. Wortkunde:

iūdicāre	urteilen	iūdicium	Urteil	incendere	anzünden	incendium	?
ōdisse	hassen	odium	?	servīre	dienen	servitium	?
studēre	sich bemühen	studium	?	gignere	zeugen	(in)genium	?

Was bezeichnen die Substantive auf -ium, iī, *n.*?

4. Varia:

Catilina definiert vor seinen Anhängern die Freundschaft wie folgt:
Idem velle atque idem nolle, ea demum firma amicitia est.
Hältst du diese Definition in allen Situationen für zutreffend?
Wie urteilen Augustinus als Schüler, Melanchthon als Lehrer, Karl der Große als Inspekteur über die Schule ihrer Zeit?

Stoßseufzer eines Schulmeisters (1590):

Vís genus aérumnaé, variúm genus ómne labóris	*aerumna, ae, f. Mühsal*
ínvidiásque uná dícere vóce? Scholá!	*varius, a, um verschieden*

Willst du in einem Wort alle Arten von Ärger und Mühsal,
Von gehässigem Neid nennen? Sag' „Schule" sodann.

Das Simplex crepāre heißt *knarren;* was bedeutet dann increpāre wörtlich? Im Lexikon steht für increpāre tadeln, schelten. Welche Sprache drückt den Tatbestand anschaulicher aus?

A

Ein Angriff auf den Staat

1. Catilina erat nobili genere ortus, sed ingenio moribusque malis. Qui quadraginta annos natus rem publicam capere in animo habuit. Sed postquam consilia eius orationibus Ciceronis consulis in lucem prolata sunt, Catilina se in Etruriam ad Manlium contulit, cum se cum quattuor aut quinque milibus coniuratorum patriae bellum inferre posse pro certo haberet. 2. Trecentis autem coniuratis extra et intra urbis moenia captis consul de ea re ad senatum rettulit. 3. Caesar et Cato sententias rogati orationes habuerunt diversissimas; ille scelus clementius ferendum esse censuit, hic autem de coniuratis captis supplicium sumendum esse iudicavit. 4. Consulares itemque senatus magna pars Catonis sententiam laudabant; virtutem animi ad caelum ferebant; alii alios increpantes timidos vocabant. 5. Unus ex senatoribus: „Equidem non iam aequo animo fero audaciam, quam iste Catilina prae se fert. 6. An vos fertis iniurias ab isto integris civibus illatas; num tu fers, collega? 7. Si eum, qui periculum, timorem, terrorem mortemque optimo cuique nostrum intulit, diutius perferimus, culpam horum scelerum multa milia civium in nos transferunt atque transferent summo iure!“ 8. „Cur“, interrogat collega, „tam graviter feramus? Deliquerunt sexaginta vel septuaginta vel centum adulescentes per ambitionem! Eos mille cives vel maxime duo milia civium adiuvant.“ 9. „Quid? Multum differt inter meam ac tuam opinionem. Pax est tranquilla libertas, servitus malorum omnium maximum. Catilinam orbem terrarum vastare cupientem num perferemus? 10. Nisi istum e medio tolleremus, spes imperii obtinendi ac rei publicae gerendae ei a nobis ipsis offerretur.“ 11. „Num tu verbis Marci Tullii, hominis novi, credis, qui Catilinam caedem sescentorum vel septingentorum optimatium in certum diem contulisse nobis persuadere vult?“ 12. „Cur tanto odio ferris in consulem, qui pro salute rei publicae tot tantisque periculis se obtulit? 13. Is, ad quem litteris clam delatis omnia consilia relata sunt, socios Catilinae spe victoriae elatos magistratibus bonisque omnibus vim illaturos esse nos certiores fecit. 14. Confer te ad illos, si eorum scelus dignitati huius ordinis et maiorum nostrorum praeferendum esse putas. Equidem istum hominem signa patriae inferentem non feram!“

Umwertung aller Werte

Sallustius, rerum Romanarum scriptor, qui de Catilinae coniuratione refert, quaesivit, qua de causa iste vir maxima vi et corporis et animi praeditus tanta crudelitate in rem publicam latus esset et signa patriae intulisset. Viginti fere dictatoribus sublatis, populis feris plus quam triginta subactis, Carthagine ingenti deleta fortuna post ducentos vel trecentos annos bellorum maior fuit, quam ut Romani ferre potuerint. Aliorum nationum divitiae, quae a multis milibus militum Romanis in urbem conferebantur, atque otium, quod a nullo hoste turbari poterat, oneri miseriaeque fuerunt. Primo igitur mala ambitio, deinde pecuniae cupiditas crevit, quam nemo sapiens umquam cupivit. Tum superbia et avaritia invaserunt, denique religiones contemptae deique neglecti sunt. Moribus ita perditis plebem, quae in seditionibus sine cura alitur, civibus bonis invidere et pessimum quemque (velut Catilinam) extollere coepisse mirum non est.

Latein	Deutsch	Englisch	Französisch
ferre	tragen, bringen		
ortus, a, um	geboren, stammend von		
sē cōnferre	sich begeben		
intrā *b. Akk.*	innerhalb		
moenia, ium, *n.*	Stadtmauer(n)		
sententiam rogāre	nach der Meinung fragen		
dīversus, a, um	verschieden	diverse	divers
clēmēns, ntis	milde, gütig	clement	clément
clēmentia, ae, *f.*	Milde, Güte	clemency	la clémence
item	ebenso		
timidus, a, um	furchtsam	timid	timide
an	*hier:* oder etwa?		
integer, gra, grum	unberührt, unbescholten, rein	*integral*	intègre
terror, ōris, *m.*	Schrecken	terror	la terreur
culpa, ae, *f.*	Schuld	*culprit*	*coupable*
*delinquere, ō	sich vergehen, fehlen	*delinquent*	*le délinquant*
ambitiō, ōnis, *f.*	Ehrgeiz	ambition	l'ambition
tranquillus, a, um	ruhig, gesichert, gelassen		
ē mediō tollere	aus dem Wege räumen		
optimātes, ium, *m.*	*Optimaten,* Senatspartei		
clam *(adv.)*	heimlich		
certiōrem facere, iō	benachrichtigen		
sīgna īnferre, ō	angreifen		
*praeditus, a, um	begabt mit		
quam ut	als daß		
nātiō, ōnis, *f.*	Volk, Nation, Stamm	nation	la nation
nātūrālis, e	*natürlich*	natural	naturel
turba, ae, *f.*	Schar, Menge		
turbāre	verwirren, stören		
perturbāre	sehr verwirren, stören	to perturb	perturber
onerī esse	zur Last sein		
umquam *(adv.)*	jemals		
religiō, ōnis, *f.*	*pl.* Kultus, Religiosität	*religion*	*la religion*
sēditiō, ōnis, *f.*	Aufstand, Aufruhr	sedition	
*extollere, -tulī	erheben, rühmen, loben, preisen	to extol	
hōra, ae, *f.*	Stunde	hour	l'heure
mēnsis, is, *m.*	*Monat*		mois, *mensuel*
mīrus, a, um	wunderbar, erstaunlich	miracle	le miracle

Erkläre: Delikt — Integrität — Internat — Konferenz — Mirakel — Naturell — Nationalismus — Nationalität — optimal — Terrorist!

C

ferre, ferō, tulī, lātum
tragen, bringen (§ 41)

Die Konjugation von ferre folgt im allgemeinen der Konjugation von regere. In einigen Fällen fehlen die Bildevokale i und e vor r, s und t:

Aktiv		**Passiv**
Ind. Präsens:	ferō, fers, fert, fertis	ferris, fertur . . .
Konj. Imperf.:	ferrem, ferres . . .	ferrer, ferrēris . . .
Imperative:	fer, ferte	
Inf. Präsens:	ferre	ferrī

Die Formen der Perfektstammgruppe Aktiv (tulī, tuleram, tulerō . . .) und Passiv (lātus sum, lātus eram, lātus erō . . .) weisen keine Besonderheit auf.

Komposita von ferre:

afferre	afferō	attulī	allātum	herbeitragen, melden
auferre	auferō	abstulī	ablātum	wegtragen
cōnferre	cōnferō	contulī	collātum	zusammentragen, vergleichen
dēferre	dēferō	dētulī	dēlātum	übertragen, berichten
differre	differō	distulī	dilātum	aufschieben, *sich* unterscheiden
efferre	efferō	extulī	ēlātum	hinaustragen, bestatten, emporheben
īnferre	īnferō	intulī	illātum	hineintragen, zufügen
offerre	offerō	obtulī	oblātum	entgegenbringen, anbieten
perferre	perferō	pertulī	perlātum	vollführen, ertragen
praeferre	praeferō	praetulī	praelātum	vorziehen
prōferre	prōferō	prōtulī	prōlātum	vorantragen, hervorbringen
referre	referō	re*t*tulī	relātum	zurückbringen, berichten
trānsferre	trānsferō	trānstulī	trānslātum	hinübertragen, übersetzen
tollere	tollō	sustulī	sublātum	aufheben, beseitigen

Kardinalzahlen Ergänzung (§ 28)

Die Kardinalzahlen sind an ihren Suffixen leicht zu erkennen:

gintā oder gintī: Zehner; z. B. septuagintā = 70.
centī oder gentī: Hunderter; z. B. septingentī = 700.

Die Zehner sind unveränderlich (z. B. trigintā cīvēs); die Hunderter haben die Endungen -i, -ae, -a: trecentī hominēs; trecentae urbēs; trecentā oppida usw.

Merke: centum = 100; mīlle = 1000; quattuor mīlia cīvium = 4000 Bürger!

Der Genetiv partitivus bei milia (§ 29,1)

Mīlle wird adjektivisch gebraucht: mīlle cīvēs = 1000 Bürger. Der Plural mīlia ist dagegen ein Substantiv und erfordert daher den Genetiv: duo mīlia cīvium = (zwei Tausender der Bürger) = 2000 Bürger.

1. Übersetze:

fers – ferris – feres – feram – ferre – fer! – fero – feramus – feremus – ferremur – ferri – tulissem – tulero – tulerim – lati sunt – lata erat – latae erunt – lati sint – latus essem – abstulisti – se contulit – differt – extulerat – signa inferte! – tollemus – offerunt – perfer! – praeferres – relata refero – sustulerat!

Quod fortuna dabit, feram. – Bene ferre magnam disce fortunam! – Fer firme! Facilis erit fortuna ferendo. – Stulti timent fortunam, sapientes ferunt. – Levius res adversas fertis, quod aequo animo fertis. – Quod fors feret, feramus! – Tempus ipsum affert consilium. – Quod differtur, non aufertur. – Consul ad senatum rettulit.

Ergänze:
Vir sapiens bona sua secum (ferre). – Onus leve erit, quod libenter (ferre). – Homines contenti essent, si fortunam aequo animo (ferre). – Nationes moribus suis multum inter se (differe). – Multi voluptatem virtuti (praeferre). – Consul de coniuratione ad senatum (referre): senatores eum extulerunt. – Romani multis populis signa (inferre).

2. Wie heißen folgende Grundzahlen?

XXX	trīgintā	L	quīnquāgintā	LXX	septuāgintā	XC	nōnāgintā
CCC	trecentī, ae, a	D	quīngentī, ae, a	DCC	septingentī, ae, a	DCCCC	nōngentī, ae, a

Tage und Jahre:
Dies viginti quattuor horas habet. Annus duodecim menses, mensis triginta vel triginta unum, Februarius duodetriginta dies habet. Annus habet trecentos sexaginta quinque dies. Mille dies in patria fui; tria fere milia dierum manebo. Duo milia sescenti quadraginta septem pueri puellaeque in oppido nostro habitant.

3. Unterscheide:

mīlle dies; aber: duo mīlia diērum. Welche Regel ergibt sich aus folgenden Beispielen? mīlle līberī, mīlle fēminae, mīlle cōnsilia; aber: tria mīlia incolārum, quattuor mīlia mīlitum, quinque mīlia barbarōrum, decem mīlia librōrum!

4. Wortkunde:

Die Adjektive auf -ius, -ālis, -īlis, -āris bringen die Zugehörigkeit zum Ausdruck.
Erkläre: censōr-ius, imperātōr-ius, patr-ius, senātōr-ius, rēg-ius; fāt-ālis, nāv-ālis, mort-ālis, nātūr-ālis; cīv-īlis, host-īlis, puer-īlis, vir-īlis, sen-īlis, serv-īlis; cōnsul-āris, famili-āris, mīlit-āris, popul-āris, salūt-āris!
Was heißen ē mediō tollere, certiōrem facere, sīgna īnferre (Vok. 32) wörtlich?
Versuche, den Unterschied zwischen audācia und fortitūdō aufzuzeigen (32,5)!

5. Erläutere

a) das lateinische Sprichwort: „Nātūrālia nōn sunt turpia!“
b) Die römische Gesellschaft hat nach dem 2. Punischen Krieg einen großen Wandel erlebt. Durch welche Eigenschaften ist die neue Mentalität vor allem geprägt?

A

Auf der via sacra

1. „Ibam forte via sacra, sicut meus est mos", his verbis Horatius poeta carminis celeberrimi initium facit. 2. Ita multis Romanis via sacra spectatum ire mos erat. Etiam Lucilio, qui illo ipso die ludos spectare in animo habet, sacra via eundum est. 3. Hac via antiquissimis temporibus ii ibant, qui corpora mortuorum ad forum ferebant; inde via nomen accepit. 4. Aetate Caesaris ibi multae tabernae erant. 5. Per totum diem negotii obeundi causą permulti homines eo veniebant; multae ibi merces venibant, quae alibi emi nequiverunt. 6. Sexta diei hora Lucilius viam sacram init. 7. Via plena est hominum: itur, reditur; inter eos Marcus est lente iens, qui alios sibi obviam euntes salutat, ad alios sibi manus offerentes adit. 8. Ubi via sacra et via lata coeunt, Lucilius primo adventu duos amicos convenit. 9. Quo eant, eos interrogat. „Ad curiam ibimus", respondent. „Nonne C. Iulium Caesarem perisse audivisti? Nonne eum illo ipso die per aliquot coniuratos mortem obisse novisti, eum ad inferos transisse, unde negant redire quemquam [(anno quadragesimo quarto a(nte) Chr(istum) n(atum); id est: anno septingentesimo decimo a(b) u(rbe) c(ondita)]? 10. Nonnulli philosophi, quibus fidem non habeo, non interire animas, sed ab aliis post mortem transire ad alios nobis persuadere volunt." 11. Lucilius: „Audivi, amici, de re tam atroci; sed fama crescit eundo. Equidem hunc nuntium verum esse credere nequeo." 12. „Non est fama: periit ille Caesar, qui tot victorias populo Romano peperit. Utinam ne in istum senatum (id est in theatrum Pompeii) inisset! 13. Quid Romani faciamus? Germani nobis proximis annis periculosi erunt (velut Ariovistus Caesaris aetate). Alpes, quas Hannibal transiit, eos non deterrebunt. 14. Germanos omnia pericula subituros magna cum audacia imperium Romanum perdituros esse multis persuasum est." 15. Lucilius: „Imperium Romanum non interibit neque anno septingentesimo decimo a. u. c. (id est anno quadragesimo tertio a. Chr. n.) neque anno octingentesimo quinquagesimo quarto a. u. c. (id est: anno centesimo p. Chr. n.) neque postero anno: si maneat Germanis non quidem amor nostri, at certe odium sui, quod urgentibus imperii fatis nihil praestare fortuna melius potest quam hostium dicordiam."

Flucht und Ende des Pompejus

Caesar omnibus rebus relictis copiis suis adeundum sibi Pompeium existimavit, quascumque in partes ex fuga abisset, ne rursus copias comparare et bellum renovare posset; et quantum itineris equitatu prodire poterat, cottidie prodibat unamque legionem minoribus itineribus succedere iussit. Erat edictum Pompeii nomine in Macedonia propositum, ut omnes eius provinciae adulescentes, Graeci civesque Romani, iurandi causa coirent . . .
Pompeius ipse unam noctem ad ancoram constitit; cognito Caesaris adventu ex eo loco discessit et paucis diebus in Aegyptum pervenit. Ptolemaeus, rex aetate puer, regisque amici iis, qui a Pompeio missi erant, liberaliter responderunt eumque ad regem venire iusserunt; ipsi clam consilio inito Achillam, praefectum regium, singulari hominem audacia, et L. Septimium, tribunum militum, ad interficiendum Pompeium miserunt. Achilla et Septimio interfectus est anno septingentesimo sexto a. u. c. (id est: anno duodequinquagesimo a. Chr. n.).

Latein	Deutsch	Englisch	Französisch
īre	gehen		
sicut	(so)wie		
initium, ī, *n.*	Anfang	to *initiate*	
initiō *(adv.)*	anfangs	*initial*	*initial*
*taberna, ae, *f.*	Bude, Laden	tavern	la taverne
alibī *(adv.)*	anderswo	alibi	l'alibi
lentus, a, um	langsam		lent
obviam *(adv.)*	entgegen		
lātus, a, um	breit		
lātitūdō, inis, *f.*	Breite	*latitude*	la latitude
advenīre, iō	ankommen		avenir
adventus, ūs, *m.*	Ankunft, *Advent*	advent	l'avent
mortem obire	ermordet werden; zu Tode kommen		
id est	das heißt		
anima, ae, *f.*	Seele, Leben		l'âme
atrōx, atrōcis	gräßlich, schrecklich	atrocious	atroce
fāma, ae, *f.*	Gerücht, Ruf	fame	fameux
periculōsus, a, um	gefährlich	perilous	
dēterrēre, eo	abschrecken	to deter	
ūrgēre, urgeō, ursī	bedrängen, bedrohen	to urge	*urgent*
cor, cordis, *n.*	Herz	core	le coeur
rūrsus *(adv.)*	wiederum		
renovāre	erneuern	to renovate	renouveler
quantus, a, um	wie groß; wieviel (n.)	*quantity*	*quantité*
succēdere, ō	nachfolgen; gelingen	to succeed	succéder
ēdīcere, ō	ansagen, anordnen, befehlen		
ēdictum, ī, *n.*	Befehl, Anordnung	an edict	l'édit
prōpōnere, ō	darlegen, erlassen, zuordnen	to propose	proposer
ancora, ae, *f.*	*Anker*	anchor	l'ancre
cōnsistere, ō	haltmachen; sich aufstellen		consister
discēdere, ō	sich zurückziehen, weggehen		
liberālis, e	gütig, freigebig	*liberal*	libéral
rēgius, a, um	königlich		
cōnscendere, ō	besteigen		
profectō *(adv.)*	in der Tat, wahrhaftig		
dēcipere, iō	täuschen	to deceive	décevoir

Erkläre: Advent — Akkord — Alibi — animieren — Edikt — Initialen — kordial — Propst — Renovierung!

īre, eō, iī, ītum (gehen) und Komposita (§ 42)

Ind. Präsens	:	eō, īs, it, īmus, ītis, eunt
Konj. Präsens	:	eam, eās, usw.
Ind. Imperfekt	:	ībam, ībās, usw.
Konj. Imperfekt	:	īrem, īrēs usw.
Futur I	:	ībō, ībīs usw.
Imperative	:	ī! īte!
Part. Präsens	:	iēns, euntis
Gerundium	:	eundī, eundō usw.
Gerundivum	:	eundum est
Inf. Präs. Pass.	:	īri

1. In der Präsensstammgruppe wird i vor a, o, u zu e: eō, eunt, eam, eās, eat . . ., euntēs, eundum est.
2. In der Perfektstammgruppe werden die Formen regelmäßig gebildet, doch wird ii vor s zu ī kontrahiert: īstī, īstis, īssem, īsse.
3. Die Komposita von ire zeigen keine Besonderheit in der Konjugation.

abīre	weggehen, fortziehen
adīre	hinzugehen, besuchen; bitten, angreifen
circumīre	herumgehen, umzingeln
coīre	zusammengehen, sich vereinigen
exīre	hinausgehen
inīre	hineingehen, beginnen
interīre, perīre	zugrunde gehen, untergehen
nequīre	nicht können, nicht imstande sein
obīre	entgegengehen, auf sich nehmen
praeīre	vorangehen
praeterīre	vorbeigehen, übergehen
prodīre	hervorgehen, vorrücken
redīre	zurückgehen, zurückkehren
subīre	unternehmen, auf sich nehmen
trānsīre	hinübergehen, überschreiten
vēnīre	zum Verkauf kommen, verkauft werden

Ordinalzahlen: Ergänzung (§ 28)

Die Ordinalzahlen sind an ihren Suffixen leicht zu erkennen:

-cēsimus (-gēsimus) für die Zehner: septuagēsimus: der 70.;
-centēsimus (-gentēsimus) für die Hunderter: septingentēsimus: der 700.

Merke: centēsimus = der 100. – mīllēsimus = der 1000.

Ablativ Zeitangaben (§ 69)

Zur Bestimmung der Zeit (Fragen: wann? innerhalb welcher Zeit?) steht der bloße Ablativ der Zeit (ablātīvus temporis):

aestāte	im Sommer
hieme	im Winter
aetātē nostrā	in unserem Zeitalter
primā lūce	bei Tagesanbruch

Bei Zeitangaben steht abweichend vom Deutschen die Ordnungszahl:
annō quadrāgesimō quārto a. Chr. n. = im Jahre 44 vor Christi Geburt.

1. Verwandle in die entsprechende Form des Perfektstamms:

ire – īs – it – ītis – īmus – eunt – eant – eō – ībās – ībitis – ībunt – ībat – eāmus!

Der kürzeste Brief:

Duo amici constituerunt, ut uterque epistulam quam brevissimam scriberet. Alter scripsit: „Ibo domum!" et iam se superare credidit. Sed eo valde deceptus est, nam alter respondit: „I!"

Übersetze:

abiērunt – adīssem – circumeunt – coeāmus – exībimus – inībātis – praeīrēs – obierat – praetereant – interierit – perībunt – subeō – redībō – prōditūrus sum – transīssemus – obviam īte! – vēneunt – vēnibit – nequīrent – nequit!

Was nicht in die jeweilige Vierergruppe paßt, ist anzukreuzen:

☐ subībis	☐ adīrēs	☐ exīs	☐ coīte
☐ superbīs	☐ obīrēs	☐ venīs	☐ mīlite
☐ abībis	☐ honōrēs	☐ praeīs	☐ trānsīte
☐ redībis	☐ inīrēs	☐ īgnis	☐ prōdīte

2. Vergleiche:

trīcēsimus	trecentēsimus	quadrāgēsimus	quadringentēsimus
nōnāgēsimus	nōngentēsimus	quīnquāgēsimus	quīngentēsimus
octōgēsimus	octingentēsimus	sexāgēsimus	sescentēsimus

Woran erkennst du die Zehner, woran die Hunderter?

3. Übersetze:

primā aestāte – posterīs annīs – hīs mēnsibus – hōrā decimā – aetāte nostrā – paucīs diēbus – annō mīllēsimō nōngentēsimō ūndēquadrāgēsimō!

Was fällt dir bei der Jahresangabe auf?

4. Wortkunde:

circumīre = herumgehen   inīre = hineingehen   praeterīre = vorbeigehen.

Bestimme: circumdare – circumdūcere – circumferre – circumfluere – circummittere – circumpōnere – circumscrībere – circumsistere – circumspectāre – circumstāre – circumvenīre – incēdere – incidere – incīdere – inclūdere – incurrere – indūcere – īnferre – īnfluere – īnfundere – ingerere – īnspicere – īnsistere – immigrāre – immiscēre – implēre – impōnere – importāre – praeteragere – praeterdūcere – praetermittere – praeternāvigāre – praetervolāre – praeterferre – praetermeāre!

Ermittle die jeweiligen „Gegenbegriffe":

angustus -------	parvus ---------	aestās ----------	puer -------------
maestus -------	malus ---------	bellum ---------	amor -------------
dīves -------	paucī ---------	fēmina ---------	amīcus ------------

Zum Unterschied von animus und anima:

Man kann z. B. von einer Pflanzenseele „*anima plantae*" (planta = Pflanze) sprechen. Dagegen kommt ein *magnus animus* nur einem außergewöhnlichen Menschen zu. Wodurch unterscheiden sich animus und anima?

5. Erläutere

den oft zitierten Ausspruch eines römischen Dichters: „(In) medio tutissimus ibis!"

A

Cicero in Makedonien

1. „Quando tandem fit, ut factionum civiumque de potestate componantur controversiae, quae rei publicae specie fiebant, re vera pro salute potentium fiunt? An numquam finis fiet bello civili? Nam ut paucis dicam: plurimi bonum publicum simulantes pro sua tantum potentia certant.“ 2. Cicero, quamquam Catilinae coniuratione patefacta pater patriae appellatus summam in re publica auctoritatem habuit, Romae diutius vivere non potuit, cum Clodius invisus tribunus plebis fieret. 3. Qua de causa Cicero anno duodesexagesimo (a. Chr. n.) Roma fugatus primo Brundisium se contulit; deinde Brundisio Thessalonicam in exsilium ire coactus est. Ex ea ipsa regione multi servi docti magistri facti Romam missi sunt. 4. Singulari calamitate afflictus multis epistulis ad coniugem et ad Quintum fratrem et ad Atticum scriptis Romamque missis invidiam sceleraque inimicorum, culpam amicorum perfidorum, sortem suam pessimam deflevit. 5. „Omnibus“, inquit, „amplissimis, carissimis, iucundissimis rebus privatus sine ullo sermone Thessalonicae sum, ubi dies mihi fiunt longiores, quam ut ferre possim. Nihil mihi nunc scitote tam deesse quam hominem, qui omnium meorum consiliorum particeps esse possit. 6. Sed amici mei sunt Romae, Athenis, Massiliae, Tarenti, Mediolani, Syracusis multisque aliis locis. 7. Opto, ut vos quidem rursus laetae fiatis, Terentia et Tulliola mea. 8. Utinam mihi aliquando iustitia fiat, qui nunc premor luctu et conficior dolore et lacrimis, qui iniuria affectus sum, ut nemini ante me fiebat. 9. Ego defendi rem publicam adulescens; non fiet, ut eam deseram senex; non fiam homo perfidus. Ego quoque, qui consul aliquando Romae factus populo Romano saluti fiebam, qui Syracusis dignitatem nominis Romani defendi, diutius in hac vita esse nequeo; neque enim tantum virium habet ulla aut prudentia aut virtus, ut tantum dolorem possit sustinere. 10. Non queo plura iam scribere: impedit maeror. Fiant dies nostri reditus!“

Lehrermangel auf dem Lande

C. Plinius Tacito suo salutem: „Proxime, cum Roma iter Comum (id est in patriam meam) feceram, venit ad me salutandum amici mei filius quattuordecim annorum. Hunc ego ‚studes?‘ interrogavi. Respondit: ‚Etiam.‘ ‚Ubi?‘ ‚Mediolani.‘ ‚Cur non hic?‘ Et pater eius (venerat enim una cum puero): ‚Quia hic nullos magistros habemus.‘ ‚Quare nullos? Nam vehementer intererat parentum liberos potissimum hic discere. Ubi enim aut iucundius viverent quam in patria aut melius continerentur quam domi sub oculis parentum? Nonne se studii causa Veronam, Mediolanum conferre coacti sunt? Nonne Florentiae, Cremonae, Patavii litteris studere solent? Optatis, ut liberi vestri viri boni et probi fiant. Nemo autem, ut dicitur, casu fit bonus. Fient, si domi diligentius litteris studuerint.

Atque adeo ego, qui nondum liberos habeo, paratus sum pro re publica nostra, quasi pro filia vel parente, tertiam partem eius, quod conferre vobis placebit, dare. Totum etiam darem, nisi timerem, ne hoc munus meum corrumperetur, ut accidere multis in locis video, in quibus magistri publice conducuntur. Huic vitio occurri uno remedio potest, si parentibus solis ius conducendi relinquatur, iisdemque necessitas collationis addatur. Nam, qui fortasse de alieno neglegentes, certe de suo diligentes erunt dabuntque operam, ne a me pecuniam non nisi dignus accipiat, si accepturus et iam ab ipsis erit. Proinde consentite maioremque animo ex meo sumite! Nihil honorabilius praestare liberis vestris, nihil gratius patriae potestis. Educentur hic, qui hic nati sunt, statimque ab prima adulescentia patriam ament‘.“

Latein	Deutsch	Englisch	Französisch
fierī	werden, geschehen		
quandō	wann		quand
controversia, ae, *f.*	Streit	controversy	la controverse
speciēs, ēī, *f.*	Aussehen, Anschein	*species*	l'espèce
specie (adv.)	dem Anschein nach		
cīvīlis, e	bürgerlich	civil	civil
bellum cīvīle	Bürgerkrieg		
simulāre	vortäuschen, heucheln	to simulate	simuler
certāre	streiten, kämpfen		
patefacere, io	aufdecken, öffnen		
exsilium, ī, *n.*	Verbannung	exile	l'exil
regiō, ōnis, *f.*	Gegend, *Region,* Richtung	region	la région
afflīgere, ō	niederschlagen	to afflict	affliger
coniungere, ō	verbinden, vereinigen	to conjoin	conjoindre
sors, sortis, *f.*	Los, Schicksal		le sort
amplus, a, um	groß, herrlich, geräumig	ample	ample
prīvāre	berauben	to deprive	priver
lūctus, ūs, *m.*	Trauer		
deserere, ō	verlassen, verraten	*to desert*	deserter
prūdentia, ae, *f.*	Klugheit	prudence	la prudence
quire, queō	können		
impedīre, iō	hindern, verhindern	to impede	
*maeror, ōris, *m.*	Trauer		
reditus, ūs, *m.*	Rückkehr		
hīc *(adv.)*	hier		
interesse	hier: von Bedeutung sein		
potissimum *(adv.)*	besonders, vor allem		
continēre, eō	in Schranken halten, zusammenhalten	to contain	contenir
casus, ūs, *m.*	Fall, Zufall	*case*	*le cas*
adeō *(adv.)*	so sehr; sogar		
atque adeō	hier: ja sogar		
rēs pūblica	hier: Gemeinde		
quasi	wie wenn, gleichsam	quasi	quasi
conferre	hier: beisteuern		
accĭdere, accidit	sich ereignen, geschehen	*accident*	*l'accident*
pūblicē	hier: auf Gemeindekosten		
*remedium, ī, *n.*	Heilmittel	*remedy*	le remède
condūcere, ō	mieten, anstellen	to conduce	
relinquere, o	hier: überlassen		
necessitās, ātis, *f.*	Notwendigkeit	necessity	la nécessité
*collātio, ōnis, *f.*	Beitrag, Beteiligung	*collation*	la collation
invītus, a, um	unwillig, ungern		
cōnsentīre, iō	zustimmen	to consent	consentir
animum sumere, o	hier: Mut fassen		

Erkläre: Deserteur — desertieren — Exil — Kadenz — Kollage — Kontinent — Kontroverse — regional — Simulant — simulieren — Zivildienst!

C **fierī, fīō, factus sum werden, geschehen, gemacht werden** (§ 44)

Ind. Präsens	fīō, fīs, fit, fīmus, fītis, fīunt
Konj. Präsens	fīam, fīās, usw.
Ind. Imperfekt	fīēbam, fīēbas usw.
Konj. Imperfekt	fierem, fierēs usw.
Futur I	fīam, fiēs, fīet usw.

1. Fierī folgt in den Formen der Präsensstammgruppe fast ganz (Ausnahmen: fierī; fierem usw.) der Konjugation von audīre. Diese Formen dienen auch als Passiv zu facere, z. B.

   Quae ab hominibus fiunt, ab hominibus deleri possunt:
   Was von Menschen gemacht wird, kann auch von Menschen zerstört werden.

2. Fierī entlehnt die Formen der Perfektstammgruppe von facere:
   factus sum, factus eram, factus erō – factus sim, factus essem.

Ortsangaben (§ 71)

Bei den Namen der Städte und kleinen Inseln steht auf die Frage wohin? der Akkusativ (ohne in), auf die Frage woher? der Ablativ (ohne ex), auf die Frage wo? der Ablativ (ohne in). Die sonst üblichen verdeutlichenden Präpositionen (z. B. in templum ire; ex templo venire; in templo esse) stehen bei Ortsangaben nicht:

Carthāginem, Syrācūsās — Carthāgine, Syrācūsīs — Carthāgine, Syrācūsis.

Sonderfall:

Bei den Namen der Städte und kleinen Inseln, die Singularia der a-/o-Deklination sind, steht auf die Frage wo? der alte Lokativ, der sich mit dem Genetiv deckt:

Rōmae, Corinthī, Colōniae, Mediōlānī, Spartae, Trōiae, Tarentī, Zamae usw.

1. Setze Formen von fieri ein:

Nihil ..... parentibus invitis. – Fac hodie, quod hodie ..... potest. – Si fidi eritis, nobis amici ..... – Si nos meliores facti erimus, etiam tempora meliora ..... – Labores difficiles studio ac diligentia faciles ..... Minimum quidque malum ..... neglegendo maximum.

Übersetze:

fīt – fīat – fīent – fierī – fierem – fiēbāmus – fīunt – fīētis – fierētis – fiātis!

Welche der folgenden Formen ist ein Futur:

fīās □ | fīs □ | fīēs □ | fierēs □ | fierēmus □ | fīēmus □?

2. Ergänze:

Nonnullōs diēs manēbimus (in Sparta, Athen, Korinth) _______________
Annō posterō cum frātre ibo (nach Karthago, Rom, Troja) _______________

Übersetze:

„Ubi fuisti, amice?" „Primo Tarenti, deinde Syracusis fui. Agrigenti tres dies mansi. Tum Carthaginem navigavi. Carthagine ruinas spectavi. Paucis diebus post Carthagine Zamam me contuli; inde domum redii."

3. Wortkunde:

intercēdere: dazwischentreten – obīre: entgegengehen – trānsferre: hinübertragen

Bestimme:

intercurrere – interdīcere – interfluere – intericere – intellegere – intermīscēre – intermittere – interpōnere – intervenīre – obambulāre – obdūcere – obicere – obstāre – occurrere – offerre – opprimere – oppugnāre – trānsfugere – transīre – trānsmigrāre – trānsmittere – trānsportāre – trānsvolāre – trādūcere!

Was bedeutet „ich bereite?"

pareō □ | parcō □ | parō □ | pariō □ | partō □ | paratō □?

Was bedeutet „videō?"

ich siege □ | ich lebe □ | ich sehe □ | ich werde verkauft □ | ich scheine □?

4. Beurteile

den Charakter Ciceros aufgrund seiner Korrespondenz nach der Verbannung (34). Warum will Plinius nicht die gesamten Personal- und Sachkosten für die neue Schule in Comum übernehmen, obschon er dazu in der Lage wäre?

11 Schmeken, Orbis Romanus (10350)

A

Die Taten des Augustus

1. Divi Augusti res gestas admirari quis cunctabitur, cum ille civibus Romanis, quorum agros oppidaque Romanorum ipsorum milites populati erant, timorem belli civilis eripuerit et rem publicam in libertatem vindicare conatus sit? 2. Haec fere eius ipsius sunt verba: „Curavi, ut equites peditesque, qui me comitati sunt, non diutius sub armis morarentur, quam populo Romano saluti fore arbitratus sum. 3. Ut ego victor omnibus veniam precantibus nec minabar nec minabor, sed peperci, ita gentes populosque, quibus me ignoscere posse arbitratus sum, cum nihil de insidiis suspicandum esset, conservare quam concidere malui. 4. Ita vix regio ulla fuit, ex qua non ad me nuntii gratulatum et pacem petitum publice missi sunt. 5. Quin etiam reges numquam antea Romae morati me principe senatum venerandi causa Romam venerunt. 6. Me dictaturam aut alium magistratum mihi a populo aut a senatu contra maiorum morem delatum non accepisse ne mirati sitis! 7. Principis est – ut ego suspicor – veterem severitatem imitari; illam quidem ut Romani imitarentur, optimum quemque civem semper hortatus sum. 8. Legibus novis me auctore latis multa exempla virtutis olim plurimi aestimata renovavi et posteris imitanda tradidi. 9. „Deos venerare!" populum iterum iterumque precabar; „deos veneremur!" cives Romanos usque ad extremum vitae meae diem adhortaturus sum. Ita fecerunt maiores nostri, qui magni putaverant virtutes, nihili autem duxerant animi libidinem. 10. Quos quidem imitari maxime sapientiae et prudentiae est; est quidem viri aequi et iusti. 11. Cives saepe fortunam miseram miserati, cum ferrum in foro, vis tota in urbe versaretur, laetamini rebus novis vestris secundis! 12. Brevi enim fiet, ut Romae omnibusque in terris versetur pax Augusta."

Augustus — primus inter pares?

Octavianus Antonio mortuo dominus totius imperii fuit. Princeps, quamquam auctoritas eius tanti erat quanti nullius viri Romani antea, cives se plus potestatis habere ceteris collegis arbitrari noluit. Domini nomen ut maledictum semper abhorruit. Cum spectante eo ludos exclamatum esset in spectaculo:

„O dominum aequum et bonum,"

et universi, quasi de ipso dictum, vehementer laetati essent, statim manu vultuque omnes, qui aderant, ne se eo nomine venerarentur, precatus est. Postero die edicto gravissime vetare cunctatus non est se dominum in futurum appellari ne a liberis quidem aut nepotibus suis.

Die senatus numquam patres nisi in curia salutavit, et quidem sedentes, ac nomine appellavit singulos nullo monente aut hortante; et discedens eodem modo sedentibus singulis vale dicebat.

Latein	Deutsch	Englisch	Französisch
(ad)hortārī, -hortātus sum	ermahnen, auffordern	exhortation	

Ebenso bilden die übrigen Deponentien der a-Konjugation ihre Stammformen:

arbitrārī	meinen, glauben	to arbitrate	l'arbitre
comitārī	begleiten	*concomitant*	
cōnārī	versuchen		
cūnctārī	zögern		
grātulārī	Glück wünschen, *gratulieren*	to congratulate	congratuler
imitārī	nachahmen, gleichkommen	to imitate	imiter
laetārī	sich freuen		
minārī	drohen		
(ad)mīrārī	bewundern, sich wundern	to admire	admirer
miserārī	beklagen	*miserable*	*la misère*
morārī	(sich) aufhalten		
populārī	verwüsten		
precārī	bitten, beten	to pray	prier
suspicārī	vermuten	to suspect	
venerārī	bitten, verehren	to venerate	vénérer
versārī	sich aufhalten, vorkommen		
dīvus, a, um	göttlich	divine	divin
vindicāre	beanspruchen; bestrafen	to vindicate	*re*vindiguer
in lībertātem vindicāre	befreien		
venia, ae, *f.*	Verzeihung	*venial*	
cōnservāre	schützen, retten, bewahren	to conserve	conserver
concīdere, ō	zusammenhauen, vernichten		
vix *(adv.)*	kaum		
exemplum, ī, *n.*	Beispiel	example	l'exemple
ōlim *(adv.)*	einst, vor langer Zeit		
ūsque ad	bis zu		jusqu'à
extrēmus, a, um	der äußerste	extreme	extrême
nihilī dūcere	für wertlos ansehen		
maledictum, ī, *n.*	Schimpfwort	*malediction*	*la malédiction*
vultus, ūs, *m.*	Miene		
senectūs, ūtis, *f.*	Alter		

Erkläre: Diva — exemplarisch — Extremist — gratulieren — imitieren — Konserve — konservieren — Nepotismus — venerabel — Veneration!

Deponentien der a-Konjugation (§ 36)

Deponentien sind Verben, die passive Formen und aktive Bedeutungen haben: hortārī, hortor, hortātus sum ermahnen, ich ermahne, ich habe ermahnt.

Ind. Präsens:	hortor, hortāris, hortātur, hortāmur, hortāminī, hortantur.
Konj. Präsens:	horter, hortēris, hortētur usw.
Ind. Imperfekt:	hortābar, hortābāris, hortābātur usw.
Konj. Imperfekt:	hortārer, hortārēris, hortārētur usw.
Futur I:	hortābor, hortāberis, hortābitur usw.

Die Formen der Perfektstammgruppe lauten entsprechend:

Ind. Perfekt:	hortātus sum	Konj. Perfekt:	hortātus sim
Ind. Plqpf. :	hortātus eram	Konj. Plqpf. :	hortātus essem
Ind. Futur II:	hortātus erō . . .		

Merke besonders:

die Imperative	hortāre!	ermahne!	hortāminī!	ermahnet!
das Part. Perf.	hortātus	ermahnt habend		
das Part. Präs.	hortans	ermahnend		

Der Genetiv: Zusammenfassung

Der Genetiv bezeichnet 1. Herkunft und Ziel, 2. Zugehörigkeit und Bereich. Der Genetiv dient im Lateinischen wie im Deutschen meist zur näheren Bestimmung eines Nomens durch ein anderes. Es steht also vor allem als Attribut, seltener bei Verben. Ohne weiteres lassen sich übersetzen der Genetiv der Eigenschaft (quālitātis): vir magnī ingeniī ein Mann großer Begabung und der Genetiv des Teilverhältnisses (partitīvus): prūdentissimus cīvium der Klügste der Bürger.

Für die Herübersetzung sind von besonderer Bedeutung:

1. der Genetiv subiectīvus / obiectīvus timor hostium die Furcht der Feinde, / die Furcht *vor* den Feinden. (§ 48)
2. der Genetiv possessīvus (Zugehörigkeit) (§ 49). Er bezeichnet im ursprünglichen Sinne den Eigentümer: domus patris est; im übertragenen Sinne bei Personen und Abstrakta eine Aufgabe, Pflicht, einen Ausdruck und Beweis:

Cōnsulis est.	Es ist Pflicht, Aufgabe eines Konsuls.
Virtūtis est.	Es ist ein Zeichen, Beweis von Tüchtigkeit.

3. der Genetiv pretiī (Wertangabe) (§ 50), z. B. magnī aestimāre hochschätzen. Er steht bei den Verben **aestimāre**, **habēre**, **putāre**, **dūcere**, **facere** schätzen; **aestimārī**, **habērī**, **putārī**, **dūcī**, **fierī**, **esse** geschätzt werden, wert sein, gelten und bezeichnet den Wert oder Preis durch *allgemeine* Wertangaben:

magnī	hoch	parvī	gering	tantī	so hoch; so teuer
plūris	höher	minōris	geringer	quantī	wie hoch; wie teuer
plūrimī	am höchsten	minimī	am geringsten	nihilī	für nichts

1. Ersetze

a) durch die entsprechenden Formen der Präsensstammgruppe:
arbitratus eram – arbitratae eritis – arbitrati simus – arbitratus, a, um!

b) durch die entsprechenden Formen von hortarī:
mones – monebitis – moneret – mone! – monete! – monuissemus – monitura est!

2. Übersetze:

a) Sicilia, quae primo Carthageniensium fuerat, postea Romanorum facta est. Urbes, oppida, templa, aedificia tum victorum erant. Superbiam continere victorum est; vim adhibere crudelitatis est. Libidini et voluptati servire improbi esse videtur.

b) Ersetze den Genetiv der Eigenschaft durch ein Adjektiv (Eigenschaftswort!)
Socrates vir magnae sapientiae erat = Socrates vir sapientissimus erat.
Marcus miles summae audaciae erat =
Dido femina singularis fidei erat =

c) Wie übersetzt man den Genetivus possessivus im übertragenen Gebrauch:
victoris est – nuntii est – legati est – pueri est – puellae est – magistri est – poetae est – optimatium est – principis est – regis est – tribuni plebis est; tristitiae est – superbiae est – timoris est – stultitiae est – rationis est – diligentiae est – neglegentiae est – severitatis est – audaciae est – avaritiae est.

d) Übersetze sowohl als Genetivus subiectivus wie als obiectivus:
spes sociorum – odium regum – amor parentum – timor omnium civium!

e) Übersetze:
Quis negaverit virtutem magni aestimandam esse? Quis negaverit virtutem pluris aestimandam esse quam divitias? – Quanti Brutum aestimo? Brutum non minoris aestimo quam tu, paene dixi quam te. – Tanti quidque consilium est quanti putamus. Ego consilia vestra parvi aestimo; aliquot pluris faciunt; multi plurimi ducunt.
In welchem Kasus muß bei folgenden Beispielen die Wertangabe stehen: für drei Talente verkaufen, für zehn Denare mieten, für zwei Minen kaufen?
Wie lautet die Regel?

3. Wortkunde:

laetus fröhlich | laetārī sich freuen | glōria der Ruhm | glōriārī sich rühmen.
Was bedeuten comitārī, morārī, opinārī, philosophārī, precārī, proeliārī?
Was bezeichnen die Verben auf -ārī (-āre)?

4. Beurteile:

Caesar statuerat agros Campanos militibus suis dividere. Quod cum complures senatores moleste ferrent, L. Gellius, senator extremae senectutis, dixit hoc non futurum esse se vivo. „Exspectemus“, inquit Cicero, „non enim postulat longam dilationem.“
Cicero unterscheidet sich in seinen Briefen (Stück 34) erheblich von dem Cicero der Anekdote. Versuche, das Gesamtbild seiner Persönlichkeit, aufgrund der o. Anekdote zu ergänzen!
Die Herrschaft des Augustus wird nicht als Monarchie, sondern als Prinzipat bezeichnet. Was soll dadurch ausgedrückt werden?

A

Die Frau bei den Germanen

1. Nullam Germanorum morum partem sibi magis esse laudandam quam severa eorum matrimonia Tacitus, Romanus rerum scriptor, confitetur. 2. Feminae, ne se sibi soli natam esse reatur, sed ut se sociam laborum et periculorum in matrimonium venturam esse quasi polliceatur, nubenti paratus equus, scutum, gladius aliaque, quae viris esse solent, a marito dono dantur. 3. Quae enim res viris olim et in pace et in proeliis usui erant. 4. Uxori, nisi fidem coniugi servavit, numquam parcet maritus, cui ius est poenae praesentis et severissimae: femina autem non forma, non aetate, non opibus maritum alium invenerit. 5. Nemo umquam mulieris istius, quae poenam merita est, miserebitur; nemini enim Germanorum vitia ridenda sunt; corrumpere et corrumpi neque saeculum vocatur neque laudi datur neque honori est. 6. Plus ibi bonos mores valere quam alibi bonas leges nobis Germanorum mores intuentibus persuasum erit. 7. Quin etiam acies Germanorum restitutas esse a feminis, quae libertati suae liberorumque verentes viris fortissime auxilio veniebant, quibusdam hostium scriptoribus fatendum erat. 8. Nonnullis vero feminis inesse sanctum aliquid et divinum Germanis persuasum erat. 9. Nemo eis maledixit: consilia responsaque earum vel gentium principes veriti sunt. 10. Vidimus sub divo Vespasiano Veledam diu apud plerosque numinis loco habitam esse; sed etiam olim Albrunam et complures alias venerati sunt, non servorum modo nec tamquam facerent deas.

Die Frau bei den Römern

Romanas quoque mulieres summam laudem meritas esse nemo est, quin sciat: Intueamur sacerdotes Vestae, quibus sacrae flammae tuendae erant; intuemini Corneliam, Agrippinam, Atiam, quibus filii educandi maximae erant curae. Arriae et Fanniae fortitudo viris ipsis exemplo erat. Nihilo minus Cato asperrimis verbis feminis maledicens professus est: „Optimo iure maiores nostri feminas in manibus esse parentum, fratrum, virorum rati sunt. Tueri domum eis satis honori erit. Nunc autem foro miscentur; gerendae quoque rei publicae student. Stipendia mereri quando eis videbitur? Num nos istam audaciam eis laudi dari reamur? Miseremini earum potentiae cupiditatis; favete, si remini, istarum rerum novarum studio! Ego quidem vobis polliceor: Sublatis maiorum iuribus legibusque vix feminas continere poteritis. Simulac pares esse coeperint, se superiores esse ratae omnium rerum libertati licentiaeque studebunt. Tum nemini res Romana imitanda esse videbitur: nulla certe gens fortunae nostrae invidebit."
At contra Plinius feminas Romanas admiratus hoc exemplum affert: Aegrotabat Caecina Paetus, Arriae maritus; aegrotabat etiam filius, uterque gravissime, ut medicis persuasum erat. Filius egregia pulchritudine – parentibus non minus ob alia laetitiae, quam quod filius erat – paulo post decessit. Huic mater funus ita sibi parandum esse rata est, ut ignoraret maritus. Quin etiam mulier fortis, quotiens mariti cubiculum intraret, vivere filium et medicinam ei saluti esse simulans professa est, ac saepe interroganti, quid ageret puer, respondebat: „Bene quievit, libenter cibum sumpsit." Deinde, cum lacrimas diutius tenere nequiret, mariti e cubiculo exiit; tum se dolori dabat: mox composito vultu redibat. Praeclarum etiam illud eiusdem, stringere ferrum, transfigere pectus, extrahere pugionem, praebere marito, addere vocem paene divinam: „Paete, non dolet".

Latein	Deutsch	Englisch	Französisch
fatērī, fassus sum cōnfitērī, confessus sum	gestehen, bekennen	to confess	confesser
profitērī, professus sum	erklären, bekennen	to profess	*le professeur*
merērī, meritus sum	dienen, verdienen	*to merit*	mériter
miserērī, miseritus sum	sich erbarmen	to commi-serate	*la commiséra-tion*
pollicērī, pollicitus sum	versprechen		
rērī, ratus sum	meinen, glauben		
tuērī, ⟨tutātus sum⟩	beschützen	*tutor*	*le tuteur*
intuērī, intuitus sum	betrachten	intuition	
verērī, veritus sum	*b. Akk.* scheuen, fürchten *b. Dat.* besorgt sein um		
vidērī, vīsus sum	scheinen		
socia, ae, *f.*	Gefährtin	*social*	
nūbere, nupsī, nuptum	sich vermählen, heiraten		
scūtum, ī, *n.*	Deckung, Schild		
ūsus, ūs, *m.*	Gebrauch, Nutzen	use	l'usage
fōrma, ae, *f.*	Gestalt, *Form*, Schönheit	form	la forme
saeculum, ī, *n.*	*hier:* Zeitgeist	*secular*	siècle
sānctus, a, um	heilig	saint	saint
nūmen, inis, *n.*	Gottheit		
respōnsa, ōrum, n.	Weissagungen		
sacerdōs, ōtis m, f.	Priester(in)	*sacerdotal*	*le sacerdoce*
nihilō minus	nichtsdestoweniger		
asper, era, erum	rauh, streng	*asperity*	âpre
stīpendia merērī	Kriegsdienste leisten, als Soldat dienen		
quandō	wann		quand
favēre, fāvī, fautum	günstig gesinnt sein, begünstigen	to favour	*favoriser*
licentia, ae, *f.*	Willkür, Erlaubnis	*licence*	la licence
aegrotāre	krank sein		
quotiēns	wie oft; so oft	*quotient*	
quiēscere, quiēvī	ruhen	*quiet*	
cibus, ī, *m*	Speise		
mox *(adv.)*	bald		
compositus, a, um	gefaßt, gemessen	composed	
stringere, ō	zücken	*astringent*	
transfigere, ō	durchbohren	to transfix	
pectus, oris, *n.*	Brust	*pectoral*	la poitrine
extrahere, ō	herausziehen	to extract	extraire
*pūgiō, ōnis, *f.*	Dolch		

Erkläre: Abusus — Angina pectoris — Extrakt — Favorit — fixieren — formal — intuitiv — Konfession — Lizenz — Meriten — Rationalist — Sozietät!

Deponentien der e-Konjugation (§ 36)

verērī, vereor, veritus sum   fürchten, sich scheuen

Die Formen der Deponentien der ē-Konjugation stimmen mit den passiven Formen der aktiven Verben (z. B. habēre) überein:

Ind. Präsens:	vereor, verēris . . .	Konj. Präsens:	verear, vereāris . . .
Ind. Impf.:	verēbar, verēbāris . . .	Konj. Impf.:	verērer, verērēris . . .
Ind. Futur I:	verebor, verēberis . . .		

Der Dativ: Zusammenfassung (§ 52)

Der Dativ bezeichnet 1. das entferntere Objekt, 2. die Beteiligung, 3. den Zweck.

1. Der Dativ als Objekt steht im Lateinischen wie im Deutschen auf die Frage wem? Merke besonders:

persuādēre	*mit Erfolg raten;* überreden, überzeugen	– Passiv: mihī persuādētur
invidēre	*neidisch zusehen;* beneiden, mißgönnen	– Passiv: mihī invidētur,
parcere	*Schonung gewähren;* schonen, verschonen	– Passiv: mihī parcitur.

2. a) Der Dativ der Beteiligung (commodī) (§ 53) steht auf die Frage für wen? wofür?
   Homō nōn sibī sōli nātus est: Der Mensch ist nicht für sich allein geboren.
   b) Der Dativ der Zugehörigkeit (possessīvus) (§ 55) bezeichnet den Besitz.
   Virō doctō multī librī sunt: Der Gelehrte besitzt viele Bücher.
   c) Der Dativ des Urhebers (auctōris) (§ 54) bezeichnet anstelle von a(b) mit Abl. die handelnde Person im Passiv. Regelmäßig findet er sich beim Gerundivum, seltener bei den Passivformen des Perfektstammes (vgl. dazu Stück 27!).

   Liber *mihi* legendus est. Das Buch muß *von* mir gelesen werden.
   Ich muß das Buch lesen.

3. Der Dativ des Zweckes (fīnālis) (§ 56) steht auf die Frage wozu? und bezeichnet Zweck, Ziel und Wirkung. Merke als Beispiele:

exemplō	esse	*zum Vorbild gereichen;* als Vorbild dienen	auxiliō venīre	zu Hilfe kommen
honōrī	esse	*zur Ehre gereichen;* ehrenvoll sein	auxiliō mittere	zu Hilfe schicken
cūrae	esse	*zur Sorge gereichen;* Sorge bereiten	dōnō dare	zum Geschenk geben
ūsuī	esse	*zum Nutzen gereichen;* nützlich sein.	laudī dare	zum Lob anrechnen

1. Setze sinnvoll ein:

verendum erat – tuendi erant – maximo usui – libertati veriti – Caesari!

Cladibus gravissimis a Germanis acceptis Romanis fines imperii ....
Cimbris Teutonisque victis ..... iterum cum Germanis bellum gerendum erat.
Romanis .... erat, quod Germani concordiam inter se servare non poterant.
Germani .... doluerunt, quod Romani Germaniam provinciam esse voluerunt.
Civibus Romanis ...., ne Germani rursus impetum in Italiam facerent.

Nenne die grammatischen Termini für die ergänzten Formen! Welche Funktionen haben sie?

2. Erkläre folgende Dative:

Sibi parat malum, qui alteri parare studet. – Hoc non facio tibi, sed amicis et familiaribus. – Nulli homini tantae erant divitiae, quantae illi Croeso. – Tibi laborandum est; sed amici tibi neglegendi non sunt. – Canes attenti mihi saluti erant. – Fides hominibus saepe maiori utilitati est quam gladius. – Qui finitimis laborantibus auxilio venerit, aliis quoque oppressis copias auxilio mittet. – Mihi magnae laetitiae est, quod venisti. – Quod aliis vitio das (ducis, vertis), id tibi ipsi laudi dare (ducere, vertere) non debes. – Liberi matri flores dono dare solebant. – Civitas civibus est; schola liberis est. – „Non scholae, sed vitae discimus", nobis iure postulandum est. – Hunc laborem omnibus utilitati fore tibi persuadeo. – Ut viris doctis fidem habeas, tibi persuadeo. – Nemini invidere et miseris parcere hominis vere hominis est. – Multis felicibus invidetur, multis subiectis non parcitur, quod omnibus dolendum est.

3. Über die Frauen:

a) Tacitus' Schilderung der germanischen Frau ist ohne Zweifel idealisiert. Aus welchem Grunde könnte der sonst so sehr auf historische Treue bedachte Autor hier von einer realistischen Wiedergabe abgewichen sein?
b) Cato wendet sich leidenschaftlich gegen die Emanzipation der Frau, da er diese nicht als dem Manne gleichwertig anerkennt. Weshalb sind seine Ausführungen falsch und seine Befürchtungen grundlos?
c) Der Bericht über die Arria entspricht genau den heroisierenden Darstellungen der Römerinnen aus der Frühzeit: Verginia, Lukretia, Cloelia . . . Spätere Epochen urteilten meist zurückhaltender, skeptischer, ja ironischer:

Casta suo gladium cum traderet Arria Paeto,	*castus, züchtig*
Quem de visceribus strinxerat ipsa suis,	*viscera, um, Herz*
„Si qua fides, vulnus, quod feci, non dolet", inquit,	
„Sed quod tu facies, hoc mihi, Paete, dolet."	

Als dem Pätus das Schwert die züchtige Arria reichte,
das sie mit eigener Hand zog aus der klaffenden Brust,
Sprach sie: „Was ich mir getan, das schmerzt nicht, glaub es Geliebter,
aber was du dir jetzt tust, o mein Geliebter, das schmerzt."

A

Die Kinder des Olymp

1. Mundo creato Iuppiter hominibus „Haec omnia", inquit, „quae molitus sum, vobis largior; partimini inter vos!" 2. Tum multos dies magnum certamen inter homines ortum est. 3. Rex imperio potitus est; aliquot homines regem magno cum studio adiuverunt; a nonnullis rex adiutus est. 4. Sed plerumque mentitur, qui blanditur. 5. Nautae navibus Romam, Carthaginem, Athenas multosque alios in portus navigaverunt; alii silvae bestias feroces adorti sunt. 6. Alius alium aequare studuit; nemo pericula cavit; nullus homo amorem habendi effugit; vires homines divitiarum mundi appetentes numquam defecerunt. 7. Divitissimum et felicissimum quemque multi optimum putaverunt. 8. Eum dominum habuerunt: is dominus habebatur. 9. Ita alius alia re eminere conatus est; omnes homines attentos et celeres se praebere studuerunt. 10. Sibi quisque consuluit; sibi quisque conciliare quam plurimum expertus est. 11. Homines avari neque pericula effugerunt neque mentiri dubitaverunt. 12. Solus poeta nihil sortitus est. 13. Nam hominibus totum mundum inter se partientibus in Musarum regione versatus erat. 14. Ita factum est, ut sero experiretur, quantopere homines bonorum cupidi essent. 15. Itaque poeta ad Olympum se contulit, Iovique omnia professus est: „O Iuppiter, homines omnia bona inter se partiti nobis poetis nihil reliquerunt. 16. Proinde tu mihi largire, vos dei nobis largimini, quod poetis dignum est!"
17. Atque Iuppiter ei assensus est: „Non ex divitiis", inquit, „verum decus oritur. 18. Tamen bonis variis student homines; ob divitias multae controversiae inter homines oriuntur. 19. Vos poetae meliora sortiemini: Olympus vobis semper patebit. 20. Ubi in Olympum veneritis, omnibus deis semper gratissimi eritis."

Cicero: Plädoyer in eigener Sache

Nisi multis praeceptis multisque litteris multos annos mihi ab adulescentia suasissem nihil esse in vita magis expetendum nisi laudem atque honestatem, in ea autem experienda omnes dolores corporis, omnia pericula mortis atque exsilii parvi esse ducenda, numquam me pro salute civium in tot controversias atque in hos sceleratorum hominum impetus obiecissem. Sed miserrimum quemque semper adiuvi, saepe coniuratorum manus effugi, multos menses eorum insidias cavi: efficere non potuerunt, ut a me ipse deficerem. Aliquam semper perniciem rei publicae molientes optimum quemque cottidie adoriebantur, in his me, quem cives patrem patriae declaraverunt. Coniuratorum dux nihil agit, nihil molitur, nihil cogitat, quod ego non audiam, non videam, non sentiam. Quotiens pericula parva quadam declinatione, ut aiunt, corporis effugi!
Sed quam multas nobis imagines — non mentior — fortissimorum virorum non solum ad intuendum, sed etiam ad imitandum scriptores et Graeci et Latini reliquerunt! Quaeret quispiam: „Quid? Illi ipsi summi viri, quorum virtutes litteris proditae sunt, istane doctrina, quam tu effers laudibus, eruditi fuerunt?" „Difficile est hoc de omnibus confirmare, sed tamen est certum, quid respondeam: saepius ad laudem atque virtutem naturam sine doctrina quam sine natura valuisse doctrinam assentiendum est."

Nr.	Latein	Deutsch	Englisch	Französisch
	blandīrī, blandītus sum	schmeicheln *(tibī)*	to blandish	
	largīrī, largītus sum	spenden, schenken	*largesse*	
	mentīrī, mentītus sum	lügen, täuschen		mentir
	mōlīrī, mōlītus sum	bewegen, schaffen		
5	partīrī, partītus sum	teilen, verteilen	to partition	partager
	potīrī, potītus sum	sich bemächtigen *(urbe)*		
	sortīrī, sortītus sum	erlosen, bekommen, erlangen		
	experīrī, expertus sum	versuchen, anwenden, erfahren	*to experiment*	*experimenter*
	orīrī, ortus sum	entstehen, aufgehen		
10	adorīrī, adortus sum	angreifen, überfallen		
	assentīrī, assensus sum	zustimmen, beipflichten	to assent	*l'assentiment*
	plērumque *(adv.)*	meistens		
	nauta, ae, *m.*	Seemann, Matrose	*nautical*	*nautique*
	silva, ae, *f.*	Wald		
15	ferōx, ōcis	wild, grausam	ferocious	féroce
	(ad)aequāre	erreichen, gleichkommen	to equal	égaliser
	effugere, iō	meiden, entfliehen	*fugitive*	fuir
	eminēre, ēo	sich auszeichnen, hervorragen	*eminence*	*éminent*
	sērō *(adv.)*	spät, zu spät		*le soir*
20	quantopere	wie sehr		
	proinde!	deshalb! daher!		
	decus, oris, *n.*	Schmuck, Ehre	*decoration*	
	varius, a, um	verschieden	various	varié
	praeceptum, ī, *n.*	Vorschrift	precept	le précepte
25	expetere, ō	erstreben, begehren		
	scelerātus, a, um	verbrecherisch		scélérat
	obicere, iō	entgegenwerfen, stürzen	to object	
	efficere, iō	bewirken	to effect	*efficace*
	perniciēs, ēī, *f.*	Verderben	*pernicious*	*pernicieux*
30	*dēclīnātiō, ōnis, *f.*	Biegung	*decline*	*la déclinaison*
	imāgō, inis, *f.*	Bild, Abbild		
	*quispiam	irgendeiner		
	prōdere, ō	mitteilen, verraten		
	cōnfirmāre	stärken, versichern, bestätigen	*to confirm*	confirmer
35	quotannīs *(adv.)*	jährlich		
	domō	von Hause		

Erkläre: Deklination — Dekoration — demolieren — Effekt — Eminenz — Experiment — Experte — Konfirmation — Objekt — partiell — Sorte — Varieté!

Deponentien der ī-Konjugation (§ 36)

partīrī, partior, partītus sum

Die Formen der Deponentien der ī-Konjugation stimmen mit den passiven Formen der aktiven Verben (z. B. audīre) überein:

Ind. Präsens:	partior, partīris ...	Konj. Präsens:	partiar, partiāris ...
Ind. Impf.:	partiēbar, partiēbāris ...	Konj. Impf.:	partirer, partīrēris ...
Ind. Futur I:	partiar, partiēris ...		

Der Akkusativ: Zusammenfassung (§ 58)

Der Akkusativ bezeichnet 1. das nähere Objekt, 2. Richtung und Ziel, 3. Ausdehnung.

1. Der Akkusativ als Objekt steht im Lateinischen wie im Deutschen auf die Frage *wen?* Einige Verben sind, abweichend vom Deutschen, im Lateinischen transitiv:

   adiuvāre unterstützen, helfen | vir adiuvātur — Der Mann wird unterstützt. Dem Mann wird geholfen.

aequāre	erreichen, gleichkommen	cavēre	meiden, sich hüten vor
dēficere	verlassen, zur Neige gehen	effugere	meiden, entrinnen u.a.m.

   Bei nennen, wählen zu, halten für, machen zu, sich zeigen als ... (nomināre, creāre, habēre, facere, se praebēre, se praestāre ...) und anderen steht der doppelte Akkusativ (§ 59), im Passiv der doppelte Nominativ.
   Cīvēs Cicerōnem patrem patriae nōmināvērunt: Die Bürger nannten Cicero Vater des Vaterlandes; Cicerō a cīvibus pater patriae nōminātus est: Cicero wurde von seinen Mitbürgern Vater des Vaterlandes genannt.

2. Der Akkusativ steht auf die Frage *wohin?* und bezeichnet Richtung und Ziel, meist in Verbindung mit einer Präposition (§ 60):
   sē in templum cōnferre; in Italiam migrāre u. ä.;
   aber:
   domum volāre, Rōmam iter facere, Corinthum nāvigāre (vgl. Stück 34).

3. Der Akkusativ der Ausdehnung in Raum und Zeit (§ 61,3) wird im Lateinischen wie im Deutschen gebraucht:
   Cicerō vīxit trēs et sexāgintā annōs. Cicero lebte 63 Jahre (lang).

1. Übersetze und bestimme:

assēnsa est – oritur – mē adortus est – expertus dīcō – sortiēris – urbe potiētur – moliēminī – nōli mentīrī – tibī blandiuntur – largīre! – nē partītī sitis!

Ergänze:
Rōmānī quotannīs provinciās . . . . . (sortīrī). – Britannī Romānōs magnā vī . . . . . (adorīrī). Inter hominēs bona partientēs multae contrōversiae . . . . . (orīrī). – Quam avāri hominēs essent, poētae brevī . . . . . (experīrī). – Multī semper assentientes aliīs . . . . . (blandīrī). Nemō umquam montēs sēde suā . . . . . (molīrī).

2. Ändere das Genus verbi:

Romani Romulum filium Martis putaverunt. Senatores Metellum consulem creaverunt. Terentium tribunum plebis declaravimus. Quem coniuratis favisse existimaverunt. Te hominem veritatis diligentem habemus. Mummius Graeciam provinciam Romanam fecit.

Wähle eine möglichst gute deutsche Übersetzung:
In rebus adversis amicos semper adiuvabo. Multi homines regiones ignotas cavent. Saepe insidias hostium effugimus. Animus nos in periculis versantes non defecit. Nemo nostrum vos adaequare poterit. Vir miser a nobis adiuvari et servari potest.

Bestimme die Funktion folgender Akkusative:
Pueri, qui multos menses cottidie in scholam properaverunt, aestate Mediolanum, Florentiam, Romam, Brundisium iter facient. Sexaginta dies domo aberunt, amicus eorum iam tres annos in Italia versatur. Pueri libenter parentes in terras alienas comitantur.

3. Wortkunde:

fīnis das Ende | finīre beenden | vestis das Kleid | vestīre bekleiden

Was bedeuten: custōdīre, mūnīre, pūnīre, servīre; mentīrī, partīrī, sortīrī?

4. Rhetorik:

Der Satz „nihil agit, nihil molitur, nihil cogitat“, enthält eine Steigerung (Klimax); vgl. auch „audiō, videō, sentiō“. Eine besonders verletzende Klimax liegt vor:
nemō est tam improbus, tam scelerātus, tam tuī similis . . .

Ordne die folgenden Wörter so, daß sich die rhetorische Figur einer Klimax ergibt:
necātur, verberātur, laeditur; orō tē, interrogō tē, obsecrō tē; veneror, amō, dīligō eam; mē adortī sunt gladiīs, verbīs, vīribus; quōs horrui cāvī, effugī; nōn feram, nōn crēdam, nōn sinam; timent eōs cunctī līberi, tōta urbs, omnēs cīvēs; potīti sunt curiā, urbe, oppidō; quōs omnēs in praesens ōdī, contemnō, neglegō.

5. a) Aus welchem Grund hat Zeus gerade den Dichtern eine Heimat im Olymp gewährt?
   b) Wie sieht Cicero das Verhältnis von Naturanlage und Bildung (Erziehung)?

A

Das Leben in der Großstadt

1. Mirum est, quam singulis diebus in urbe ratio aut constet aut constare videatur, pluribus iunctisque non constet. 2. Nam si quem interroges: „Hodie, quid egisti?" respondeat: „Officio togae virilis interfui, nuptias amici nobili genere nati frequentavi, ille me in consilium rogavit. 3. Multis negotiis meis non destiti: amicum, cui auxilio opus erat meo, cum adversarii eum aggrederentur, in foro primo congressu ab iniuriis eorum defendi. 4. An tu umquam amicos auxilio tuo carere patereris?" 5. Senatore quodam orationem in templi gradibus ingresso nemo dubitavit, quin Athenis eruditus eloquentia melior esset multis notis oratoribus. 6. Quos orationis vi et copia verborum superavit: „Semper his tempestatibus a senatu steti; aliquem ab officio suo abesse neque patior neque patiar. 7. Si quis contra rem publicam fecerit, urbe moveatur; transgrediatur ad alios! 8. Nonne vir bonus et fidus pro patriae libertate morietur?" 9. Ita ego cottidie prima luce domo egressus multa nocte domum meam ingressus sum.

10. Haec omnia, quo die feceris, necessaria, eadem, si cottidie fecisse te cogites, vana videntur, multo magis, cum ex urbe egressus sis. 11. Tum enim officiis vacuus tibi ipsi profiteberis: „Nihil vita urbana, nihil officiis fori vanius est. 12. Quot dies quam frigidis rebus consumpsi! 13. Vita rustica pluris est aestimanda sinistris in urbe sermonibus, quibus alius alium aggreditur. 14. Nulla spe, nullo timore sollicitor, nemo mecum congreditur." 15. Quod evenit mihi, postquam in Laurentino meo aut lego aliquid aut scribo; nihil audio, quod audisse, nihil dico, quod dixisse doleo: mecum tantum et cum libris meis sermonem habeo. 16. O rectam vitam, o dulce otium ac paene omni negotio pulchrius! 17. Proinde tu quoque inutiles labores, ut primum fuerit occasio, relinque teque studiis vel otio trade! 18. Melius est enim, ut Atilius noster eruditissime dixit, otiosum esse quam nihil agere. Vale!

Erziehungsprobleme in der Großstadt

Parentes: „Corrumpi mores in scholis urbanis putamus, quod diutius non patiemur. Temporibus maiorum nostrorum Romae disciplina multo durior et asperior erat nostri saeculi moribus. Nostra quoque aetate severis nobis opus est magistris non minus quam prioribus temporibus, sed vix quemquam magistro neglegentia parem inveneritis." Quintilianus parentibus ita dicentibus haec fere respondet: „Iniuria magistros aggredimini. Utinam liberorum nostrorum mores non ipsi perderemus! Mollis est illa educatio, quam clementiam vocamus: vires omnes mentis et corporis frangit. Ne diutius patiamur! At contra laetamur, si liberi prima aetate quid turpius dixerint: verba ne Alexandrinis quidem permittenda ridentes excipimus. Nec mirum: nos docuimus, ex nobis audiunt, nostra vitia vident. Fit ex his consuetudo, inde natura. Discunt haec miseri, antequam sciant vitia esse: non accipiunt ex scholis mala ista, sed in scholas adferunt."

Latein	Deutsch	Englisch	Französisch
gradī, -ior, gressus sum	gehen, schreiten		
aggredī, -ior, aggressus sum	angreifen, unternehmen	*aggressive*	*agressif*
congredī, -ior, congressus sum	kämpfen, streiten, zusammenkommen		
ēgredī, -ior, ēgressus sum	hinausgehen, verlassen		
ingredī, -ior, ingressus sum	betreten, beginnen	*ingredient*	
prōgredī,-ior, prōgressus sum	vorrücken, fortschreiten	to progress	progresser
trānsgredī, -ior, trānsgressus sum	überschreiten, übergehen	to transgress	
morī, ior, mortuus sum	sterben, vergehen	*mortal*	mourir
patī, -ior, passus sum	leiden, dulden	*patient*	*patient*
gradus, ūs, *m.*	Schritt, Stufe	grade	la gradation
congressus, ūs, *m.*	Zusammentreffen, Angriff	congress	le congrés
ratiō cōnstat	die Rechnung stimmt		
toga virīlis	Männertoga		
frequentāre	besuchen, feiern	*frequent*	fréquenter
cōnsilium, ī, *n.*	*hier:* Gutachten	*counsel*	le conseil
dēsistere, ō	ablassen, abstehen von	to desist	désister
adversārius, ī, *m.*	Gegner, Feind	adversary	l'adversaire
ēloquentia, ae, *f.*	Beredsamkeit	eloquence	l'éloquence
ōrātor, ōris, *m.*	Redner	orator	l'orateur
vānus, a, um	leer, nichtig	*in vain*	*en vain*
urbānus, a, um	städtisch	urban	urbain
frigidus, a, um	frostig; fade	frigid	froid
cōnsūmere, o	verbrauchen	to consume	consommer
sinister, tra, trum	links, widerlich	sinister	sinistre
sollicitāre	beunruhigen, erregen	*to sollicit*	solliciter
ēvenīre, iō	geschehen, passieren, sich ereignen	*event*	*l'événement*
dulcis, e	süß, angenehm		doux
otiōsus, a, um	frei (von Pflichten), müßig, unbeschäftigt	otiose	oiseux; oisif
prior, prius	der frühere, vordere	prior	
ēducātiō, ōnis, *f.*	Erziehung	education	l'éducation
permittere, ō	erlauben, gestatten	to permit	permettre
excipere, iō	aufnehmen, hören		
consuētūdo, inis, *f.*	Gewohnheit		

Erkläre: aggressiv — degradiert — dolce vita — eloquent — frequentiert — graduell — graduiert — Koedukation — Kongreß — Konsum — Mirakel — Patient — Passion — Passiv — Prior — progressiv — urban!

C

Deponentien der ĭ-Konjugation (§ 36)

patī, patior, passus sum leiden

Die Formen der Deponentien der ĭ-Konjugation stimmen mit den passiven Formen der aktiven Verben (z. B. capere, -io) überein; vgl. Stück 17 ff.!

Ind. Präsens:	patior, pateris, patitur . . .	Konj. Präs.:	patiar, patiāris, patiātur . .
Ind. Impf.	patiēbar, patiēbaris . . .	Konj. Impf.:	paterer, paterēris . . .
Ind. Futur I:	patiar, patiēris, patiētur . .		

Der Ablativ: Zusammenfassung

Der Ablativ bezeichnet 1. die Trennung und Herkunft (sēparātīvus), 2. die Lage in Raum und Zeit (locātīvus), 3. das Mittel und Werkzeug (instrūmentālis).

1. a) Der Ablativ war ursprünglich der Kasus der Trennung und Herkunft (vgl. Stück 4!). Er findet sich in dieser Funktion vor allem bei Verben und Nomina, die eine Trennung zum Ausdruck bringen (§ 62), z. B.

onere gravī liberāre	von einer schweren Last befreien
mihi opus est pecuniā	mir ist Bedarf an Geld / ich habe Geld nötig
nobilī genere nātus	aus vornehmer Familie stammend.

Zum Abl. der Trennung zählen auch

b) der Ablativ des Vergleiches (comparātiōnis) (§ 63); vgl. Stück 28:
Nūlla bēstia est prūdentior quam elephantus = Nūlla bēstia est prūdentior elephantō.

c) der Ablativ der Beziehung (līmitātiōnis) (§ 64), durch den eine allgemeine Aussage eingeschränkt, d. h. limitiert wird:
Platōnī nēmō par fuit *sapientiā*. Platon kam niemand gleich *an Weisheit.*

2. Der Ablativ bezeichnet ferner den Standort und Zeitpunkt.

a) Der Ablativ des Ortes (locī) (§ 68) bezeichnet die *örtliche* Lage auf die Frage *wo?*, und zwar ohne Präposition bei den Ortsnamen (mit Ausnahme der Singularia der a- und o-Deklination wie z. B. Rōmae, Dēlī usw.; vgl. dazu Stück 34!): Athēnīs in Athen; Carthāgine in Karthago; Hippōne in Hippo.

b) Der Ablativ der Zeit (temporis) (§ 69) bezeichnet die zeitliche Lage auf die Frage *wann? innerhalb welcher Zeit?*

vēre, aestāte, autumnō, hieme	im Frühjahr, Sommer, Herbst, Winter;
paucīs diēbus	innerhalb weniger Tage.

1. Setze
in die 3. Pers. Sg. und die 2. Pers. Pl. aller Tempora und Modi:

multōs gradūs facit – ad mortem graditur – adversārium lēgibus aggreditur – cum finitimīs proeliō congreditur – primō congressū pellitur et fugātur – ad urbem prōgreditur – Rhēnum flūmen trānsgreditur – intrā paucōs diēs moritur – servitūtem aegrē patitur – ex urbe ēgreditur – vicēsimum aetātis annum ingreditur!

Übersetze:

mōri – morī – mortī – mortuī – morēris – moriēris – morāris – moriāris – patĕris – patiēris – patĕre – patēre – graduī – gradī – gradus est – gressus est!

Ergänze:

Sī elephantī fīnēs . . . . . (trānsgredi), legiōnēs nōn longius . . . . . (prōgredi). – Quod vōs . . . . . (pati), multī aliī anteā . . . . . (pati). – Quod ex terrā nātum est, aliquandō . . . . . (morī). – Britannī militēs ex nave ēgredientēs . . . . . (aggredī).

Unterscheide:

Nē tribūnī mīlitēs hortentur! – Mīlitēs ā tribūnīs monentur. – Miserēre miserōrum! – Miserāre miserōs! – Miserērī decet miserōrum, quī miseriās ferre nequeunt. – Custōdibus cīvēs tuendī sunt. – Custōdēs cīvēs tutātī sunt. – Cīvēs ab impetū tūtī sunt. – Incolae imperatōrī urbe potientī resistunt. – Incolae imperātōrī potentī resistunt. – Urbs ab imperatōre petitur. – Imperātor urbe potitur. – Nēmō imperātōrem patitur. – Patĕre, quae fortuna fert! – Vidēsne omnia tibi patēre? – Pati iniūriam nōlumus. – Partī hominum nōn crēdimus. – Quandō urbe potīrī poterimus?

2. Bestimme folgende Ablative:

Quā nocte Alexander nātus est, eādem templum Dianae celeberrimum dēlētum est. Illō ipsō diē in urbe fuī, tū Carthāgine versāta es. – Decem annīs templum aedificātum erat; nōn multīs annīs cīvēs opus perfecērunt. – Antīquissimīs temporibus hominēs suō contentī erant. – Aetāte Augustī poētae carmina prō rei publicae salūte scrībere iussī sunt. – Annō quadringentēsimō septuāgēsimō sextō imperium Rōmānum dēlētum est. – Locō nostrō nōn cēdēmus. – Multī hominēs libertāte carent. – Nōbīs celerrimō opus est auxiliō. – Lūcius aetāte quidem puer, vīribus autem adulēscēns est. – Lesbiae nūlla fēmina pulchritūdine pār erat. – Quae puella natiōne Graeca est. – Nemo consule laude dignior est. – Imperātor omnium spē celerius Rōmam rediit. – Diligentior sum frātre. Nōn tōtā rē, sed tempore tantum dēceptus sum. – Omnēs fere natiōnēs linguā et lēgibus inter sē differunt. – Bona fāma melior est magnā pecūniā. – Nēminem Sōcrate maiōrem Graecia genuit.

3. Beurteile:

a) Weshalb mißfällt dem Plinius auf die Dauer das Leben in der Großstadt?
b) Wie beurteilt Quintilian das Problem „Besuch einer öffentlichen Schule oder Einzelerziehung zu Hause?“

12 Schmeken, Orbis Romanus (10350)

A

Theodosius bittet seine Töchter um Hilfe

1. Theodosius imperator (379–395 p. Chr. n.) tres filias et probitate et pulchritudine egregias habuit, quas viris magna virtute in matrimonium dedit. 2. Paulo post Theodosius ad bellum contra Aegypti regem profectus est, ut magnam iniuriam ulcisceretur. 3. Rex vero imperatorem paucis mensibus post de imperio fugavit; victus regnoque expulsus fortunam suam querens primae filiae epistulam scripsit, ut sortis suae miserae non oblivisceretur. 4. Quae epistula lecta maritum suum regem interrogavit: „Loquere, quid faciamus!" 5. Qui: „Mea sententia nostrum est patrem statim omnibus viribus adiuvare." 6. Illa autem: „Satis habeas quinque milites ei auxilio mittere, nam exercitum magnum nisi multis denariis[1] conducere non poteris." 7. Deinde Theodosius responso eius non contentus filiae secundae scripsit, ut sibi succurreret, quod occasione ulciscendi uti vellet. 8. Illa autem marito suo suasit, ne quicquam pater nancisceretur praeter victum et vestem, quamdiu[2] viveret. 9. Theodosius hac spe lapsus questus est: „Deceptus sum ab utraque filia." 10. Qua de causa filiae tertiae scripsit, quanto in discrimine versaretur et quid respondissent sorores, quae filiarum officiis functae non essent. 11. Illa maritum amplexa locuta est: „Omnibus viribus nitamur, nam pater regno expulsus est." 12. Maritus eius respondit: „Quid vis me facere?" 13. „Oro te," inquit, „ut exercitum quam maximum conducas, nam pater magna cum celeritate adiuvandus est." 14. Tum maritus brevi victoriam adeptus hostiumque urbe potitus Theodosium socerum quattuor equis vectum in regnum reduxit. 15. Tum imperator: „Vos", inquit, „virtute functi summo cum gaudio hac victoria fruimini! 16. Laudata sit hora, qua filia minima natu laude digna mihi nata est! 17. Amore et fide eius nitor et semper nitar, nam haec sola mihi auxilio venit. 18. Propter quod universum imperium post mortem meam ei relinquam." Et ita factum est.

Symmachus bittet Theodosius um Toleranz

Quarto p. Chr. n. saeculo, cum Christiani toto fere imperio Romano potiti essent, Quintus Aurelius Symmachus senator questus est, quod religiones antiquae ubique dilaberentur. Summa ope nitebatur, ut Theodosius imperator Constantium imperatorem imitaretur, qui anno 357 p. Chr. n. per omnes vias aeternae urbis laetum secutus senatum summo cum studio templa antiqua vidit, legit deorum nomina; cumque ipse alias religiones sequeretur, has servavit imperio: „Nam cum ratio omnis in operto[3] sit, unde rectius quam de memoria rerum secundarum cognitio venit numinum? Iam si longa aetas auctoritatem religionibus faciat, servanda est tot saeculis fides et sequendi nobis sunt parentes, qui secuti sunt summa cum pietate suos."
Romam nunc putemus adsistere et his vobiscum colloqui sermonibus: „Optimi principum, patres patriae, veremini annos meos, in quos me pius ritus[4] duxit. Utar maiorum religionibus, vivam meo more, quia libera sum. Hic cultus[5] in meas leges orbem redegit, haec sacra Hannibalem a moenibus, a Capitolio Gallos reppulerunt. Aequum est, quid omnes colunt, unum putari. Eadem spectamus astra[6], commune caelum est, idem nos mundus complectitur. Quid interest, qua quisque prudentia verum quaerat. Uno itinere non potest perveniri ad tantum secretum[7]. Sed haec otiosi disputent; nunc preces, non certamina offerimus."

---

[1] dēnārius, ī, *m.* Denar; [2] quamdiū solange als [3] in opertō im Dunkel [4] rītus, ūs, *m.* Ritus
[5] cultus, ūs, *m.* Kult [6] astrum, i, *n.* Stern [7] sēcrētum, ī, *n.* Geheimnis

Latein	Deutsch	Englisch	Französisch
amplectī, -or, amplexus sum	umarmen		
complectī, -or, complexus sum	umfassen		*complexe*
fruī, fruor, fructus sum b. Abl.	genießen		
fungī, fungor, fūnctus sum b. Abl.	verwalten	*function*	
lābī, lābor, lāpsus sum	gleiten, fallen		
dīlābī, dīlābor, dīlapsus sum	zerfallen		se délabrer
loquī, loquor, locūtus sum	sprechen, reden	*locution*	*l'interlocuteur*
colloquī, -or, collocūtus sum	**sich unterhalten**	*colloquial*	*le colloque*
nītī, nītor, nīsus (nīxus) sum	**sich anstrengen**		
querī, queror, questus sum	**(sich) beklagen**		
sequī, sequor, secūtus sum	**folgen**	*sequence*	suivre
ūtī, ūtor, ūsus sum b. Abl.	gebrauchen	to use	user
vehī, vehor, vectus sum	fahren *(intr.)*	*vehicle*	*le véhicule*
adipīscī, -or, adeptus sum	**erlangen**		*l'adepte*
īrāscī, īrāscor	**zürnen**	*irascible*	
nancīscī, -or, na(n)ctus sum	**bekommen, erlangen**		
nāscī, nāscor, nātus sum	**geboren werden**	**nascent**	**naître**
oblīvīscī, -or, oblītus sum	**vergessen**		**oublier**
proficīscī, -or, profectus sum	**aufbrechen**		
ulcīscī, -or, ultus sum	**sich rächen**		
probitās, ātis, *f.*	**Tüchtigkeit, Redlichkeit**		
succurrere, ō	**zu Hilfe eilen**	**succour**	**secourir**
praeter *b. Akk.*	**vorbei an; außer**		
discrīmen, inis, *n.*	**Entscheidung, Krise**		
soror, sorōris, *f.*	**Schwester**	*sorority*	**la soeur**
gaudium, ī, *n.*	**Freude**		
ubīque *(adv.)*	**überall**		
aeternus, a, um	**ewig**	**eternal**	**éternel**
cōgnitiō, ōnis, *f.*	**Kenntnis**	**recognition**	
pietās, ātis, *f.*	**Frömmigkeit**	*piety*	**la piété**
adsistere, ō	**hinzutreten**	*assistant*	*assister*
redigere, ō	(in eine Lage) bringen		rédiger
interest	es ist von Bedeutung, es liegt im Interesse von		
collocāre	aufstellen		

Erkläre: Assistent — Astralleib — kognitiv — funktional — Gaudi — Komplex — Kultur — Kult — labil — Querulant — Pietät — Ritual — Usus — Utensilien — Vektor!

C

Deponentien der konsonantischen Konjugation (§ 36)

ūtī, ūtor, ūsus sum gebrauchen

Die Formen der Deponentien der konsonantischen Konjugation stimmen mit den passiven Formen der aktiven Verben (z. B. regere) überein; vgl. Stück 17 ff.!

Ind. Präsens:	ūtor, ūteris, ūtitur . . .	Konj. Präs.	ūtar, ūtāris, ūtātur . . .
Ind. Impf.:	ūtēbār, ūtēbāris . . .	Konj. Impf.:	ūterer, ūterēris, ūterētur . .
Ind. Futur I:	ūtar, ūtēris, ūtētur . . .		

Der Ablativ: Zusammenfassung

Neben dem Abl. sēparātīvus und locātīvus (Stück 38) ist noch zu nennen der Abl. des Mittels oder Werkzeugs (instrūmentālis) (§ 65) auf die Frage *womit? wodurch?*

Der Abl. instrūmentālis steht auch bei folgenden Deponentien und Adjektiven:

ūtī armīs	Waffen gebrauchen	fruī dīvitiīs	den Reichtum genießen
fungī honōribus	Ämter verwalten	potīrī urbe	sich der Stadt bemächtigen
paucīs contentus	mit wenig zufrieden	laude dignus	des Lobes würdig

Zum Abl. instrumentalis zählen auch der

a) Abl. des Maßes (mensūrae) (§ 66). Er steht bei Komparativbegriffen auf die Frage *um wieviel?* und bezeichnet den Grad und das Maß eines Unterschiedes
dimidiō minor um die Hälfte kleiner; halb so groß.
paulō post um ein Weilchen später; bald darauf

b) Abl. des Preises, Wertes (pretiī) (§ 67). Er bezeichnet bei den Verben des Geschäftslebens den Preis, für den man eine Sache kauft, verkauft, mietet, vermietet usw. Domum tribus talentīs vēndidit. Er hat das Haus für drei Talente verkauft. Der Gen. pretiī (vgl. Stück 35!) bezeichnet nur die allgemeine Wertangabe bei den Verben schätzen, wert sein, gelten. Er ist gegenüber dem Abl. pretiī ein Sonderfall.

Der Abl. oder Gen. der Eigenschaft (quālitātis) (§ 70,2) steht anstelle eines Adjektivs (Eigenschaftswortes) und bezeichnet eine Eigenschaft (vgl. Stück 35!):

poēta doctissimus est
poēta magnae doctrīnae est (Gen. quālitātis) von gr. Gelehrsamkeit
poēta magnā doctrīnā est (Abl. quālitātis) mit gr. Gelehrsamkeit

Der Abl. der Art und Weise (modī) (§ 70,5) steht anstelle eines Adverbs und bezeichnet einen Begleitumstand (vgl. Stück 30!):
celerrimē venīre = summā cum celeritāte venīre.

Weder Abl. quālitātis noch Abl. modī bedeuten für die Herübersetzung irgendeine Schwierigkeit.

1. Unterscheide:

ōrātor clārus quaeritur – ōrātor clārus queritur – ōrātor clārus quaesītus est – ōrātor clārus questus est – bona exempla cīvibus usuī sunt – bonīs exemplīs cīvēs ūsī sunt – bonōrum exemplōrum ūsus ūsuī est – cīvis bonīs exemplīs ūsus est.

Maximō studiō debētis nītī – nisī maximō studiō vultis nītī ..... – maximō studiō sunt nīsī – nisī maximō studiō sunt nīsī ..... – maximō studiō sunt nīxī.

Locī natūra est – loquī dē natūrā – loquī dē locī natūrā – sīgna sunt secūta – sīgna sunt secunda – sīgna secunda sunt secūta.

Equitēs collocantur – timeō, nē equitēs colloquantur – peditēs sunt collocati – peditēs sunt collocūti – līberī librōs sunt nacti – līberī sunt nātī – librī sunt nōti – nihil prōfectum est – quis in urbem profectus est? – quis vestrum praefectus est?

Ergänze:
Salus civium salute rei publicae ..... (niti) – Cum Cicero consulatu ..... (fungi), Catilina coniurationem fecit – Militi ad bellum proficiscenti mater scutum tradens .....(loqui): „Aut cum hoc aut in hoc!“ – Res secundae miserias ..... (sequi) – Gratis animis bonis ..... (frui), quae ..... (nancisci) – Quae tu nobis ..... (loqui), numquam ..... (oblivisci).

2. Ersetze die Leerstellen durch die unten angegebenen Ablativwendungen:

a) Neminem miseriorem esse ..... pueri heri ..... legerunt –
b) Discipulis nemo par est .....
c) Non dubitamus, quin et magistris et parentibus ..... opus sit –
d) Discipulis certe respondebunt: „Non nobis, sed vobis ..... opus est –
e) Quis magistros ..... liberabit? –
f) Carolus Magnus pueros ..... natos pigros esse passus non est.

oneribus gravibus – prudentia – summo studio – magistris – nobili genere – neglegentia – aequo animo!

Nenne die Funktionen folgender Ablative:
Homerus multis annis ante Romulum vixisse dicitur – legatus hostium castris potitus est – patricius multis honoribus functus est – multi memoria digni non sunt – miles quidam decem annis post patriam vidit – nemo non bonis suis fruitur – multos homines sorte sua non esse contentos novimus – patrem rebus suis contentum esse scimus – familiaris domum multis denariis vendidit; paucis denariis villam conduxit – filius patris consilio nisus non est; animo suo niti maluit – filius multo maior est quam filia – multi homines amicitiam diu cum fide servaverunt – philosophum magna cum ira agere non decet – pueri maxima cum celeritate montes ascenderunt – vir summa diligentia pueros hortatus est – comes singulari neglegentia iis permisit, ut montes quam celerrime ascenderent.

3. Vergleiche:

a) die obige Sage von Theodosius und seinen Töchtern mit dem Inhalt von Shakespeares „King Lear“!
b) Welche Grundgedanken römischer Religiosität enthält die Relatio des Symmachus? Welche seiner Auffassungen stimmt mit der Grundtendenz von Lessings „Nathan, der Weise“ überein?

A

Der Traum des Hieronymus

1. Hieronymus, quo nemo doctior, nemo illustrior fuit, testamentum et vetus et novum in sermonem Latinum vertit. 2. Quae res ei non solum apud homines suae aetatis, sed omnium saeculorum honori erat. 3. Illum doctorem ecclesiae[1], quem per totam vitam litteris studuisse novimus, multas quoque epistulas scripsisse notum est. 4. Quarum infra exemplum allatum est:
5. „Cum ante annos plurimos domo, parentibus, sorore et, quod his difficilius est, consuetudine lautioris cibi, quo frui solitus eram, propter caeli regnum Hierosolymam proficiscens abstinuissem, libris, quos me Romae summo studio ac labore legisse bene scitis, carere vix poteram. 6. Post noctium crebras vigilias, post multas lacrimas, quas mihi memoria praeteritorum peccatorum movere solita est, Cicero et Plautus sumebantur in manus. Quorum opera mihi oblata esse nimis fere gavisus sum. 7. Si quando in me reversus prophetam legere coeperam, sermo parum cultus horrebat. 8. Quia lumen oculis meis non videbam, non oculorum putabam culpam esse, sed solis.
9. Aliquando corpore meo gravissimo morbo laborante et amicis saluti meae iam diffidentibus subito raptus in spiritu ad tribunal divinum tractus sum, ubi tantum luminis erat, ut iactus in terram sursum aspicere non auderem. 10. Ab iudice interrogatus condicionem religione mea confisus Christianum me esse respondi. 11. Qui iratus: ‚Quid audes dicere? Mentiris,' ait, ‚Ciceronianus es, non Christianus. 12. Ubi thesaurus tuus, ibi etiam cor tuum.' 13. Primo tacui, sed inter verbera – erant, qui me caedere iussi essent – clamavi: ‚Domine, qui summo iure irascaris, miserere mei!' 14. Amicis quoque, ut veniam iudex tribueret adulescentiae meae, precantibus professus sum: ‚Domine, si umquam habuero codices saeculares[2], si legero, te negavi. Ne verbis meis diffisus sis!' 15. In haec verba dimissus revertor ad superos et mirantibus gaudentibusque cunctis oculos aperio tanto lacrimarum imbre perfusos, ut etiam non credentibus fidem facerem ex dolore. 16. Nec vero vana somnia mea fuerant, quibus saepe decipiamur. 17. Memini tribunal, ante quod iacui; memini iudicium, quod timui; memini me tanto deinde studio divina legisse, quanto mortalia antea non legeram." 18. Nemo erit, qui illis ab Hieronymo in somnio visis non fidat.

Aus der Bibelübersetzung des Hieronymus

Homo quidam, quem ab Ierusalem in Iericho descendere novimus, incidit in latrones. Qui spoliaverunt eum, ut facere soliti sunt, et plagis impositis abierunt semivivo relicto. Erat autem sacerdos quidam, qui descenderet eadem via, et viso illo praeteriit. Similiter etiam levita[3], qui videret eum, transiit. Samaritanus autem quidam iter faciens et videns eum misericordia motus est. Et appropinquans alligavit vulnera eius infundens oleum et vinum; ita curam eius egit. Et altera die protulit duos denarios[5] et dedit stabulario[4] et ait: „Curam illius habe et ‚quodcumque supra rogaveris, ego, cum revertero, reddam tibi." – Quem horum trium credis proximum fuisse illi, qui incidit in latrones? Ac ille dixit: „Qui fecit misericordiam in illum." Et ait illi Iesus: „Vade et tu fac similiter!"

---

[1] doctor ecclēsiae Kirchenlehrer [2] cōdicēs saeculārēs weltliche Bücher
[3] levita, ae, *m.* Levit; Diakon [4] stabulārius, ī, *m.* Gastwirt [5] dēnārius, ī, m, kl. Silbermünze

Latein	Deutsch	Englisch	Französisch
audēre, -eō, ausus sum	wagen		*l'audace*
gaudēre, -eō, gāvīsus sum	sich freuen		
solēre, -eō, solitus sum	gewohnt sein, pflegen		
fīdere, -ō, fīsus sum	vertrauen	*confidence*	fier
cōnfīdere, -ō, cōnfīsus sum			confier
diffīdere, ō, diffīsus sum	mißtrauen	*diffidence*	défier
revertī, -or, revertī (*auch:* reversus sum)	zurückkehren	to reverse	
illūstris, e	berühmt	illustrious	illustre
infrā b. Akk.	unter, unterhalb		
*lautus, a, um	üppig		
crēber, bra, brum	häufig		
crēbrō *(adv.)*	häufig		
vigilia, ae, *f.*	Nachtwache	vigil	*la vigilance*
praeteritus, a, um	vergangen		
peccatum, ī, *n.*	Sünde, Fehler		
nimis *(adv.)*	zu sehr		
horrēre, eo	hier: in Schrecken versetzen		
lūmen, inis, *n.*	Licht, Leuchte	*to illuminate*	la lumière
tribūnal, ālis, *n.*	Richterstuhl	tribunal	le tribunal
*sursum *(adv.)*	aufwärts		
cōndiciō, ōnis, *f.*	*hier:* Bekenntnis		
thēsaurus, ī, *m.*	Schatz	treasure	le trésor
verber, eris, *n.*	Schlag, Prügel		
caedere, o	hier: schlagen, prügeln		
umquam	hier: jemals wieder		
dīmittere, ō	wegschicken, entlassen	to dismiss	démissionner
imber, ris, *m.*	Regen, hier: Strom (von)		
fidem facere ex	jdn. überzeugen von		
mortālis, e	sterblich, *subst.* Mensch	mortal	mortel
somnium, ī, *n.*	Traum		
somnus, ī, *m.*	Schlaf	*somnolent*	le sommeil
plaga, ae, *f.*	Schlag, Wunde	plague	la plaie
*sēmivīvus, a, um	halbtot		
misericordia, ae, *f.*	Mitleid, Barmherzigkeit		la miséricorde
*alligāre	verbinden		lier
īnfundere, ō	hineingießen		
oleum, ī, *n.*	Öl	oil	l'huile
suprā (adv.)	darüber hinaus		
(b. Akk.)	oberhalb		
recuperare	wiedergewinnen	to recuperate	récupérer
tardus, a, um	langsam	retarded	tard

Erkläre: Infusion — Linoleum — Mortalität — Präteritum — Tribunal — Vigil!

C

Die Semideponentien (§ 35; § 38)

solēre, soleō, solitus sum — pflegen, gewohnt sein
revertī, revertor, revertī — zurückkehren, umkehren

Semideponentien (Halbdeponentien) sind Verben, bei denen entweder nur die passiven Formen der Präsensstammgruppe oder nur die passiven Formen der Perfektstammgruppe aktive Bedeutung haben. Die Gruppe der Semideponentien umfaßt nur einige Wörter (vgl. Vokabelangaben zu Stück 40!).

Besonderheiten der Relativsätze

1. Relativsätze stehen im Deutschen wie im Lateinischen im allgemeinen im Indikativ (§ 96,1).
2. Relativsätze, die einen Nebensinn haben – meist final oder konsekutiv, seltener kausal oder konzessiv – stehen im Lateinischen zum Ausdruck eben dieses Nebensinnes im Konjunktiv (§ 96,2):

   Lēgātī missī sunt, quī *dicerent* ..... (die sagen *sollten*): final;

   Sunt, quī dīcant ..... Es gibt Leute von der Art, daß sie sagen
Es gibt Leute, die sagen .... : konsekutiv

   Ein konsekutiver Nebensinn liegt im Lateinischen immer vor, wenn der Relativsatz von einem Ausdruck des Vorhandenseins abhängig ist, z. B.

   Nōn est, quod dubitēmus. — Es liegt kein Grund vor, daß wir zweifeln.
Nōn dēsunt, quī crēdant. — Es fehlt nicht an Leuten, die glauben ...
Reperiuntur, quī id ament. — Es finden sich Leute, die das lieben.

3. Relativischer Anschluß heißt die Verknüpfung von Hauptsätzen durch ein Relativpronomen (vgl. Stück 6!) (§ 96,3). Übersetzung durch das entsprechende Demonstrativpronomen:

   Mihī multī amīci sunt. — Quōs magnī aestimō.
Ich habe viele Freunde. — *Diese* schätze ich sehr.

4. Der A.c.I. im Relativsatz (§ 96,4) findet sich im Lateinischen sehr oft. Er läßt sich nicht wörtlich übersetzen; es muß eine freie Wiedergabe gewählt werden, z. B.
Vēnit ad mē amīcus, quem etiam tibī amīcum fore spērō:
Es kam zu mir ein Freund, *von dem ich hoffe, daß* er auch dir Freund sein wird.

   Ebenso verhält es sich mit der Übersetzung eines Abl. comparātiōnis im Relativsatz, z. B.
Sequāmur Platōnem, quō nēmō fuit sapientior:
Laßt uns Platon folgen, *im Vergleich zu dem* niemand weiser war = Laßt uns Platon folgen; denn niemand war weiser *als dieser* = Laßt uns Platon folgen, *dem Weisesten* von allen!

Augustinus diktiert einem Schreiber

Antonello da Messina, Der heilige Hieronymus im Gehäus (um 1465)

1. Unterscheide:

Nonne audiamus eum? – audeamus dicere! – gaudeamus laudari! – augeamus vectigalia! – audiamus tribunos! – quis audet reverti? – philosophi auditi sunt – vires auctae sunt – venire ausi sunt – gaudent rebus secundis – audent domum reverti – gaudebitis alios delectare – audebitis regem fugare – quis audit eum reverti? – soli eramus – occasione uti soliti eramus – gaudere solent – video solem – nobis solis fidem habent – solis solius vis est – soror sola erat – in caelo sol erat – causas fingit – magistro fidit – marito fidet – verbis fidat – amico fidam!

2. Erkläre:

a) Neque enim nos Christianos quosdam imperatores felices dicimus, qui vel diutius imperaverint vel filiis imperium a periculis tutum reliquerint.
b) Sunt, qui hostes rei publicae se vicisse gaudeant; reperiuntur, qui inimicos cives et cavere et opprimere potuerint.
c) Quorum nemo est, qui ad Dei regnum pertineat! Quibus omnibus diffidamus!
d) Sed Christiani imperatores, quibus, ut speramus, nemo clementior est, hominibus missi sunt, qui iuste imperent, qui plus ament illud regnum, ubi non aemulos habere timent.
e) Sunt, qui homines se esse meminerint.
f) Quos cupiditatibus malis quam quibusdam gentibus imperare malle certum est.
g) Quod non saepius fieri dolemus.
h) Imperatores vere Christiani magna clementia sunt, qui ab aliis nimis humiliter salutatos esse non gaudeant, qui iniuria affecti tardius vindicent.
i) Deum, quem sibi timendum, diligendum, colendum esse credunt, cottidie venerantur.
j) Talem Christianum imperatorem, quo nullus princeps melior est, haec omnia non facere propter gloriam vanam, sed propter caeli regnum nemo est, qui nesciat.
k) Quos dicimus esse felices nunc spe, postea re ipsa futuros, cum id, quod exspectamus, advenerit (nach Aug. Civ. 5,24).

3. Antike und Christentum:

Zwischen christlicher Lehre und antiker Literatur ist es immer wieder zu Spannungen gekommen. Auch der Traum, von dem Hieronymus berichtet, macht diese Spannungen deutlich. Aus welchen Stellen läßt sich das besonders ersehen?

Wie sah Hieronymus das Verhältnis von Antike und Christentum

a) vor seinem Traum, b) nach seinem Traum?

Warum ist Hieronymus mit dem Ehrentitel doctor ecclesiae = Kirchenlehrer ausgezeichnet worden?
Man spricht heute öfter von einer anthropologischen Wende in der Theologie. Aus welchem Grunde gilt das bereits für die Geschichte vom barmherzigen Samariter aus der Vulgata des Hieronymus?

Namenverzeichnis

(Die Zahlen in Fettdruck geben jeweils die Lektion an, in der der Name erstmals erwähnt wird.)

A	
Achātēs, ae, *m.*	Freund des Äneas **3**
Achillas, ae, *m.*	Beamter des Königs Ptolemäus, Mörder des Pompejus **33**
Aegyptus, ī, *f.*	Agypten **33**
Aemiliī, ōrum, *m.*	altes römisches Patriziergeschlecht **7**
Aenēās, ae, *m.*	Trojaner, Sohn des Anchises und der Venus; Ahnherr des römischen Volkes **3**
Aetna, ae, *f.*	feuerspeiender Berg auf Sizilien, heute *Etna;* Werkstätte des Vulkan und seiner Cyklopen **16**
Āfrī, ōrum, *m.*	Bewohner von Afrika, Akrikaner **17**
Āfrica, ae, *f.*	der Erdteil Afrika / die Provinz Afrika (Nordafrika) **16**
Āfricānus, a, um	afrikanisch; ehrender Beiname: Scipiō Āfricānus **17**
Agrippīna, ae, *f.*	Tochter des Vipsānius Agrippa (62—12 a. Chr. n.), Gemahlin des Germānicus **36**
Albrūna, ae, *f.*	germanische Seherin **36**
Alexander, drī, *m.*	König u. Feldherr der Makedonen (356—323 a. Chr. n.) **23**
Alexandrīa, ae, *f.*	Alexandrien, bedeutende Stadt in Ägypten
Alexandrīnī, ōrum, *m.*	Bewohner von Alexandrien, Alexandriner. Sie waren bekannt wegen ihrer Laszivität und Frivolität.
Allia, ae, *f.*	Flüßchen in Latium, nördlich Roms, bekannt durch die unglückliche Schlacht der Römer gegen die Gallier (18. 7. 390 a. Chr. n.) **13**
Alliēnsis, e	Adjektiv zu Allia
Alpēs, ium, *f.*	Alpen **17**
Amūlius, i, *m.*	König in Alba Longa (Latium) **5**
Anaximenēs, is, *m.*	Rhetor und Historiker aus Lampsakus (≈ 350 a. Chr. n.) **27**
Antiochus, ī, *m.*	Beschützer des flüchtigen Hannibal, syrischer König **19**
Antium, ī, *n.*	Küstenstadt in Latium auf einer weit ins Meer auslaufenden felsigen Landspitze **3**
Antōnius, ī *m.*	82—30 a. Chr. n.; Volkstribun, Triumvir, heiratete Kleopatra, unterlag in der Entscheidungsschlacht bei Aktium dem Oktavian (31), endete durch Selbstmord (30) **35**
Apollō, inis, *m.*	Gott der Weissagung u. Heilkunde; Orakel in Delphi **25**
Āpulēius	röm. Schriftsteller (um 120 n. Chr.) **11**
Ariovistus, ī, *m.*	Germanenfürst, von Cäsar geschlagen (58 a. Chr. n.) **13**
Aristippus, ī, *m.*	435—360 a. Chr. n.; Schüler des Sokrates, Hedoniker **23**
Aristotelēs, is, *m.*	384—322 a. chr. n.; Erzieher Alexanders; bedeutender griechischer Philosoph **26**
Arria, ae, *f.*	Gattin des Senators Caecina Paetus, wählte mit ihm zusammen den Freitod (42 p. Chr. n.) **8**
Arruntius, ī, *m.*	Lūcius; Konsul im Jahre 22 a. Chr. n. **24**
Asia, ae, *f.*	a) der Erdteil Asien b) die römische Provinz Asien c) die Halbinsel Kleinasien **2**
Athēnae, arum, *f.*	Athen, die Hauptstadt von Attika **34**
Atheniēnsēs, ium, *m.*	Athener, Bewohner Athens **24**
Atilius, ī, *m.*	Jugendfreund des Plinius

Atius, a, um	Name einer römischen gens; am bekanntesten sind M. Atius Balbus und seine Tochter Atia (gest. 43 v. Chr.) **36**
Atticus, ī, *m.*	T. Pomponius, Freund Ciceros, Großgrundbesitzer (109—32 a. Chr. n.) **34**
Augustīnus, ī, *m.*	354—430 p. Chr. n.; geb. in Tagaste (Numidien), 396 Bischof von Hippo Regius in Afrika, Kirchenlehrer. Berühmt sind vor allem seine Werke „Confessiones" und „De civitate Dei" **31**
Augūstus, ī, *m.*	63 a. Chr. n. — 14 p. Chr. n.; stammte aus dem Geschlecht der Oktavier, Neuordnung des Staates unter äußerlicher Bewahrung republikanischer Formen: princeps. Nach seinem Sieg über Antonius (30 a. Chr. n.) war er de facto unumschränkter Herrscher, der vor allem Sicherheit und Ordnung wiederherstellte (pax Augusta). Er wurde nach seinem Tode durch Senatsbeschluß zum Gott (dīvus) erklärt. **35**
Aurēlius, a, um	Name einer bekannten römischen gens
B	
Baebius, a, um	Name einer plebejischen gens in Rom **10**
Balbulus, ī, *m.*	Notker, Mönch in St. Gallen (840—912). Verfasser der Gesta Caroli Magnī; s. Notker
Bīthynia, ae, *f.*	Landschaft in Kleinasien **18**
Brennus, ī, *m.*	Führer der Gallier (390 a. Chr. n.) **13**
Britannī, ōrum, *m.*	Britannier, Bewohner Britanniens
Brundisium, ī, *n.*	Hafenstadt in Kalabrien, heute Brindisi **34**
Brūtus, ī, *m.*	L. Iunius, Befreier Roms von den Königen (510 a. Chr. n.); Konsul im Jahre 509 zusammen mit Collātīnus **7**
C	
Caecīna Paetus, ī, *m.*	Senator und Konsular z. Zt. des Claudius, starb zusammen mit seiner Gattin Arria den Freitod (42 p. Chr. n.) **36**
Caesar, C. Iulius, ī, *m.*	100—44 a. Chr. n.; trat gegen Cato für eine Haftstrafe der Catilinarier ein; wurde an den Iden des März 44 a. Chr. n. ermordert. **13**
Calliclēs, is, *m.*	radikaler Sophist in Athen zur Zeit des Sokrates **23**
Calpurniī, ōrum, *m.*	altes plebejisches Geschlecht in Rom **9**
Campania	Landschaft in Mittel-/Süditalien **35**
Cannae, ārum, *f.*	Ort am Aufidus, Schlacht 216 a. Chr. n. **18**
Cannēnsis, e	kannensisch, bei Cannae (Ort am Aufidus in Apulien) **18**
Capitōlium, ī, *n.*	Hügel westl. des Forums mit der arx und dem Iuppitertempel. Vergebliche Belagerung des Capitols durch die Gallier unter Brennus (387 a. Chr. n.): „die heiligen Gänse der Iuno." **13**
Capitōlīnus, a, um	sc. mons („Akropolis"); kapitolinisch. Auf dem mōns Capitōlinus befand sich der Tempel des Iuppiter Capitolinus, in dem die Göttertrias Iuppiter, Iūnō und Minerva verehrt wurde. **13**

Capua, ae, *f.*	alte und reiche Stadt in Kampanien, Ursprungsort der Gladiatorenkämpfe **30**
Carneadēs, is, *m.*	Philosoph aus Kyrene (213—129 a. Chr. n.) **22**
Carolus Magnus	Karl der Große (742—814); Begründer des Frankenreichs **31**
Carthāgo, inis, *f.*	Hauptstadt Nordafrikas, 888 a. Chr. n. von Dido gegründet, 146 a. Chr. n. von den Römern zerstört **3**
Carthāginiēnses, ium, *m.*	Karthager, Bewohner von Karthago **15**
Cassandra, ae, *f.*	Seherin, Tochter des Priamus, wurde nach Mykenä verschleppt und dort getötet **4**
Catilīna, L. Sergius, ī. *m.*	Revolutionär, versuchte die Konsuln des Jahres 63 zu ermorden und einen Umsturz herbeizuführen (108—62 a. Chr. n.) **32**
Catō, M. Porcius, ī, *m.*	a) Censorius (234—149); Verfechter des alten Römertums b) Vertreter der Senatsaristokratie, trat für die Todesstrafe der Catilinarier ein (gegen Caesar), tötete sich bei Utica selbst, weil er das Ende der libera res publica nicht überleben wollte (95—46 a. Chr. n.) **31**
Cerēs, Cereris, *f.*	Mutter der Proserpina, Göttin des Ackerbaus **15**
Christiānus, a, um	christlich; *subst.* Christ, Anhänger Christi **40**
Cicerō, M. Tullius, ī, *m.*	römischer Redner und Philosoph, von ihm sind auch 774 Briefe erhalten (106—43 a. Chr. n.) **30**
Cicerōniānus, a, um	ciceronianisch; *subst.* Anhänger Ciceros **40**
Cimbrī, ōrum, *m.*	Nordgermanen, von Marius bei Vercellae vernichtet (101 a. Chr. n.) **29**
Cineās, ae, *m.*	Freund des Königs Pyrrhus von Epirus **14**
Clōdius, P. Pulcher, rī, *m.*	Ciceros Gegner, der seine Verbannung durchsetzte (58 a. Chr. n.) **34**
Cloelia, ae, *f.*	Römerin, Geisel der Etrusker **8**
Collatīnus, ī *m.*	Gemahl der Lukretia, Konsul zusammen mit Brutus (509 a. Chr. n.) **7**
Cōmum, ī, *n.*	Stadt in Oberitalien, Geburtsort v. Plinius, *heute* Como **34**
Constantius, ī, *m.*	Sohn des Constantīn, begünstigte die Arianer, verfolgte aber die Heiden nicht, wurde 351 p. Chr. n. Kaiser **39**
Corinthus, ī, *f.*	bedeutende griechische Handelsstadt, 146 a. Chr. n. von den Römern zerstört **21**
Coriolānus, ī, *m.*	Beiname des Cn. Mārcius, der zus. mit den Volskern seine Heimatstadt Rom bekämpfte (≈ 493 a. Chr. n.) **8**
Cornēlia, ae, *f.*	Tochter d. Scipio Africanus Maior; Mutter d. Gracchen **8**
Cornēlius, P. Scīpiō	sc. Africānus Māior; besiegte Hannibal bei Zama (202 a. Chr. n.) **19**
Cornēlius, P. Scīpiō	sc. Africānus Minor; eroberte und zerstörte Karthago (146 a. Chr. n.) **21**
Corsica	heute französische Insel **16**
Cremōna, ae, *f.*	Stadt am nördlichen Ufer des Po **34**
Crēta, ae, *f.*	Kreta, berühmte Insel im Mittelmeer **2**
Croesus	letzter König der Lyder (561—546?) mit sagenhaftem Reichtum **7**
Curius, M'. Dentātus	homo novus; siegte in der Schlacht bei Beneventum (275 a. Chr. n.) **16**

D

Dēmētrius, ī, *m.*	griechischer Männername **4**
Dēmocritus, ī, *m.*	griech. Philosoph, Materialist (460—370 a. Chr. n.) **25**

Diāna, ae, *f.*	Göttin der Jagd, des Mondes und der Zauberei (griech. Artemis) **38**
Diaulus	bei Martial erwähnter Arzt **20**
Dīdō, ōnis, *f.*	Gründerin und Königin von Karthago **3**
Diogenēs, is, *m.*	Schüler des Antisthenes, Begründer der kynischen Philosophenschule; sein Ideal war die Bedürfnislosigkeit (gest. 323 a. Chr. n.) **23**

E

Epicūrus, ī, *m.*	griechischer Philosoph aus Samos, Anhänger Demokrits (341—270 a. Chr. n.) **25**
Ēpīrōtae, ārum, *m.*	Epiroten, Bewohner von Epirus **14**
Ēpīrus, ī, *f.*	Landschaft in Griechenland (an der Westküste) **14**
Etrūria, ae, *f.*	Etrurien, Landschaft in Italien, *heute* Toskana **32**
Etruscî, ōrum, *m.*	Etrusker, Volk in Mittelitalien **1**

F

Fabriciī, ōrum, *m.*	bekanntes römisches Geschlecht. C. Fabricius Luscinus zeichnete sich im Krieg gegen Tarent aus (282—272 a. Chr. n.) **14**
Fannia, ae, *f.*	berichtete dem jüngeren Plinius über das Schicksal der Arria maior (ep. VII, 19) **36**
Faunus, ī, *m.*	Gott des Feldes **1**
Faustulus, ī,*m.*	latinischer Landmann **5**
Flāminius, iī, *m.*	Konsul, von Hannibal am Trasimenischen See geschlagen (217 a. Chr. n.) **19**
Flōrentia, ae, *f.*	Florenz **34**
Fortūna, ae, *f.*	Göttin des Glücks **3**

G

Gāius, ī, *m.* (C.)	römischer Vorname
Gallī, ōrum, *m.*	Gallier, keltische Völkerschaft zwischen Rhein und Garonne **13**
Gallia, ae, *f.*	Gallien; Land der Gallier **35**
Germānī, ōrum, *m.*	Germanen **33**
Germānia, ae, *f.*	Germanien; Land der Germanen **36**
Gnaeus, ī, *m.* (Cn.)	römischer Vorname
Gracchus, ī, *m.*	Zweig des plebejischen Geschlechts der Semproniī **28** a) Tiberius Sempronius (163—133) } erstrebten b) Gaius Sempronius (154—121) } sozialen Reformen c) ihre Mutter war Cornelia
Graecī, ōrum, *m.*	Griechen **2**
Graecia, ae, *f.*	Griechenland; Māgna Graecia = Großgriechenland: griechische Kolonie in Süditalien mit der Hauptstadt Tarent **3**
Graecus, a, um	griechisch; *subst.* Grieche **2**

H

Hamilcar, aris, *m.*	sc. Barcas, karthagischer Feldherr; Vater Hannibals; fiel 229/228 a. Chr. n. vor Helike **17**
Hannibal, alis, *m.*	Sohn des Hamilcar Barkas, karthagischer Feldherr im Zweiten Punischen Krieg **17**

Hannō, ōnis, *m.*	Name bedeutender Karthager. Hanno der Große war Führer der oligarchischen Partei im karthagischen Senat, Gegner der Barkiden (Hamilkar, Hannibal) **18**
Hasdrubal, alis, *m.*	Name bedeutender Karthager, **21**, z. B. 1) Schwiegersohn des Hamilkar Barkas; eroberte Spanien bis zum Ebro; wurde 221 a. Chr. n. ermordet, 2) Feldherr im 3. Punischen Krieg. Nach der Eroberung Karthagos starb er als Kriegsgefangener in Italien (146 a. Chr. n.)
Helena, ae, *f.*	Gattin des Spartanerkönigs Menelaus; berühmt durch ihre Schönheit **2**
Hellespontus, ī, *m.*	Hellespont (Dardanellen) **27**
Henna, ae, *f.*	Stadt in Mittelsizilien; bekannt durch den Raub der Proserpina **15**
Hērāclēa, ae, *f.*	Stadt in Süditalien, Kolonie der Tarentiner **14**
Hērōdes, is, *m.*	sc. Atticus, gebildeter Rhetor, Freund Ciceros (109—32 a. Chr. n.) **23**
Hierōnymus, ī, *m.*	geboren in Dalmatien, Studium in Rom, lebte als Eremit in Syrien, seit 386 Mönch in Bethlehem, übersetzte das Alte und Neue Testament ins Lateinische (Vulgata). Daneben widmete er sich literarischen Studien: Literaturgeschichte, Kommentare, Briefe (348—420 p. Chr. n.). **40**
Hierosolyma, ae, *f.*	Jerusalem **40**
Hippō, ōnis, *m.*	sc. rēgius; Stadt in Numidien, Bischofssitz
Hispania, ae, *f.*	Spanien **17**
Homērus, ī, *m.*	Epiker im 8. Jahrhundert a. Chr. n. (Ilias u. Odyssee) **31**
Horātius, ī, *m.*	(Q. Horātius Flaccus), berühmter römischer Dichter (65—8 a. Chr. n.) **33**

I

Iericho	Jericho, alte befestigte Stadt im Jordantal **40**
Ierusalem	Jerusalem, alte Hauptstadt der Jebusiter **40**
Jesus	als Sohn Gottes Stifter des Christentums **40**
Īlia, ae, *f.*	Ilia (die Troerin), auch Rhea Silvia genannt, Mutter der Zwillinge Romulus und Remus
Īlion, ī, *n.*	auch: Īlium, ī, *n.*; poet. Namen für Troja **21**
Italia, ae, *f.*	Italien **2**
Iugurtha, ae, *m.*	Jugurtha, Herrscher über Numidien, von Marius im bellum Iugurthīnum besiegt (105 a. Chr.n.) **29**
Iugurthinus, a, um	Adjektiv **29**
Iūliī, ōrum, *m.*	Julier, ein altes und berühmtes römisches Geschlecht. Zur gens Iūlia gehören z. B. C. Iūlius Caesar und C. Iūlius Caesar Octaviānus (Augustus) **7**
Iūlus, ī, *m.*	Julus, Sohn des Äneas **4**
Iūniī, ōrum, *m.*	Junier, ein bekanntes römisches Patriziergeschlecht. Zu ihm gehörte auch L. Iūnius Brutus, der Befreier Roms von der Königsherrschaft (510 a. Chr. n.) **7**
Iūnō, ōnis, *f.*	Himmelsgöttin, Gattin des Iuppiter, griech. Hera **3**
Iuppiter, Iovis, *m.*	Höchster römischer Gott, Herrscher des Himmels und der Erde, griech. Zeus **5**

L

Lacedaemōn, onis, *f.*	Sparta
Lacedaemoniī, ōrum, *m.*	Spartaner **2**
Lampsacus, ī, *f.*	Stadt in Mysien am Hellespont **27**
Lampsacēnī, ōrum, *m.*	Einwohner von Lampsacus **27**
Latīnī, ōrum, *m.*	Einwohner von Latium **1**
Latīnus, ī, *m.*	König von Laurentum **4**
Latīnus, a, um	latinisch, lateinisch, römisch **1**
Latium, ī, *n.*	Landschaft in Mittelitalien **3**
Laurentum, ī, *n.*	Stadt in Latium **4**
Laurentīnum, ī, *n.*	Landgut des Plinius bei Laurentum **38**
Lāvīnia, ae, *f.*	Tochter des Latinus, Gemahlin des Äneas **4**
Lāvīnium, ī, *n.*	Stadt in Latium **4**
Leōnidās, ae, *m.*	Feldherr der Spartaner **26**
Libera	Tochter der Ceres; auch Proserpina genannt **15**
Libya, ae, *f.*	Libyen (Nordafrika) **3**
Libycus, a, um	libysch, *subst.* der Libyer **3**
Libyus, a um	libysch, *subst.* der Libyer **3**
Līvius, ī, *m.*	Geschichtsschreiber der Römer (59 a. — 17 p. Chr. n.) **8**
Lūcīlius, a, um	Name einer römischen gens; Lūcīlius war der Adressat der Briefe Senecas **30**
Lūcius, ī, *m.* (L.)	römischer Vorname **2**
Lucrētia, ae, *f.*	Gemahlin des Collatinus, v. S. Tarquinius vergewaltigt **7**
Lydus, ī, *m.*	Lydier; häufiger Sklavenname **1**

M

Macedonia, ae, *f.*	Mazedonien **33**
Macedonēs, um, *m.*	Mazedonier **24**
Macedonicus	Adjektiv zu Macedones **24**
Maharbal, alis, *m.*	Reiteroberst Hannibals **19**
Māmertīni, ōrum, *m.*	Marssöhne; Söldner, die 282 a. Chr. n. Messana besetzten, dann auch allgemein Bewohner Messanas **16**
Mānīlius, a, um	Name einer römischen gens. Am bekanntesten: C. Mānīlius, Volkstribun im Jahre 67 a. Chr. n. **11**
Manlius, a, um	Name einer römischen gens. Am bekanntesten: M. Manlius Capitolīnus; 392 a. Chr. n. Konsul, der das Kapitol erfolgreich gegen die Gallier verteidigte **13**
Manlius, C.	Anhänger Catilinas, fiel in der Schlacht von Pistoria (62 a. Chr. n.) **32**
Marathon, is f	Ort an der Nordküste Attikas; berühmt durch den Sieg der Athener über die Perser i. J. 490 v. Chr. **24**
Marcellus, ī, *m.*	M. Claudius, Mitkonsul des L. Arruntius (22 a. Chr. n.)
Marcius, a, um	Name einer römischen gens. Am bekanntesten: Ancus Marcius, vierter König in Rom (638—614 a. Chr. n.) **24**
Marcus, ī, *m.* (M.)	römischer Vorname **3**
Mardonius, ī, *m.*	Feldherr der Perser; von den Griechen besiegt (479 a. Chr. n.) **24**
Marius, C.	156—86 a. Chr. n.; Plebejer, homō novus; Sieger über Iugurtha, die Klimbern u. Teutonen; siebenmal Konsul **29**
Mars, Martis, *m.*	Kriegsgott der Römer; griech. Ares **5**
Mārtiālis	Martial, röm. Dichter (40 n.—98 n. Chr.) **20**

Masinissa, ae,, *m.*	König der Numidier; Großvater des Iugurtha **21**
Massilia, ae, *f.*	Hauptstadt der provincia; heute *Marseille* **34**
Mediōlānum, ī, *n.*	Stadt in Gallia cisalpina; heute *Mailand* **34**
Megara, ae, *f.*	Megara; Stadt in der Landschaft Megaris; Stadt auf Sizilien **15**
Melanchthon, ōnis, *m.*	Philipp Schwarzerd, deutscher Reformator, Mitarbeiter Luthers, Humanist, Professor für alte Sprachen (1497 bis 1560 p. Chr. n.) **31**
Meletus, ī, *m.*	Ankläger des Sokrates **25**
Menelāus, ī, *m.*	König von Sparta, Gemahl der Helena **2**
Menēnius, a, um	Name einer römischen gens. Am bekanntesten: der Konsul Menēnius Agrippa, der 494 zwischen Patriziern und Plebejern vermittelte (Liv. 2, 16, 7) **10**
Mercurius, ī, *m.*	Götterbote, Sohn des Iuppiter **3**
Messāna, ae, *f.*	Stadt auf Sizilien; heute Messina **15**
Metellus, a, um	Name einer römischen gens. **29** Am bekanntesten: 1) Q. Caecilius Metellus Numidicus; Konsul 109; führte den Krieg gegen Iugurtha von 109—107, den später Marius weiterführte; er wurde 100 a. Chr. n. nach Rhodos verbannt 2) Q. Caecilius Metellus Nepos, Zeitgenosse Ciceros, Gemahl der Clōdia, Parteigänger des Pompeius; er wurde im Jahre 57 a. Chr. n. Konsul, unterstützte später den Clōdius gegen Milo
Miltiadēs, is, *m.*	Feldherr der Athener; siegte in der Schlacht bei Marathon (490 a. Chr. n.) **24**
Minerva, ae, *f.*	Göttin der Weisheit, Künste, Wissenschaften, gewerblichen Tätigkeiten; altitalische Göttin; später identifiziert mit der griech. Athene
Mithridātēs, is, *m.*	König von Pontus (121—64 a. Chr. n.); wurde von Sulla besiegt (86) **29**
Mummius, a, um	Name einer römischen gens. Am bekanntesten: L. Mummius Achāicus, der Eroberer Korinths (146 a. Chr. n.)
Mūsa, ae, *f.*	Göttin der Gelehrsamkeit, Dichtung und Musik (9 Musen); lat. Camēna **21**

N

Nepōs	Cornelius (100—25 a. Chr. n.); röm. Historiker **17**
Neptūnus, ī, *m.*	Neptun, Gott des Meeres und der übrigen Gewässer **3**
Nīciās, ae, *m.*	Nikias, griechischer Männername, z. B. der Leibarzt des Pyrrhus von Epirus **14**
Notker Balbulus	d. h. der Stammler, lebte von 840—912 p. Ch. n.; allgemein bekannt durch seine lateinischen Sequenzen und die Gesta Caroli Magni; Mönch in St. Gallen
Numidia, ae, *f.*	Numidien, Landschaft an der afrikanischen Mittelmeerküste; heute *Algerien* **21**

O

Octāviānus, ī, *m.*	Beiname der aus der gens Octāvia in die gens Iūlia adoptierten Kaisers Augustus **35**

Olympia, ōrum, *n.*	sc. certamina: olympische Spiele **27**
Olympus, ī, m./f.	Berg an der Grenze von Mazedonien und Thessalien (2918 m hoch), Sitz der Götter **37**
P	
Papīrius, ī, *m.*	a) Name eines römischen Jungen, bekannt durch seine Umsicht und Verschwiegenheit **12** b) Gnaeus ≈ Carbo, röm. Konsul **24**
Paris, idis *m.*	Sohn des Priamus, entführte Helena **2**
Patavium, ī, *n.*	Padua, reiche Stadt in Oberitalien **34**
Persae, ārum, *m.*	Perser **2**
Petilius, a, um	Name einer römischen gens; duo Petiliī beschuldigten als Volkstribunen den Scipio Africanus, über die Beute aus dem Feldzug gegen Antiochus eigenmächtig verfügt zu haben **20**
Philippus, ī, *m.*	König von Makedonien, Vater Alexanders (360—336 a. Chr. n.) **24**
Platō, ōnis, *m.*	griechischer Philosoph (429—348 a. Chr. n.), Schüler des Sokrates, Begründer der Akademie **22**
Plautius, a, um	Name einer römischen gens; auch Plotius, a, um
Plautus, ī, *m.*	T. Maccius, bedeutender römischer Komödiendichter (254—184 a. Chr. n.) **40**
Plīnius, ī, *m.*	1) C. Plīnius Secundus māior; Verfasser einer nātūrālis historia in 37 Büchern; fand beim Ausbruch des Vesuvs den Tod (23—79 p. Chr. n.), 2) C. Plīnius Secundus minor; schrieb eine Sammlung von Briefen in 9 Büchern (61—113 p. Chr. n.)
Plūtō, ōnis, *m.*	Gott der Unterwelt **15**
Poenus, a, um	Adjektiv zu Poeni **16**
Poenī, ōrum	die Punier, Karthager **16**
Polycratidēs, is, *m.*	griechischer Gesandter
Pompēius, ī, *m.*	Cn. Pompēius (106—48 a. Chr. n.) schloß mit Caesar und Crassus ein Triumvirat; Bürgerkrieg zwischen Caesar und Pompeius (49); Flucht und Ende des Pompeius in Ägypten (48) **33**
Porcius, a, um	Name einer weit verzweigten römischen gens
Porsenna, ae, *m.*	König der Etrusker **8**
Priamus, ī, *m.*	König der Trojaner, Vater des Paris **2**
Proculus, ī, *m.*	sc. Iulius, römischer Bürger, Nachkomme des Iūlus **7**
Prōserpina	Tochter der Ceres, Gemahlin des Pluto **15**
Prūsiās, ae, *m.*	König in Bithynien **18**
Ptolemaeus, ī, *m.*	Name ägyptischer Könige, unter Ptolemaeus XII. wurde Pompeius ermordet (48 a. Chr. n.) **28**
Pūblius, ī, *m.* (P.)	römischer Vorname **1**
Pūnicus, a, um	punisch, karthagisch **16**
Pyrrhus, ī, *m.*	König von Epirus (319—272 a. Chr. n.) **14**
Q	
Quintiliānus, ī, *m.*	M. Fabius, geboren in Spanien, Lehrer der Rhetorik in Rom, Verfasser eines Lehrbuches: institūtiō ōrātōria (35—96 p. Chr. n.) **38**
Quintus, ī, *m.* (Q.)	röm. Vorname, z. B. Quintus Tullius Cicerō, Bruder des M. Tullius Cicerō; im Jahre 43 a. Chr. n. proskribiert **2**
Quirīnus, ī, *m.*	Name des vergöttlichten Romulus **7**

Quirītēs, ium, *m.*	Quiriten; amtliche Bezeichnung der römischen Zivilbürger, während die Anrede für die Soldaten commīlitōnes war **20**
R	
Rēgulus, ī, *m.*	M. Atilius, Konsul 267, kämpfte in Afrika gegen die Karthager und geriet dort in Gefangenschaft (255 a. Chr. n.). Als Gefangener bewies er eine ungewöhnliche Mannhaftigkeit **16**
Rēmus, ī, *m.*	Sohn der Rhea Silvia, auch Ilia genannt, Bruder des Romulus **5**
Rhēa Silvia, ae, *f.*	Tochter des Numitor, Mutter des Romulus und Remus **5**
Rhēnus, i, *m.*	Rhein **38**
Rōma, ae, *f.*	Rom, Hauptstadt des römischen Reiches **5**
Rōmānus, a, um	römisch; *subst.* Römer, Römerin **5**
Rōmulus, ī, *m.*	Sohn d. Rhēa Silvia, Bruder d. Remus, Gründer Roms **5**
S	
Sabīnus, a, um	sabinisch; *subst.* der Sabiner, die Sabinerin **1**
Sabīnī, ōrum, *m.*	die Sabiner, Volk in Mittelitalien **1**
Saguntum, i, n.	Sagunt, Stadt in Ostspanien **18**
Sallustius, ī *m.*	C. Sallustius Crispus, römischer Historiker, schrieb historische Monographien, z. B. „De coniuratione Catilinae". Lebenszeit von 86—35 a. Chr. n. **32**
Samaritānus, ī, *m.*	Samariter; Samaria war eine Stadt und Landschaft in Palästina **40**
Sardinia, ae, *f.*	Sardinien **16**
Sāturnus, ī, *m.*	Saturn, altrömischer Gott, Herrscher im Goldenen Zeitalter
Scīpiō, ōnis, *m.*	1) P. Cornēlius Scīpiō Africānus māior entschied durch seinen Sieg bei Zama den 2. Punischen Krieg (gest. 183 a. Chr. n.) **19** 2) P. Cornēlius Scīpiō Africānus minor Numantīnus, Adoptivenkel des Scīpiō māior, eroberte Karthago (146) und Numantia (133). Er genoß ein ähnliches Ansehen wie sein Großvater (gest. 129 a. Chr. n.)
Segesta, ae, *f.*	Stadt an der Nordküste Siziliens **15**
Semprōnius, a, um	Name einer römischen gens. Am bekanntesten sind Tiberius Semprōnius Gracchus (Volkstribun 133; ermordet) und Gāius Semprōnius Gracchus (Volkstribun 123; ermordet) **28**
Seneca, ae, *m.*	L. Annaeus Seneca, römischer Philosoph, Erzieher Neros, schrieb u. a. 124 Briefe philosophischen Inhalts an seinen Freund Lucilius (4 a. Chr. n.—65 p. chr. n.) **15**
Septīmius, ī, *m.*	Offizier in Diensten von Ptolemaeus XII, Mörder des Pompeius **33**
Servius, ī, *m.*	römischer Vorname
Servius Tullius, ī, *m.*	sagenhafter etruskischer König Roms: „servianische Mauer". **7**
Sextius, a, um	Name einer römischen gens **10**
Sextus, ī, *m.*	römischer Vorname **3**
Sextus Tarquinius	Sohn des röm. Königs Tarquinius Superbus **7**

Sicilia, ae, *f.*	Sizilien, die größte u. wichtigste Insel des Mittelmeeres **15**
Siculī, ōrum, *m.*	Sizilier, Einwohner Siziliens **15**
Sōcratēs, is, *m.*	Philosoph in Athen (469—399 a. Chr. n.) **23**
Sparta, ae, *f.*	Sparta, Hauptstadt Lakoniens **24**
Spartiātēs, ae, *m.*	Spartiate, spartanischer Vollbürger **22**
Spartacus, ī, *m.*	Gladiator, Führer im Sklavenkrieg, geb. in Thrakien, fiel 71 a. Chr. n. nach tapferem Kampf. 6000 Überlebende ließ Pompeius an der Straße von Rom nach Capua kreuzigen **30**
Sulla, ae, *m.*	L. Cornēlius Sulla Fēlix, Diktator, Gegner des Marius (138—78 a. Chr. n.) **29**
Symmachus, ī, *m.*	Q. Aurelius Symmachus, römischer Senator, 384 Stadtpräfekt, 391 Konsul, verteidigte den altrömischen Glauben gegen das Christentum (345—402 p. Chr. n.) **39**
Syrācūsae, ārum, *f.*	Syrakus, Hauptstadt Siziliens **15**
Syria, ae, *f.*	Syrien, das Küstengebiet zwischen Ägypten und Kleinasien **18**
Syrus, ī, *m.*	Syrer, häufiger Sklavenname in Rom **1**

T

Tacitus, ī, *m.*	Cornēlius, bekannter römischer Historiker, Adressat einiger Pliniusbriefe (z. B. IV, 13). Bes. bekannt durch seine „Germania"; lebte v. 55—120 p. Chr. n. **34**
Tarentum, ī, *n.*	Tarent, Hafenstadt in Unteritalien, griech. Kolonie **14**
Tarentīnus, a, um	tarentinisch; *subst.* Einwohner von Tarent, Tarentiner; *pl.* Tarentīnī, ōrum die Tarentiner **14**
Tarquiniī, ōrum, *m.*	sagenhaftes etruskisches Geschlecht in Rom (bis 510 a. Chr. n.) **7**
Tarquinius Superbus	sagenhafter etruskischer König Roms (534—510 a. Chr. n.) **7**
Terentia, ae, *f.*	Ciceros erste Frau, von der er sich 47 a. Chr. n. nach 30jähriger Ehe scheiden ließ **34**
Terentius, ī, *m.*	Q. Terentius Culleō wurde im Jahre 189 zum Volkstribun gewählt; 187 a. Chr. n. Prätor und führte in dieser Eigenschaft die Untersuchung gegen L. Scipio mit großer Härte (Liv. 38,55ff.)
Teutonī, ōrum, *m.* / Teutonēs, um *m.*	Teutonen, germanisches Volk, das zusammen mit den Cimbern ins römische Gebiet eindrang, von Marius bei Aquae Sextia vernichtet (102 a. Chr. n). **29**
Themistoclēs, is, *m.*	Staatsmann in Athen um 480 a. Chr. n. **24**
Theodōsius, ī, *m.*	wurde 379 zum Kaiser ernannt, lebte von 346—395 p. Chr. n., teilte das Reich unter seine Söhne Arcadius (Osten) und Honōrius (Westen) **39**
Thermopylae, ārum, *f.*	Enge zwischen dem Meer und dem Kallidromosgebirge am Malischen Meerbusen. Bekannt ist die Verteidigung durch Leōnidās (480 a. Chr. n.) und der Tod der dreihundert Spartiaten **22**
Thessalonīca, ae, *f.*	Stadt in Mazedonien, jetzt *Saloniki* **34**

Tiberis, is, *m.*	Tiberfluß, Hauptfluß des mittleren Italiens
Tiberius, ī, *m.* (Ti.)	römischer Vorname; röm. Kaiser (14 n.—37 n. Chr.) **24**
Tīrō, ōnis, *m.*	Ciceros Sklave, seit 53 a. Chr. n. Freigelassener und Sekretär, edierte Ciceros Reden und Briefe. Am bekanntesten wurde er durch die Entwicklung der Stenographie (litterae Tīrōniānae = Kurzschrift) **30**
Titus, ī, *m.* (T.)	römischer Vorname **2**
Trōia, ae, *f.*	Troja, Stadt in Kleinasien **2**
Trōiānus, a, um	trojanisch **2**
Trōiānī, ōrum, *m.*	*subst.* Trōiānī, ōrum, *m.* die Trojaner, Bewohner Trojas **2**
Tullia, ae, *f.*	Tullia (*dem.* Tulliola), Tochter Ciceros, die vor ihrem Vater im Jahre 45 a. Chr. n. starb **34**

V

Valerius, a, um	Name einer römischen gens; P. Valerius Laevīnus wurde von Pyrrhus bei Heraclea geschlagen (280 a. Chr. n.) **14**
Veleda, ae, *f.*	germanische Seherin, von den Römern gefangen und nach Rom gebracht (Tac. Germ. 8) **36**
Venus, eris, *f.*	Göttin der Schönheit und Liebe **2**
Vergilius, ī, *m.*	P. Vergilius Maro, römischer Dichter aus Andēs bei Mantua, Verfasser der Äneis, Bucolica, Georgica (70 a. bis 19 a. Chr. n.) **31**
Vērōna, ae, *f.*	Vērōna, Stadt in Oberitalien **34**
Vespasiānus, ī, *m.*	römischer Kaiser von 69—79 p. Chr. n.; Lebenszeit 9—79 p. Chr. n.
Vesta, ae, *f.*	Vesta, altitalische Göttin des Herdfeuers. Ihre Priesterinnen, die Vestalinnen, waren besonders geachtet
Veturia, ae, *f.*	Veturia, die Mutter des Coriolan **8**
Volscī, ōrum, *m.*	Volsker, Volk in Mittelitalien **1**
Volumnia, ae, *f.*	Volumnia, die Gattin des Coriolan **8**
Vulcānus, ī, *m.*	Gott des Feuers, Gemahl der Venus. Seine Werkstätte lag unter dem feuerspeienden Ätna; er wurde identifiziert mit griech. Hephaistos **16**

X

Xerxēs, is, *m.*	König der Perser (485—465 a. Chr. n.) **24**

Z

Zama, ae, *f.*	Ort westlich von Karthago. Hier besiegte Scīpiō māior den Hannibal (202 a. Chr. n.) **19**
Zēnō, ōnis, *m.*	Zenon von Kition auf Zypern, Philosoph, Begründer der Stoa (336—264 a. Chr. n.) **23**

Alphabetisches Wörterverzeichnis

Anm.: die Bedeutungsangaben finden sich z.T. im C-, D- oder E-Abschnitt der Lektionen

A

a, ab m. Abl. 3	von; seit
abducere, o 21	wegführen
abesse 6	entfernt sein; fehlen
abhorrere 10	verabscheuen
abire, eo 33	weggehen
absens 24	abwesend
abstinere, eo 4	sich enthalten
abstinere bello 12	dem Krieg fernbleiben
ac 13	und; wie, als
accendere, o 20	anzünden
accidere, o 34	sich ereignen
accipere, io 19	annehmen
accusare 20	anklagen
acer 8	heftig
acerbus 28	streng
acies 24	Kampfstellung
ad. *b. Akk.* 3	zu, bei, an
addere, o 30	hinzufügen
adducere, o 20	veranlassen
adeo 34	so sehr
atque adeo 34	ja sogar
adaequare 37	erreichen, gleichkommen
adesse 6	helfen; dabei sein
adhibere, eo 12	anwenden
adhortari 35	ermahnen
adipisci 39	erlangen
adire, eo 33	besuchen, bitten
aditus, us 11	Zugang
adiungere, o 30	anschließen
adiuvare 2, 37	unterstützen
admirari 35	bewundern
admittere, o 30	zulassen
admonere, eo 1, 15	ermahnen, erinnern
adnŭere, o 26	zustimmen; bejahen
adoriri 37	angreifen
adsistere, o 39	hinzutreten
adulatio 18	Schmeichelei
adulescens 22	junger Mann
adulescentia 22	Jugend
advenire 33	ankommen
adventus, us 33	Ankunft
adversarius 38	Gegner
adversus *m. Akk.* 19	gegen
adversus, a, um 19	feindlich
advolare 5	herbeieilen
aedificare 4	erbauen
aedificium 3	Gebäude
aeger 4	krank
aegre *(adv.)* 29	kaum
aegrotare 36	krank sein
aemula 21	Konkurrentin
aequalis 26	gleichaltrig
aequare 37	erreichen
aequo animo 23	mit Gleichmut
aequus 23	gleich, gerecht
aes 28	Erz, Geld
aes alienum 28	Schulden
aestas 15	Sommer
aestimare 15, 35	meinen, schätzen
aestimare magni 15	hochschätzen
aestimare parvi 35	geringschätzen
aetas 15	Alter, Zeitabschnitt
aeternus 39	ewig
affere, o 32	melden
afficere, io 17, 19	versehen mit
affirmare 14	versichern
affligere, o 34	niederschlagen
ager 10	Acker
agere, o 19	tun, treiben
aggredi 38	angreifen
agmen 24	Heereszug
agricultura 16	Ackerbau
ait 22	er sagte
ala 16	Flügel
alere, o 21	ernähren
alibi 33	anderswo
alienus 28	fremd
alii — alii 2	die einen — die andern
aliquando *(adv.)* 3	einst; irgendwann
aliqui 27	irgendein
aliquis 27	irgend jemand
aliquot 29	einige

alius 2, 25	ein anderer
alligare 40	verbinden
alter — alter 18	der eine — der andere
altus 20	hoch, tief
amare 2	lieben
ambitio 32	Ehrgeiz
ambulare 27	umhergehen
amicitia 6	Freundschaft
amicus 1	Freund; freundlich
amittere, o 28	verlieren
amor 28	Liebe
amplecti 39	umarmen
amplus 34	geräumig, groß, herrlich
an 32	ob; oder etwa?
ancora 33	Anker
angustus 27	eng
anima 33	Seele, Leben
animal 9	Lebewesen, Tier
animus 3	Geist, Mut, Gemüt
animus sumere 34	Mut fassen
annus 13	Jahr
anser 13	Gans
ante *b. Akk.* 3, 5	vor
antea *(adv.)* 5	vorher
antequam 20	bevor
antiquus 3	alt
aperire, io 23	öffnen
apparere, eo 10	erscheinen
apparet 10	es ist offenkundig
appellare, o 13	anreden
appellere, o 22	landen
appetere, o 23	erstreben
applicare se 15	sich anschließen
apportare 11	herbeitragen; zuführen
appropinquare 3	sich nähern
apud *b. Akk.* 10	bei
aqua 13	Wasser
arbitrari 35	meinen
arbor 23	Baum
arcere, eo 3, 10	fernhalten
arcessere, o 20	herbeiholen
ardere, eo 14	brennen
arduus 29	steil, schwierig
arma, orum 6	Waffen
armipotens 21	kriegstüchtig
ars 20	Kunst; Eigenschaft
ascendere, o 17, 19	besteigen
asinus 11	Esel
asper 36	rauh, streng
aspicere, io 20	erblicken
assentiri 37	zustimmen
at 18	aber
atque 13	und; wie, als
atrox 33	gräßlich
attendere, o 30	achtgeben
attentus 2	aufmerksam
attingere, o 30	anrühren
auctor 18	Urheber
auctoritas 12	Ansehen
audacia 13	Kühnheit
audax 8	kühn, mutig
audere, eo 40	wagen
audire, io 17, 19	hören, beachten
auferre, o 32	wegtragen
augere, eo 14	vermehren
auris 31	Ohr
aurum 13	Gold
aut 2	oder
aut — aut 2	entweder — oder
autem 10	aber, sondern
autumnus 38	Herbst
auxilium 14	Hilfe
avaritia 23	Geiz
avarus 23	geizig

B

barba 20	Bart
barbarus 13	Barbar
beatus 22	glücklich
bellare 22	Krieg führen
bellum 9	Krieg
bellum civile 29, 34	Bürgerkrieg
bene *(adv.)* 24, 30	gut
bestia 30	Tier
bini 30	je zwei
bis 30	zweimal
blandiri 37	schmeicheln
bonus 1, 29	gut
brevi *(adv.)* 8	in Kürze
brevis 8	kurz

C

cadere, o 17, 20	fallen

caedere, o 17, 20, 40	fällen
caedes 29	Mord
caelum 5	Himmel
calamitas 26	Unglück
campus 1	Ebene, Feld
canis 9	Hund
capere, io 17, 19	fassen, nehmen
captivus 19	gefangen, Gefangener
captus 4	gefangen, befallen
caput 14	Kopf; Haupt
carere, eo 9, 10	entbehren
carere libris 10	keine Bücher haben
carmen 31	Lied, Gedicht
carus 28	lieb, teuer
castra, orum 3	Lager
castra habere 4	Krieg führen
castra movere 8	aufbrechen
casus, us 34	Fall, Zufall
causa 10, 20	Grund; Prozeß
causā *b. Gen.* 10	wegen
cavere, eo 14, 37	sich hüten
cedere, o 22	gehen, weichen
celeber 8	berühmt
celebrare 27	rühmen, feiern
celer 16	schnell
celeritas 16	Schnelligkeit
cella 15	Kammer
cella penaria 15	Vorratskammer
cenare 23	speisen
censere, eo 12	meinen; beantragen
censor 12	Zensor
centeni 30	je hundert
centesimus 33	der hundertste
centies 30	hundertmal
centum 32	hundert
cernere, o 21	sehen
certare 34	streiten
certamen 27	Streit
certus 20	sicher
ceteri 19	die übrigen
ceterum *(adv.)* 19	übrigens
cibus 36	Speise
circā 25	um, ungefähr
circumdare 1	umgeben
circumire 33	umzingeln
circumstare 19	umringen
civilis 34	bürgerlich
civis 9	Bürger
civitas 9	Bürgerschaft, Staat
clades 16	Niederlage
clam *(adv.)* 32	heimlich
clamare 6	rufen
clarus 21	berühmt
classis 15	Flotte
claudere, o 22	schließen
clemens 32	mild, gütig
clementia 32	Milde, Güte
coepisse 22	begonnen haben
coercere, eo 10	strafen, zügeln
cogere, o 22	zwingen
cogitare 18	denken
cognitio 39	Erkenntnis
cognoscere 21	erkennen
coire, eo 33	sich vereinigen
colere, o 21	pflegen
collatio 34	Beitrag
collega 28	Kollege
collis 24	Hügel
collocare 22, 39	aufstellen
colloqui 39	sich unterhalten
colonia 14	Siedlung
colonus 15	Siedler
comes 26	Begleiter
comitari 35	begleiten
comitia, orum 28	Wahlen
commemorare 8	erwähnen
committere, o 22	beginnen, anvertrauen
communis 27	gemeinsam
comparare 29	vergleichen
comperire 23	erfahren
complecti 39	umfassen
complere, eo 6, 10	anfüllen
complures 23	mehrere; einige
componere, o 31	ordnen
compositus 36	geordnet, gefaßt
conari 35	versuchen
concedere, o 31	erlauben, einräumen
concĭdere, o 21	zusammenfallen
concīdere, o 35	zusammenhauen
conciliare 28	vereinigen
concilium 14	Versammlung
concordia 11	Eintracht
condere, o 19	gründen, bauen
condicio 20, 40	Bedingung, Lage
conditor 29	Gründer, Stifter

conducere, o 34	mieten
conferre, o 32; 34	vergleichen; beisteuern
conferre se 32	sich begeben
conficere, io 21	vollenden; aufreiben
confidere, o 40	vertrauen
confirmare 37	stärken, bestätigen
confiteri 36	bekennen
confligere, o 22	zusammenstoßen; kämpfen
congredi 38	zusammenkommen; kämpfen
congregare 31	versammeln
congressus, us 38	Zusammentreffen
coniungere, o 34	verbinden
coniunx, gis 8	Gatte, Gattin
coniurare 12	sich verschwören
coniuratio 12	Verschwörung
coniuratus 12	Verschwörer
conscendere, o 33	besteigen
conscribere, o 29	ausheben
consensus, us 25	Übereinstimmung
consentire 34	zustimmen
conservare 35	bewahren; retten
considere, o 20	sich setzen
consilium 10, 38	Plan, Absicht; Rat
consistere, o 33	sich aufstellen; haltmachen
constituere, o 23	beschließen
constare 8	kosten
constat 8	es steht fest
consuetudo 38	Gewohnheit
consul 9	Konsul
consularis 13	konsularisch; ehemaliger Konsul
consulatus, us 10	Konsulat
consulere, o 15, 20, 21	um Rat fragen; sorgen für
consultum 12	Beschluß
consumere, o 38	verbrauchen
contemnere, o 22	verachten
contendere, o 29	kämpfen, eilen
contentus 1, 39	zufrieden
continere, eo 34	zusammenhalten, in Schranken halten
contingere, it 20	gelingen
contra *b. Akk.* 14	gegen
contrā *(adv.)* 14	dagegen
controversia 34	Streit
convenire 20	zusammenkommen
convocare 6	zusammenrufen
copia 11	Menge, Möglichkeit; *pl.* Truppen
cor 33	Herz
cornu 10	Horn, Flügel
corpus 11	Körper
corrumpere, o 21	verderben
cottidianus 26	täglich
cottidie *(adv.)* 25	täglich
creare 9, 37	wählen zu
creber 40	häufig
crebro *(adv.)* 40	häufig
credere, o 21	glauben
crescere, o 21	wachsen
crudelis 28	grausam
crudelitas 28	Grausamkeit
cubiculum 7	Schlafzimmer
culpa 32	Schuld
cum *b. Abl.* 1	mit
b. Ind. 19	als, wenn
b. Konj. 19	als, weil, obwohl, während
cum — tum 15, 19	sowohl — besonders
cunctari 35	zögern
cunctus 21	ganz; *pl.* alle
cupere, io 18, 20	begehren; wünschen
cupiditas 18	Begierde
cupidus 23	begierig
cur 9	warum
cura 19	Sorge
curare 31	sorgen
curia 12	Rathaus, Senat
currere, o 22	laufen
custos 30	Wächter

D

damnare 25	verurteilen
damnare capitis 25	zum Tode verurteilen
dare 4, 8	geben
datus 5, 7	gegeben
de *b. Abl.* 3	von, über
dea 2	Göttin
debere, eo 2, 12	schulden, müssen
debellare 22	niederkämpfen

decere, decet 6, 10	sich gehören
decedere, o 28	weggehen
decem 28	zehn
decernere, o 21	beschließen
decet 6	es gehört sich
decies 30	zehnmal
decimus 29	der zehnte
decipere, io 33	täuschen
declarare 27	erklären
declinatio 37	Biegung
decus 37	Schmuck, Ehre
dedere, o 13, 19	übergeben
deesse 6	fehlen
defendere, o 19	verteidigen
deferre, o 32	berichten
deficere, io 23	abfallen, fehlen, verlassen
deflere, eo 19	beweinen
deinde *(adv.)* 7	dann, darauf
delectare 23	erfreuen
delere, eo 1, 10	zerstören; vernichten
deletus 3	zerstört
deliberare 27	überlegen
deligere, o 21	auswählen
delinquere, o 32	sich vergehen
demum *(adv.)* 26	endlich
deni 30	je zehn
denique 14	schließlich, endlich
deponere, o 29	niederlegen
descendere, o 17, 19	herabsteigen
deserere, o 20, 34	verlassen
desiderium 20	Verlangen
desinere, o 21	aufhören
desistere, o 38	ablassen von
desperare 13	verzweifeln
despicere, io 29	verachten
deterrere, eo 33	abschrecken
deus 1	Gott
dexter 31	rechts
dicere, o 17, 19	sagen, ernennen zu
dicitur 14	er, sie, es soll
dictator 24	Diktator
dictatura 24	Diktatur
dictum 25	Ausspruch
dies 11	Tag, Termin
in dies 11	von Tag zu Tag

differre, o 22	aufschieben, verschieben; sich unterscheiden
difficilis 24	schwierig
difficultas 24	Schwierigkeit
diffidere, o 40	mißtrauen
dignitas 15	Wert, Würde
dignus 15, 39	wert, würdig
dilabi 39	zerfallen
diligens 30	sorgfältig
diligentia 21	Sorgfalt
diligere, o 21	lieben
dimidio minor 39	halb so groß
dimidium 26	Hälfte
dimittere, o 40	entlassen
diripere, io 19	plündern
discedere, o 33	weggehen
discere, o 22	lernen
disciplina 29	Unterricht
discipulus 27	Schüler
discordia 27	Zwietracht
discrimen 39	Krise
disputare 12	erörtern
diu *(adv.)* 3	lange
diversus 32	verschieden
dives 9	reich
dividere, o 22	teilen
divinus 25	göttlich
divitiae, arum 16	Reichtum
divus 35	göttlich
docere, eo 4, 12	lehren, berichten
doctrina 22	Lehre, Gelehrsamkeit
doctus 22	gelehrt, gebildet
dolere, eo 10	leiden, bedauern
dolor 23	Leid, Schmerz
domi 30	zu Hause
domina 3	Herrin
dominus 1	Herr
domo 37	von Hause
domum 6	nach Hause
domus, us 10	Haus
donare 8	(be-)schenken
donec 18	solange als; bis
dono dare 7	beschenken
donum 7	Geschenk
dormire 31	schlafen
dubitare 3	zweifeln, zögern
dubius 15	zweifelhaft
ducentesimus 33	der zweihundertste

ducenti 32	zweihundert
ducere, o 18, 19	führen, halten für
nihili ducere 35	für wertlos ansehen
dulcis 38	süß, angenehm
dum 18	während; solange als, bis
duo 5, 28	zwei
dux 12	Führer

E

e *mit Abl.* 2	aus
edicere, o 33	befehlen, anordnen
edictum 33	Befehl
educare 5	erziehen
educatio 38	Erziehung
efferre, o 32	hinaustragen; rühmen, preisen
efficere, io 37	bewirken
effugere, io 37	entfliehen
egere, eo 10	bedürfen
egere verbis 10	sprachlos sein
ego 12	ich
egredi, ior 38	verlassen
egregius 31	hervorragend, ausgezeichnet
elephantus 14	Elefant
eligere, o 27	auswählen
eloquentia 38	Beredsamkeit
emere, o 21	kaufen
emigrare 10	auswandern
eminere, eo 37	sich auszeichnen
enim 13	denn, nämlich
enumerare 17	aufzählen
eo — quo 26	dorthin — wohin
epistula 25	Brief
eques 14	Reiter
equidem 31	ich für meinen Teil
equitatus, us 10	Reiterei
equus 9	Pferd
ergo 16	also
eripere, io 19	entreißen
erudire 22	erziehen, bilden
esse 1	sein
et 1	und, auch
et — et 1	sowohl — als auch
etiam 5	auch, sogar
etiamsi 8 etsi 8	wenn auch
evadere, o 22	entkommen
evenire 38	sich ereignen
ex, ē *m. Abl.* 2	aus; seit
excipere, io 38	aufnehmen
exclamare 6, 19	ausrufen
excludere, o 22	ausschließen
exemplum 35	Beispiel
exercere, eo 10	üben
exercitus, us 10	Heer
exire, eo 33	hinausgehen
existimare 14	meinen, glauben
exitus, us 19	Ausgang, Ende
expellere, o 22	vertreiben
experiri 37	versuchen
expetere, o 37	erstreben
expugnare 5	erobern
exsilium 34	Verbannung
exsistere, o 28	entstehen
exspectare 18	erwarten
exstinguere, o 20	vernichten
extollere 22	loben, preisen, rühmen
extrā *b. Akk.* 19	außerhalb
extrahere, o 36	herausziehen
extremus 35	der äußerste

F

fabula 5	Erzählung, Fabel, Geschichte
facere, io 17, 19, 39	machen, schätzen
facere certiorem 32	benachrichtigen
facilis 24	leicht
facinus 8	Tat
factio 29	Partei
facultas 24	Möglichkeit
fallere, o 22	täuschen
fama 33	Ruf, Gerücht
familia 30	Familie
familiaris 30	befreundet, vertraut
fas 25	Recht
fateri 36	bekennen
fatum 3	Schicksal
favere, eo 36	begünstigen
febris 23	Fieber
fecundus 29	fruchtbar
felix 18	erfolgreich, glücklich
femina 5	Frau
fere *(adv.)* 18	fast
ferox 37	wild, grausam

ferre, o 32	tragen, berichten
ferus 21	wild, trotzig
fessus 19	erschöpft
fidelis 28	treu
fidere, o 40	vertrauen
fides 11	Treue, Vertrauen
fidus 28	treu
fieri 34	werden, geschehen
filia 4	Tochter
filius 1	Sohn
fingere, o 22	erdichten
finis 14	Ende, Grenze; *pl.* Gebiet
finitimus 1	Nachbar, benachbart
firmare 31	(be)festigen
firmus 31	fest, stark
flamma 2	Flamme
flere, eo 6	weinen
florere, eo 10	blühen
flos 15	Blüte, Blume
fluere, o 22	fließen
flumen 13	Fluß
fluvius 13	Fluß
foedus 16	Vertrag, Bündnis
fore 14	in Zukunft geschehen
forma 36	Gestalt
fors 24	Zufall
fortasse *(adv.)* 30	vielleicht
forte *(adv.)* 24	zufällig
fortis 8	tapfer, stark
fortitudo 21	Tapferkeit
fortuna 13	Glück, Zufall
fortunatus 26	begütert
forum 3	Markt(platz)
frangere, o 21	zerbrechen
frater 20	Bruder
frequentare 38	(häufig) besuchen
frigidus 38	frostig, fade
fructus, us 10	Frucht
frui 39	genießen
frumentum 11	Getreide
frustra *(adv.)* 7	vergeblich
frustrare 8	täuschen
fuga 7	Flucht
fugare 7	vertreiben
fugere, io 20	fliehen
fundere, o 21	zerstreuen, vertreiben
fungi 39	verwalten
funus 20	Begräbnis
futurus 13	zukünftig

G

gaudere, eo 40	sich freuen
gaudium 39	Freude
gens 9	Stamm, Volk
genus 9	Geschlecht, Art
genitus 26	gezeugt, geboren
gerere, o 19	tragen, führen
gignere, o 21	(er)zeugen
gladiator 30	Gladiator
gladius 30	Schwert
gloria 23	Ruhm
gradi 38	schreiten
gradus, us 38	Stufe
gratia 6	Dank, Gunst
gratiam habere 6	Dank wissen
gratias agere 20	Dank sagen
gratulari 35	gratulieren
gratus 20	dankbar, willkommen
gravis 16	schwer, würdig
gravitas 16	Gewicht, Würde
grex 31	Herde, Schar

H

habere, eo 3, 12, 37	haben, halten für, schätzen
habere se 5	sich verhalten
habitare 1	wohnen, bewohnen
haud 20	nicht
heri *(adv.)* 4	gestern
hibernus 24	winterlich
hic, haec, hoc 15	dieser
hic *(adv.)* 34	hier
hiems 24	Winter
historia 14	Geschichte
hodie *(adv.)* 25	heute
homo 7	Mensch
homo novus 29	Emporkömmling
honestas 25	Sittlichkeit
honestus 16	ehrenhaft, anständig
honor 8	Ehre
honorem habere 8	Ehre erweisen
honorabilis 31	ehrenvoll
hora 32	Stunde

horrere, eo 10, 40	sich entsetzen
horribilis 25	schrecklich
hortari 35	ermahnen
hospitium 19	Herberge
hostis 10	Feind
humanitas 15	Menschlichkeit, Bildung
humanus 15	menschlich, gebildet
humilis 29	niedrig, gering

I

iacere, eo 10	liegen
iacere, io 20	werfen
iam 3	schon, bereits
ibi 26	dort
idem, eadem, idem 13	derselbe
idem atque (ac) 13	derselbe wie
id est 32	das heißt
idoneus 24	geeignet, tüchtig
igitur 25	also
ignis 21	Feuer
ignobilis 20	gewöhnlich
ignorare 12	nicht wissen
ignoscere 21	verzeihen
ignotus 14	unbekannt
ille, illa, illud 16	jener
illustris 40	berühmt
imago 37	Bild(nis)
imber 40	Regen
imitari 35	nachahmen
imminere, eo 10	bevorstehen
impedire, io 34	hindern
imperare 12	befehlen
imperator 17	Feldherr, Kaiser
imperium 5	Befehl, Reich
impetus, us 27	Angriff
imponere, o 22	auferlegen
imprimis 16	besonders
improbus 25	schlecht, böse
in *b. Abl.* 1	in, an, auf
in *b. Akk.* 2	in, nach, gegen
incendere, o 20	anzünden
incensus	entflammt
incĭdere, o 18	fallen auf
incipere, io 19	beginnen
increpare 31	tadeln
incola 2	Einwohner
inde 26	von dort, darauf
inesse 11	enthalten sein
inferi 15	die Unterirdischen
inferior 30	der untere
inferre, o 32	hineintragen, zufügen
inferre signa 32	angreifen
infestus 26	feindlich
infrā *b. Akk.* 40	unterhalb
infundere, o 40	hineingießen
ingenium 24	Begabung, Charakter
ingens 8	ungeheuer, gewaltig
ingredi 38	betreten
inimicus 3	Feind, feindlich
inire, eo 33	beginnen
initio *(adv.)* 33	anfangs
initium 33	Anfang
iniuria 18	Unrecht
inopia 13	Mangel, Not
inquit 9	sagte er
inscius 24	unwissend
insidiae 2	Hinterhalt, Nachstellung
insidias parare 5	nachstellen
instare 21	betreiben
insula 2	Insel
integer 32	unberührt, rein
intellegere, o 21, 25	einsehen, erkennen
inter *b. Akk.* 14	zwischen, unter
interesse 11, 30, 34	teilnehmen; von Bedeutung sein
interest 39	es liegt im Interesse, es ist von Bedeutung
interficere, io 17	töten
interire, eo 33	untergehen
interrogare 3	fragen
intra *b. Akk.* 32	innerhalb
intrare 6	eintreten; betreten
introrsus *(adv.)* 25	nach innen
intueri 36	betrachten
inutilis 31	unnütz
invadere, o 22	angreifen
invenire 20	finden
invidere, eo 14, 22	beneiden

invidia 21	Neid, Haß
invisus 29	feindlich, verhaßt
invitare 6	einladen
invitus 34	unwillig
ipse, ipsa, ipsum 16	selbst
ira 2	Zorn
irasci 39	zürnen
iratus 11	erzürnt
ire, eo 33	gehen
is, ea, id 6	er, sie, es
iste, ista, istud 16	dieser da
ita *(adv.)* 1	so
itaque *(adv.)* 4	daher
item 32	ebenso
iter 17	Marsch, Reise
iterum *(adv.)* 5	wiederum
iterum iterumque 5	immer wieder
iubere, eo 3, 7, 14	befehlen
iucundus 25	angenehm
iudex 25	Richter
iudicare 15	urteilen, halten für
iudicium 25	Urteil, Meinung
iungere, o 22	verbinden
iurare 12	schwören
ius 9	Recht
ius iurandum 27	Eid, Schwur
iussu *(Abl.)* 21	auf Befehl
iustitia 27	Gerechtigkeit
iustus 15	gerecht
iuvare 2, 8	unterstützen
iuvenis 18	junger Mann

L

labi 39	gleiten, fallen
labor 16	Arbeit, Mühe
laborare 1, 23	arbeiten; leiden
lacessere, o 20	reizen
lacrima 12	Träne
lacrimare 21	weinen
laedere, o 22	verletzen
laetari 35	sich freuen
laetitia 18	Fröhlichkeit
laetus 3	fröhlich
largiri 37	spenden
latitudo 33	Breite
latro 26	Räuber
latus, a, um 33	breit
laudare 1	loben
laus 21	Lob
lautus 40	üppig
lavare 8	waschen
legatus 13	Gesandter, General
legere, o 20	lesen
legio 14	Legion
lentus 33	langsam
leo 9	Löwe
levis 17	leicht(sinnig)
levitas 17	Leichtigkeit
lex 7	Gesetz
liber, a, um 4	frei
liber, libri 4	Buch
liberalis 33	freigebig
liberare 19	befreien
libere, eo 10	belieben, gefallen
liberi 4	Kinder
libertas 8	Freiheit
libenter *(adv.)* 1	gern
libet 10	es gefällt
libido 7	Lust, Willkür
licentia 36	Erlaubnis
licere 10	erlaubt sein
licet 10	es ist erlaubt
lingua 31	Zunge, Sprache
littera 15	Buchstabe
litterae 15, 20	Brief; Wissenschaft
locus 10	Ort, Stelle
lange *(adv.)* 22	bei weitem
longus 18	lang
loqui 39	sprechen, reden
luctus, us 34	Trauer
ludere, o 18, 19	spielen
ludus 6	Spiel
lumen 40	Licht, Leuchte
lux 20	Licht, Helligkeit
luxuria 14	Luxus, Üppigkeit, Genußsucht

M

maeror 34	Trauer
maestitia 4	Traurigkeit
maestus 10	traurig
magis *(adv.)* 3	mehr, lieber
magister 4	Lehrer
magistratus, us 10	Amt, Beamter
magni 15, 35	teuer, hoch
magnitudo 14	Größe

magnus 2, 29	groß
maior 19, 29	größer
maior natu 29	älter
maiores 28	Vorfahren
maius *(adv.)* 2	größer
male *(adv.)* 26	schlecht
maledicere, o 21	beschimpfen
maledictum 35	Schimpfwort
malle, malo 31	lieber wollen
malum 4	Übel
malus 3, 29	übel, schlecht
manere, eo 8, 14	bleiben
manifestus 27	offenbar
manus, us 10	Handvoll, Schar
mare 9	Meer
marita 2	Ehefrau
maritus 2	Ehemann
mater 8	Mutter
matrimonium 4	Ehe
matrona 28	Ehefrau, Matrone
maxime *(adv.)* 22, 27	am meisten
maximus 27, 29	der größte
maximus natu 29	der älteste
meare 11	gehen
medicina 14	Arznei
medicus 14	Arzt
medius 10	der mittlere
melior, us 29	besser
melius *(adv.)* 5	besser
meminisse 22	sich erinnern
memor 8	eingedenk
memorabilis 20	denkwürdig
memorare 8	erwähnen
memoria 8	Erinnerung, Zeit
memoria tenere 8	im Gedächtnis behalten
mens 26	Verstand
mensis 32	Monat
mentiri 37	lügen
mercator 30	Kaufmann
merere 12 mereri 36	(ver-)dienen sich verdient machen
merere 28 od. mereri 36 stipendia	als Soldat dienen
merx 30	Ware
meus 4	mein
migrare 3	wandern

miles 13	Soldat
militia 28	Kriegsdienst
milia 14, 32	tausende
mille 14, 32	tausend
millesimus 33	der tausendste
minari 35	drohen
minime *(adv.)* 27	an wenigsten
minimi 35	am geringsten
minimus 27, 29	der kleinste
minor, us 29	kleiner
minor natu 29	jünger
minoris 35	geringer
minuere 23	verkleinern
mirari 35	sich wundern
mirus 32, 38	wunderbar
miscere, eo 12	mischen
miser 4	arm, elend
miserari 35	beklagen
misereri 36	sich erbarmen
miseria 28	Not, Elend
misericordia 40	Mitleid
mittere, o 17, 19	schicken
modo *(adv.)* 9	nur, eben
modo — modo 9	bald — bald
modus 15	Art, Weise
moenia, ium 32	Stadtmauern
moles 16	Last, Mühe
molestia 16	Last, Ärger
molestus 16	lästig, beschwerlich
moliri 37	bewegen, schaffen
mollis 20	weich, mild
monere, eo 1, 12	ermahnen
monitor 29	Mahner
mons 10	Berg
monstrare 2	zeigen
monumentum 20	Denkmal, Grabmal
mora 4	Aufenthalt
morari 35	sich aufhalten
morbus 29	Krankheit
mordere, eo 6	beißen
mori, ior 38	sterben
mors 16	Tod
mortalis 40	sterblich, Mensch
mortuus 7	tot, verstorben
mos 7	Sitte
movere, eo 6	bewegen
movere castra 8	aufbrechen
mox *(adv.)* 36	bald
mulier 8	Frau
multi, ae, a 2, 29	viele

multitudo 19	Menge, Übermacht
multum *(adv.)* 29	viel, oft
mundus 26	Welt
munus 30	Geschenk, Aufgabe
murus 1	Mauer
mutare 9	ändern, verändern

N

nam 1	denn
nancisci 39	erlangen
narrare 3	erzählen
nasci 39	geboren werden
natio 32	Stamm, Volk
natura 15	Natur
naturalis 32	natürlich
natus 4, 12	geboren
nauta, *m.* 37	Matrose
navigare 2	segeln, fahren
navis 9	Schiff
-nĕ 5, 13	Fragepartikel
nē 12	damit nicht, daß nicht; daß; nicht
nec 7	und nicht, auch nicht
nec — nec 7	weder — noch
necare 5	töten
necessarius 19	notwendig, verwandt
necessitas 34	Notwendigkeit
nefas 25	Unrecht
negare 14	verneinen
neglegens 22	nachlässig
neglegentia 27	Nachlässigkeit
neglegere, o 20	vernachlässigen
negotium 17	Aufgabe
nemo 12	niemand
nepos 19	Enkel, Nachkomme
neque 7	und nicht, auch nicht
neque — neque 7	weder — noch
neque quicquam 27	und nichts
neque quisquam 27	und niemand
neque vero 22	aber nicht
ne — quidem 29	nicht einmal
nequire, eo 33	nicht können
nescire 19	nicht wissen
nescius 24	unwissend
neuter 25	keiner (von beiden)
neve (neu) 12	und nicht, oder nicht
nex, necis 30	Tod
nihil 21	nichts
nihili 35	für nichts
nihil — nisi 22	nur
nihilo minus 36	nichtsdestoweniger
nimis *(adv.)* 40	zu sehr
nisi 7	wenn nicht, außer
niti 39	sich anstrengen
nix 17	Schnee
nobilis 11	vornehm, berühmt
nobilitas 29	Adel
nocere, eo 12	schaden
nolle, nolo 31	nicht wollen
nomen 7	Name
nomine 7	mit Namen
nominare 4	nennen
non 1	nicht
nondum 23	noch nicht
non iam 3	nicht mehr
non ignorare 12	genau wissen
nonne 5, 13	doch wohl? ob
non — nisi 11	nur
nonnulli 12	einige
nonnumquam 28	manchmal
non solum — sed etiam 7	nicht nur — sondern auch
nonus 29	der neunte
nos 6, 12	wir, uns
noscere, o 21	kennenlernen
noster 4	unser
notus 14	bekannt
novem 28	neun
novisse 22	wissen
novus 4	jung, neu
nox 7	Nacht
nocte multa 7	in tiefer Nacht
nubere, o 36	sich vermählen
nullus 22	keiner
num 5, 13	doch wohl nicht? ob
numen 36	Gottheit
numerare 17	(auf-)zählen
numerus 9	Zahl
numinis loco habere 36	für eine Gottheit halten
numquam 10	niemals
nunc 5	jetzt
nuntiare 5	melden

nuntius 7	Bote
nuptiae, arum 28	Hochzeit

O

ob *b. Akk.* 10	wegen, gegen
obesse 10	schaden
obicere, io 37	entgegenwerfen
obire, eo 33	auf sich nehmen
obire mortem 33	zu Tode kommen
oblivisci 39	vergessen
obsecrare 7	beschwören
obses 8	Geisel
obsidere, eo 14	besetzt halten, belagern
obtemperare 4	gehorchen
obtinere, eo 12	besetzt halten
obviam *(adv.)* 33	entgegen
occasio 26	Gelegenheit
occĭdere, o 20	untergehen
occīdere, o 20	niederhauen
occulere, o 21	verbergen
occupare 1	besetzen
occurrere, o 22	begegnen
octavus 29	der achte
octo 28	acht
oculus 7	das Auge
odisse 22	hassen
odium 28	Haß
offerre, o 32	anbieten
officium 10	Pflicht
officium praestare 11	seine Pflicht erfüllen
oleum 40	Öl
olim *(adv.)* 35	einst
omnino *(adv.)* 27	gänzlich
omnis 8	jeder, ganz; *pl. alle*
onus 16	Last
opera 23	Arbeit, Mühe
operam dare 26	sich Mühe geben
operire 23	verhüllen
opinio 15	Meinung
oportere, oportet 10	sich gehören
oppidum 3	Stadt
opponere, o 27	entgegenstellen, -setzen
opprimere, o 22	unterdrücken
oppugnare 5	angreifen
ops 15	Macht, Hilfe; *pl.* Besitz
optare 12	wünschen
optimates, ium 32	Senatspartei
optimus 27, 29	der beste
opus 21, 24	Arbeit, Werk
opus esse 23	nötig sein
ora 2	Küste
oraculum 25	Orakel
orare 12	beten, bitten
oratio 12	Rede
orationem habere 12	eine Rede halten
orator 38	Redner
orbis 14	Kreis, Scheibe
orbis terrarum 14	Erdkreis
ordo 18	Ordnung, Stand, Reihe
ornamentum 28	Schmuck
ornare 4	schmücken
origo 31	Ursprung
oriri 37	entstehen
ortus 32	abstammend von
ostendere, o 17 } ostentare, o 17 }	zeigen
otiosus 38	müßig, unbeschäftigt, frei
otium 17	Muße, Ruhe

P

paene 22	fast
par 10	gleich
parare 5	bereiten
paratus 3	bereit
parcere, o 20	schonen
parens 10	Vater, Mutter; *pl.* Eltern
parēre, eo 7, 10	gehorchen
parĕre, io 20	hervorbringen, gewinnen
pars 11	Teil, Partei
particeps 25	teilhaftig
partiri 37	teilen
parum *(adv.)* 20	zu wenig
parvi 30, 35	gering, billig
parvus 5, 29	klein
patefacere, io 34	öffnen
pater 5, 9	Vater

patres conscripti 12	versammelte Väter
patere, eo 10	sich erstrecken
pati, ior 38	leiden
patria 2	Vaterland, Heimat
patricius 9	patrizisch
pauci 10	wenige
paulo post 11, 39	bald darauf
paulum 11	ein wenig
pauper 9	arm
pax 16	Friede
peccare 31	sündigen
peccatum 40	Sünde
pectus 36	Brust
pecunia 19	Geld, Vermögen
pecus 9	Vieh
pedes 14	Infanterist
peditatus, us 10	Infanterie
peior, us 29	schlechter
pellere, o 22	vertreiben
pellis 11	Haut, Fell
pendēre, eo 12	hängen *(intr.)*
pendēre animo 12	unentschlossen sein
pendĕre o 22	aufhängen *(tr.)*, wägen
per *b. Akk.* 3, 31	durch; bei
perdere, o 21	vernichten
perferre, o 32	ertragen
perficere, io 21	vollenden
perfidus 28	untreu
periculosus 33	gefährlich
periculum 12	Gefahr
periculum est, ne 12	es besteht Gefahr, daß
perire, eo 33	zugrunde gehen
peritus 11	erfahren
permittere, o 38	erlauben
pernicies 37	Verderben
persuadere, eo 8	überreden, überzeugen
pertinere, eo 21	sich erstrecken
perturbare 32	sehr verwirren
pervenire 17	gelangen
pessimus 29	der schlechteste
petere, o 18, 19, 24, 27	bitten, angreifen, erstreben
philosophia 20	Philosophie
philosophus 20	Philosoph

piger 11	träge, faul
pirata, *m.* 2	Seeräuber
pietas 39	Frömmigkeit
pius 5	fromm
placare, o 6	versöhnen, besänftigen
placere, eo 6, 12	gefallen
placet *m. Dat.* 12	man beschließt
plaga 40	Schlag
plane *(adv.)* 15	völlig
planus 15	eben, deutlich
plebs 8	Volk
plebeius 9	Plebejer; plebejisch
plenus 11	voll
plerique 23	die meisten
plerumque *(adv.)* 37	meistens
plures 29	mehr (als)
plurimi 29, 35	die meisten; am höchsten
plurimum 29	am meisten
pluris 24, 35	höher
plus 22, 29	mehr
poena 16	Strafe
poeta 22	Dichter
polliceri 36	versprechen
ponere, o 21	setzen, legen
populari 35	verwüsten
populus 2	Volk
porta 19	Tür, Tor
portare 6	tragen
portus, us 18	Hafen
poscere, o 22	fordern
posse 11	können
possidere, eo 14	besitzen
post *b. Akk.* 4	hinter, nach
post *(adv.)* 4	später
postea *(adv.)* 4	später
posterus 5	später; Nachkomme
postquam 6	nachdem
postremo *(adv.)* 16	zuletzt, schließlich
postridie *(adv.)* 7	am folgenden Tage
postulare 13	fordern
potens 23	mächtig
potentia 29	Macht
potestas 17	Macht

potiri 37, 39	sich bemächtigen
potissimum *(adv.)* 34	besonders
prae *m. Abl.* 3	vor, wegen
praebere, eo 12	gewähren
praebere se 12, 37	sich zeigen als
praeceps 13	steil, abschüssig
praeceptum 37	Vorschrift
praecipitare 13	hinabstürzen
praeclarus 21	sehr berühmt
praeditus 32	begabt
praeesse 9	vorstehen
praefectus 19	Statthalter, Befehlshaber
praeferre, o 32	vorziehen
praeire, eo 33	vorangehen
praemium 10	Belohnung
praesens 24	anwesend
praesertim *(adv.)* 30	besonders
praestare 8	übertreffen
praestare se 8, 37	sich bewähren als
praestat 8	es ist besser
praeter *b. Akk.* 39	vorbei an, außer
praeterire, eo 31, 33	vorbeigehen
praeteritus 40	vergangen
precari 35	beten, bitten
preces, um 27	Gebet, Bitten
prehendere, o 23	ergreifen
premere, o 22	drücken
primo *(adv.)* 12	zuerst
primum *(adv.)* 22	zum ersten Male
primus 9, 29	der erste
princeps 14	Führer, Fürst
principatus, us 14	Führung, Prinzipat
prior, prius 38	der frühere
pristinus 28	früher
priusquam 20	bevor
privare 34	berauben
privatus 21	persönlich, eigen
pro *b. Abl.* 3	für, statt
probare 7	billigen, prüfen
probitas 39	Redlichkeit
probus 1	rechtschaffen, tüchtig
prodere, o 37	verraten
prodesse 11	nützen
prodire, eo 33	vorrücken
proelium 13	Schlacht, Kampf
profecto *(adv.)* 33	in der Tat
proferre, o 32	hervorbringen
proficere, io 23	Fortschritte machen
proficisci 39	aufbrechen
profiteri 36	erklären
progredi 38	vorrücken
prohibere, eo 10	fernhalten
proinde! 37	deshalb!
promittere, o 26	versprechen
prope *b. Akk.* 10	nahe bei
properare 6	eilen
propinquus 26	verwandt
proponere, o 33	anordnen, darlegen
propter *b. Akk.* 16	wegen
proptereā *(adv.)* 26	deswegen
prorogare 28	verlängern
providere, eo 14	voraussehen; sorgen für
provincia 15	Provinz
proximus 19	der nächste
prudens 8	klug
prudentia 34	Klugheit
publice *(adv.)* 30, 34	öffentlich
publicus 21	öffentlich
puella 6	Mädchen
puer 4	Junge
puerulus 19	kleiner Junge
pugio 36	Dolch
pugna 13	Kampf
pugnare 5	kämpfen
pulcher 4	schön
pulchritudo 21	Schönheit
putare 12, 35	meinen; halten für; schätzen

Q

quaerere, o 18, 19	fragen, suchen
qualis 14	wie beschaffen
quam 5, 13	wie, als

quamquam 21	obgleich
quam ut 32	als daß
quamvis 21	obgleich
quando 34, 36	wann
quanti 35	wie teuer; wie hoch
quantopere 37	wie sehr
quantus 33	wie groß
quare 26	weshalb
quartus 13, 29	der vierte
quasi 34	gleichsam
quater 30	viermal
quaterni 30	je vier
quattuor 28	vier
- que 1	und
queri 39	(sich) beklagen
qui, quae, quod 5	welcher
quia 17	weil
quicumque 16	wer auch immer
quid 1	was
quidam 11	ein gewisser
quidem *(adv.)* 28	zwar, allerdings
quies 11	Ruhe
quiescere, o 36	ruhen
quin 15	warum nicht? daß; daß nicht
quin etiam 20	ja sogar
quini 30	je fünf
quinque 26, 28	fünf
quinquies 30	fünfmal
quintus 27, 29	der fünfte
quire, eo 34	können
Quirites 20	Bürger
quis, quid 1	wer, was
quispiam 37	irgendeiner
quisquam 27	irgend jemand
quisque 27	ein jeder
quo 25	wohin
quoad 18	solange (als); so lange bis
quo — eo 26	je — desto
quod 17	weil, daß
quodsi 22	wenn nun; wenn aber
quomodo 27	wie
quoniam 17	da ja
quoque 29	auch
quot 16	wie viele
quotannis 37	jährlich
quotiens 36	wie oft

R

rapere, io 19	rauben
raptare 6	rauben
ratio 23	Vernunft; Art und Weise
ratio constat 38	die Rechnung stimmt
recedere, o 23	zurück, zurücktreten
rectus 26	gerade, richtig
recuperare 40	wiedergewinnen
recusare 19	ablehnen
reddere, o 28	machen zu
redigere, o 39	(in eine Lage) bringen
redire, eo 33	zurückkehren
reditus, us 34	Rückkehr
referre, o 32	berichten
regere, o 17, 19	leiten, lenken
regina 15	Königin
regio 34	Gegend, Richtung
regius 33	königlich
regnare 4	(be-)herrschen
regnum 14	Herrschaft, Königreich
religio 22, 32	Religion
relinquere, o 19, 34	zurücklassen, überlassen
reliquus 14	übrig
remeare 11	zurückgehen
remedium 34	Heilmittel
remotus 21	entfernt
renovare 33	erneuern
repellere, o 22	zurücktreiben
reperire, io 23	finden
reportare 8	zurückbringen
repudiare 7	zurückweisen
requies 11	Ruhe
reri 36	meinen
res, rei 11	Sache, Ding
res adversae 11	Unglück
res bellicae 11	Kriegswesen
res futurae 23	Zukunft
res gestae 11	Taten
res privata 21	Privatbesitz
res publica 11, 34	Staat, Gemeinde
res secundae 11	Glück
re vera 18	in Wahrheit

resistere, o 24	sich widersetzen
respondere, eo 2, 12	antworten
responsum 16, 36	Antwort, Weissagung
restituere, o 24	wiederherstellen
reus 25	Angeklagter, schuldig
re vera 18	tatsächlich
reverti 40	zurückkehren
revocare 19	zurückrufen
revolare 8	zurückeilen
rex 7	König
ridere, eo 14	lachen
rogare 4	bitten, fragen
rogare sententiam 32	nach der Meinung fragen
ruere, o 21	stürzen, eilen
ruina 18	Untergang, Trümmer
rumpere, o 21	brechen
ruri 20	auf dem Lande
rursus 33	wiederum
rusticus 1	Bauer, bäuerlich

S

saccus 11	Sack
sacer 13	heilig
sacerdos 36	Priester(in)
sacrificare 12	opfern
sacrum 13	Opfer
saeculum 5, 36	Zeitalter
saepe *(adv.)* 1	oft
saevire 30	wüten
salus 13	Heil, Rettung
salutare 8	(be)grüßen
sanctus 36	heilig
sapiens 22	weise
sapientia 22	Weisheit
satis 18	genug
sceleratus, (scelestus) 37	verbrecherisch
scelus 7	Verbrechen
schola 4	Schule
scire 18	wissen
scribere, o 21	schreiben
scriptor 7, 20	Schriftsteller
scriptor rerum 20	Geschichtsschreiber
scutum 36	Schild
secundus 21, 29	der zweite; günstig
securus 31	sicher
se, sibi 6	sich; er, sie; ihm
sed 1	aber, sondern
sedere, eo 14	sitzen
sedes, is 24	Sitz
seditio 32	Aufstand
semel 9, 29	einmal
semivivus 40	halbtot
semper 4	immer
senator 9	Senator
senatus, us 10	Senat
senectus 35	Alter
senex 16	Greis; alter Mann
sensus, us 25	Gefühl
sententia 15	Meinung
sentire 23	fühlen, meinen
sepelire 19	begraben
septem 28	sieben
septimus 29	der siebte
sequi 39	folgen
sermo 30	Gespräch
serere, o 20	knüpfen, reihen
sero *(adv.)* 37	zu spät
servare 5	retten, schützen
servire 17	dienen
servitus 21	Sklaverei
servus 1	Sklave, Diener
severitas 31	Strenge
severus 31	streng
sex 28	sechs
sextus 29	der sechste
si 7	wenn; ob
sic 30	so
sicut 33	(so)wie
sidere, o 19	sich setzen
signum 20	(Feld)zeichen
silentio 31	stillschweigend
silentium 20	Schweigen
silva 37	Wald
similis 18	ähnlich
simius 18	Affe
simul 15	zugleich
simulac 6	sobald, als
simulare 34	heucheln
simulatque 6	sobald, als
sin (autem) 7	wenn aber
sine *b. Abl.* 3	ohne
sinere, o 21	zulassen
singularis 28	einzigartig

singuli 30	je einer
sinister 31, 38	links
sistere, o 17, 19	anhalten
situs, a, um 10	gelegen
socia 36	Gefährtin
socius 3	Genosse, Kamerad
sol 23	Sonne
solere, eo1, 40	pflegen, gewohnt sein
sollicitare 38	erregen, beunruhigen
somnium 40	Traum
somnus 40	Schlaf
solus 21	allein
solvere, o 23	lösen
soror 39	Schwester
sors 34	Schicksal
sortiri 37	erlangen
specie 34	dem Anschein nach
species 34	Aussehen
spectare 2	betrachten
spectaculum 24	Schauspiel
sperare 13	(er-)hoffen
spernere, o 23	verachten
spes 11	Hoffnung
spirare 30	atmen
spiritus, us 30	Geist
spoliare 26	berauben
spondere, eo 12	geloben
stare (a) 8, 18	stehen (auf seiten)
statim *(adv.)* 18	sofort
statuere, o 23	beschließen, aufstellen
status, us 10	Lage
stipendium 28	Sold, Kriegsdienst
stipendium merere 28	als Soldat dienen
strenuus 29	tüchtig
stringere, o 36	zücken
studere, eo 1, 10	sich widmen, streben nach
studere rebus novis 10	Umsturz planen
studium 6	Eifer
stultitia 23	Dummheit
stultus 23	dumm
suadere, eo 8, 14	raten
sub 1 *mit Abl.* / 2 *mit Akk.*	unter
subicere, io 20	unterwerfen
subigere, o 22	unterwerfen
subire, eo 33	auf sich nehmen
subito *(adv.)* 6	plötzlich
subsidium 15	Hilfe
succedere, o 33	nachfolgen
succurrere, o 39	zu Hilfe eilen
sumere, o 19, 20	nehmen
summa 20	Summe; Hauptsache
summus 10, 21	der höchste
superare 13	besiegen
superbia 30	Stolz
superbus 7	stolz
superesse 11	übrig sein, überleben
superi 15	die Götter
superior 30	der höhere
supplicium 18	Hinrichtung
supra *(adv.)* 40	oberhalb; darüber hinaus
surgere, o 22	sich erheben
sursum *(adv.)* 40	aufwärts
suscipere, io 31	unternehmen
suspicari 35	vermuten
sustinere, eo 29	aushalten
suus 4	sein; ihr

T

taberna 33	Bude
tabula 2	Tafel, Bild, Karte
tacere, eo 8, 12	(ver)schweigen
talis — qualis 14	so beschaffen wie
tam — quam 13	so — wie
tamen 14	dennoch
tamquam 13, 31	als ob
tandem 2	endlich, schließlich
tangere, o 20	berühren
tanti 23, 35	so teuer
tantopere 16	so sehr
tantum 23	nur
tantus — quantus 12	so groß — wie groß
tardus 40	langsam
tectum 3	Dach
tegere, o 23	bedecken
tempestas 29	Sturm, Zeit, Unwetter
templum 3	Tempel
temptare 21	versuchen

tempus 7	Zeit(punkt)
tenebrae, arum 3	Dunkelheit
tendere, o 20	spannen
tenere, eo 8, 12	halten
ter 30	dreimal
terni 30	je drei
terra 2	Erde, Land
terra marique 9	zu Wasser und zu Lande
terrere, eo 12	erschrecken
territus 8	erschreckt
terror 32	Schrecken
tertius 14, 25, 29	der dritte
testis 25	Zeuge
theatrum 24	Theater
thesaurus 40	Schatz
timere, eo 1, 10, 15	fürchten; sorgen für
timidus 32	furchtsam
timor 17	Furcht
toga 26	Toga, Obergewand
toga virilis 38	Männertoga
tolerare 23	ertragen
tollere, o 32	erheben; beseitigen
tollere e medio 32	aus dem Weg räumen
tot — quot 16	so viele — wie (viele)
totus 14	ganz
tradere, o 19	überliefern
traducere, o 30	hinüberführen
tractare 9	behandeln, betreiben
trahere, o 23	ziehen
tranquillus, a, um 32	ruhig
traicere, io 20	übersetzen
transferre, o 32	hinübertragen
transfigere, o 36	durchbohren
transgredi 38	überschreiten
transire, eo 33	überschreiten
tres, tria 25	drei
tribuere, o 23	zuteilen
tribunal 40	Richterstuhl
tribunus 8	Tribun
tribunus militum 16	Kriegstribun
tribunus plebis 8	Volkstribun
tributum 16	Abgabe
tricesimus 33	der dreißigste
triginta 32	dreißig
tristis 28	traurig
tristitia 28	Trauer
triumphus 24	Triumph
triumphum agere 24	einen Triumph feiern
triumphare	triumphieren
tu 12	du
tueri 36	beschützen
tum 11	damals
tunica 26	Tunica, Untergewand
turba 32	Menge, Schar
turbare 32	verwirren
turpis 29	schändlich
turpitudo 29	Schande
tutus 27	sicher
tuus 4	dein
tyrannus 27	Tyrann

U

ubi 1, 6, 26	wo
ubi (primum) 6	sobald, als
ubique 39	überall
ulcisci 39	sich rächen
ullus 25, 27	irgendein
umquam 32, 40	jemals
una cum 16	zusammen mit
unde 26	woher
universus 24	ganz
unus 12	einer
urbanus 38	städtisch, gebildet
urbs 9	Stadt
urgere, eo 33	(be)drängen
usque ad 35	bis zu
usus, us 36	Gebrauch, Nutzen
usui esse 36	von Nutzen sein
ut *b. Ind.* 6	wie
b. Konj. 12	daß, damit, so daß; daß nicht, damit nicht
ut (primum) 6	sobald als
uter 25	wer von beiden
uterque 25	jeder von beiden
uti 19, 39	gebrauchen
utilis 16	nützlich
utilitas 16	Nutzen
utinam 10	wenn doch!
utrum — an 13	ob — oder
uxor 7	Ehefrau

	ıantische Dekl. (3.)		u-Dekl. (4.)		e-Dekl. (5.)
König	laus *f.* Lob	tempus *n.* Zeit	frūctus *m.* Frucht	cornū, *n.* Horn	rēs *f.* Sache
	laus	tempus	frūct**us**	corn**ū**	**rēs**
	laud**is**	tempor**is**	frūct**ūs**	corn**ūs**	**reī**
	laud**ī**	tempor**ī**	frūct**uī**	corn**ū**	**reī**
	laud**em**	tempus	frūct**um**	corn**ū**	**rem**
	laude	tempore	frūct**ū**	corn**ū**	**rē**
	laud**ēs**	tempor**a**	frūct**ūs**	corn**ua**	**rēs**
	laud**um**	tempor**um**	frūct**uum**	corn**uum**	**rērum**
;	laud**ibus**	tempor**ibus**	frūct**ibus**	corn**ibus**	**rēbus**
	laud**ēs**	tempor**a**	frūct**ūs**	corn**ua**	**rēs**
;	laud**ibus**	tempor**ibus**	frūct**ibus**	corn**ibus**	**rēbus**

	Steigerung des Adjektivs			Bildung des Adverbs		
ɡlücklich	longus	lang, langwierig, entfernt		longus	lang, langwierig, entfernt	
	long-us	**-ior,-ius**	**-issimus, a, um**	long-**ē**	long-**ius**	longissim-**ē**
	fortis	tapfer		fortis	tapfer	
	fort-is	**-ior,-ius**	**-issimus, a, um**	fort-**iter**	fort-**ius**	fortissim-**ē**
ēlīx	līber	frei		līber	frei	
	līber	**-ior,-ius**	**-rimus, a, um**	līber-**ē**	līber-**ius**	līber-rimē
fēlīc-**ia**	celer	schnell		celer	schnell	
	celer	**-ior,-ius**	**-rimus, a, um**	celer-**iter**	celer-**ius**	celeri-**rimē**
	prudens	klug		prudens	klug	
ēlīc-**ia**	prudent	**-ior, ius**	**-issimus, a, um**	pruden-**ter**	prudent-**ius**	prudent-issimē

DAS VERBUM

AKTIV

PRÄSENS Indikativ	PRÄSENS Konjunktiv	IMPERFEKT Indikativ	IMPERFEKT Konjunktiv
reg ō	reg a m	reg ēba m	reg e rem
ich regiere	ich möge regieren	ich regierte	ich würde r
reg i s	reg ā s	reg ēbā s	reg e rē s
reg i t	reg a t	reg ēba t	reg e re t
reg i mus	reg ā mus	reg ēbā mus	reg e rē mu
reg i tis	reg ā tis	reg ēbā tis	reg e rē tis
reg u nt	reg a nt	reg ēba nt	reg e re nt

PERFEKT		PLUSQUAMPERFEKT	
rēx ī	rēx eri m	rēx era m	rēx isse m
ich habe regiert	ich möge regiert haben	ich hatte regiert	ich hätte reg
rēx is tī	rēx eri s	rēx erā s	rēx issē s
rēx i t	rēx eri t	rēx era t	rēx isse t
rēx i mus	rēx eri mus	rēx erā mus	rēx issē mus
rēx is tis	rēx eri tis	rēx erā tis	rēx issē tis
rēx ēru nt	rēx eri nt	rēx era nt	rēx isse nt

PASSIV

PRÄSENS Indikativ	PRÄSENS Konjunktiv	IMPERFEKT Indikativ	IMPERFEKT Konjunktiv
reg or	reg a r	reg ēba r	reg e re r
ich werde regiert	ich möge regiert werden	ich wurde regiert	ich würde r we
reg ĕ ris	reg ā ris	reg ēbā ris	reg e rē ris
reg i tur	reg ā tur	reg ēbā tur	reg e rē tur
reg i mur	reg ā mur	reg ēbā mur	reg e rē mu
reg i mini	reg ā minī	reg ēbā minī	reg e rē mi
reg u ntur	reg a ntur	reg ēba ntur	reg e re ntu

PERFEKT		PLUSQUAMPERFEKT	
rēct us sum	rēct us sim	rēct us eram	rēct us essem
ich bin regiert worden	ich sei regiert worden	ich war regiert worden	ich wäre reg wo
rēct us es	rēct us sīs	rēct us erās	rēct us essēs
rēct us est	rēct us sit	rēct us erat	rēct us esset
rēct ī sumus	rēct ī sīmus	rēct ī erāmus	rēct ī essē
rēct ī estis	rēct ī sītis	rēct ī erātis	rēct ī essēt
rēct ī sunt	rēct ī sint	rēct ī erant	rēct ī esse

	FUTUR I Indikativ
gieren	reg a m ich werde regieren reg ē s reg e t reg ē mus reg ē tis reg e nt
	FUTUR II
ert	rēx er ō ich werde regiert haben rēx eri s rēx eri t rēx eri mus rēx eri tis rēx eri nt
	FUTUR I Indikativ
iert den	reg a r ich werde regiert werden reg ē ris reg ē tur reg ē mur reg ē minī reg e ntur
	FUTUR II
ert en s	rēct us erō ich werde regiert worden sein rēct us eris rēct us erit rēct ī erimus rēct ī eritis rēct ī erunt

Imperativ

Singular	reg e	regiere!
Plural	reg i te	regieret!

Infinitiv

Präsens	reg e re	regieren
Perfekt	rēx isse	regiert (zu) haben
Futur	rēct ūrus esse	regieren werden

Partizip

Präsens	reg ēns, -entis	regierend
Futur	rēct ūrus	einer der regieren wird

Supinum

I	rēct um	um zu regieren
II	rēct ū	zu regieren

Infinitiv

Präsens	reg ī	regiert werden
Perfekt	rēct us esse	regiert worden sein
Futur	rēct um īrī	in Zukunft regiert werden

Partizip

Perfekt	rēct us	regiert

Gerundivum

	reg end us	ein zu Regierender einer, der regiert werden muß
nōn	reg end us	einer, der nicht regiert werden darf

Gerundium

	reg end ī usw.	des Regierens usw.

Merke:

Präsens	laudem, dēleam	ich möge loben, vernichten
	lauder, dēlear	ich möge gelobt, vernichtet werden
Futur	laudābō, dēlēbō	ich werde loben, vernichten
	laudābor, dēlēbor	ich werde gelobt, vernichtet werden

DAS NOMEN

	a-Dekl. (1.)	o-Dekl. (2.)			Kons
SINGULAR					
	flamma *f.* Flamme	amīcus *m.* Freund	puer *m.* Junge	forum *n.* Markt	rēx *m*
Nominativ	flamm**a**	amīc**us**	puer	for**um**	rēx
Genitiv	flamm**ae**	amīc**ī**	puer**ī**	for**ī**	rēg**is**
Dativ	flamm**ae**	amīc**ō**	puer**ō**	for**ō**	rēg**ī**
Akkusativ	flamm**am**	amīc**um**	puer**um**	for**um**	rēg**en**
Ablativ	flamm**ā**	amīc**ō**	puer**ō**	for**ō**	rēg**e**
PLURAL					
Nominativ	flamm**ae**	amīc**ī**	puer**ī**	for**a**	rēg**ēs**
Genitiv	flamm**ārum**	amīc**ōrum**	puer**ōrum**	for**ōrum**	rēg**un**
Dativ	flamm**īs**	amīc**īs**	puer**īs**	for**īs**	rēg**ib**
Akkusativ	flamm**ās**	amīc**ōs**	puer**ōs**	for**a**	rēg**ēs**
Ablativ	flamm**īs**	amīc**īs**	puer**īs**	for**īs**	rēg**ib**

	Adjektive der o- und a-Dekl. (1./2.)				Adjektive der i-Dekl. (3.)			
SINGULAR								
	bonus,	-a,	-um	gut	fortis,	-is	-e tapfer	fēlīx
Nominativ	bon-**us**	**-a**	**-um**		fort-**is**	**-is**	**-e**	fēlīx
Genitiv	bon-**ī**	**-ae**	**-ī**		fort-**is**	**-is**	**-is**	fēlīc-**is**
Dativ	bon-**ō**	**-ae**	**-ō**		fort-**ī**	**-ī**	**-ī**	fēlīc-**ī**
Akkusativ	bon-**um**	**-am**	**-um**		fort-**em**	**-em**	**-e**	fēlīc-**em**
Ablativ	bon-**ō**	**-ā**	**-ō**		fort-**ī**	**-ī**	**-ī**	fēlīc-**ī**
PLURAL								
Nominativ	bon-**ī**	**-ae**	**-a**		fort-**ēs**	**-ēs**	**-ia**	fēlīc-**ēs**
Genitiv	bon-**ōrum**	**-ārum**	**-ōrum**		fort-**ium**	**-ium**	**-ium**	fēlīc-**iu**
Dativ	bon-**īs**	**-īs**	**-īs**		fort-**ibus**	**-ibus**	**-ibus**	fēlīc-**ibu**
Akkusativ	bon-**ōs**	**-ās**	**-a**		fort-**ēs**	**-ēs**	**-ia**	fēlīc-**ēs**
Ablativ	bon-**īs**	**-īs**	**-īs**		fort-**ibus**	**-ibus**	**-ibus**	fēlīc-**ib**

V

vacare 28	frei sein
vacuus 28	leer, frei
vadere, o 22	gehen
valde 2	sehr
valere, eo 10	gesund sein, vermögen
vanus 38	nichtig
varius 37	verschieden
vastare 10	verwüsten
vectigal 9	Steuer, Zoll
vehemens 28	gewaltig, heftig
vehere, o 23	fahren *(tr.)*
vehi, or 39	fahren *(intr.)*
vel 29	oder, sogar
vel — vel 29	entweder — oder
velle, volo 31	wollen
velut(i) 5	gleichwie, wie z. B.
vendere, o 30	verkaufen
venenum 14	Gift
venerari 35	verehren
venia 35	Verzeihung
vēnire, eo 33	verkauft werden
venire, io 17, 19	kommen
venter 11	Bauch, Leib
ver	Frühling
vere *(adv.)* 12	wahrhaftig, richtig
verber 40	Schlag, Prügel
verberare 23	schlagen
verbum 6	Wort
vereri, eor 36	fürchten, besorgt sein
veritas 23	Wahrheit
vero 26	aber, doch
versari 35	sich aufhalten
versus, us 21	Vers, Reihe
vertere, o 23	wenden
verum *(adv.)* 26	aber, doch
verus 12	wahr, wahrhaftig
vester 4	euer
vestigium 17	Spur
vestire 24	bekleiden
vestis 24	Kleid
vetare 8	hindern, verbieten
vetus 9	alt
vexare 13	quälen
via 18, 28	Weg
vicesimus 29	der zwanzigste
victor 17	Sieger, siegreich
victoria 16	Sieg
victus, us 11	Lebensweise, Nahrung
vicus 1	Dorf, Siedlung
videre, eo 2, 14, 15	sehen, zusehen
videri, eor 9, 36	scheinen
vigilia 40	(Nacht-)wache
viginti 28	zwanzig
vincere, o 19	(be)siegen
vinculum	Fessel, Band
vindicare 35	beanspruchen
	bestrafen
in libertatem vindicare	befreien
vinum 4	Wein
violare 7	verletzen
vir 4	Mann
virgo 8	junge Frau
virilis 38	männlich
virtus 8	Tüchtigkeit
vis 9	Kraft, Gewalt, *pl.* Streitkräfte
visitare 3	besuchen
vita 5	Leben
vitare 15	(ver-)meiden
vitium 17	Fehler, Laster
vituperare 31	tadeln
vivere, o 22	leben
vivus 24	lebend
vix *(adv.)* 35	kaum
vocare 6	rufen
volare 5	fliegen
voluntas 31	Wille
voluptas 23, 31	Lust
volvere, o 23	wälzen
vos, 6, 12	ihr, euch
vox 13	Stimme
vulnus, eris 18	Wunde
vultus, us 35	Miene

Bildverzeichnis

Kunstdrucktafeln

Abbildungen im Text

ROMA
0 200 400 600 800 m
Campus Vaticanus
Via Triumphalis
Mausoleum Hadriani
Via Cornelia
Pons Aelius
Pons Neronianus
Porta Flaminia
Via Flaminia
Sepulcra
Mons
Mausoleum Augusti
Campus Martius
Ara Pacis
Thermae Neronis
Stadium Domitiani
Via Lata
9
Saepta Julia
Thermae Agrippae
8
7
6
3
2
Arx
Capitolinus
1
TIBERIS
Pons Agrippae
Pons Aurelius
Theatrum Marcelli
Pons Fabricius
Pons Cestius
Ianiculum
Via Aurelia
10
Porta Aurelia
Pagus Ianiculensis
Pons Aemilius
Palatinus
Domus Au
Aqua Traiana
Pons Probi
Circus Maximus
Via Portuensis
Porta Portuensis
Emporium
Mons Avent
Horrea
Porta Ostiensis
Via Ostiensis
1 Forum Romanum
2 Forum Caesaris
3 Forum Traiani
4 Forum Augusti
5 Templum Pacis
6 Circus Flaminius